_____ 드림

이 책의 표지는 인간의 내면을 주제로 한 김하연 작가의 작품으로, 자아, 상처, 관계, 치유라는 정서적 층위를 색감과 붓터치로 표현하고 있다. 구체적인 형상보다는 감각적인 추상으로 전개되어 인간 심연의 미묘한 결을 자연스럽게 드러낸다. 각 층위는 색의 번짐과 붓질의 결 속에서 서로 겹치고 어긋나며, 때로는 충돌하고 때로는 부드럽게 스며든다. 이는 한 인간의 삶을 이루는 감정의 파동, 관계의 흔적, 치유의 여정을 은유하는 시각적 언어이다. 흥미로운 점은 이 작품이 독자의 경험에 따라 다르게 보인다는 것이다. 책을 읽기 전에는 표지가 단지 아름다운 추상화로 보일 수 있지만, 책을 다 읽은 후 다시 마주하는 순간, 동일한 이미지 안에서 전혀 다른 의미와 울림이 피어난다. 자아의 그림자, 상처의 고통, 관계의 흔들림, 그리고 마침내 도달한 치유의 빛이 독자의 시선 속에서 다시 살아난다.

아픈사연이
네게 묻거든

아픈 사연이 네게 묻거든

새빛 지음

씨뿌리는 사람들

프롤로그

삶을 살아가다 보면 어느 순간 우리 모두 비슷한 슬픔과 고통 앞에 멈춰 서게 된다. 익숙한 외로움과 반복되는 불안 속에서 흔들리는 자신을 잃지 않으려 애쓰며 하루하루를 견뎌낸다. 많은 이들은 이러한 아픔이 타인의 말이나 상황에서 비롯된다고 생각하지만, 조금 더 내면을 깊이 들여다보면 그 뿌리가 훨씬 더 깊고 오래된 곳에 있음을 알게 된다.

내가 나로 살지 못했던 시간들, 자신의 마음을 숨기고 남의 기대에 맞추느라 억눌렀던 지난날들이 우리의 중심을 조금씩 흔든다. 이렇게 반복된 익숙한 억압은 어느새 스스로도 알지 못하게 마음 한구석에 틈을 만들고, 그 작은 틈으로 슬픔과 고통이 조용히 스며들어 우리를 아프게 한다. 이처럼 삶의 한가운데서 마주하는 고통의 색깔은 각기 다를지라도, 결국 우리 모두의 마음은 비슷한 외로움과 상처로 연결되어 있다는 사실을 깊이 느끼게 된다.

나는 오랜 세월 동안 심리학을 연구하고 가르쳐 왔다. 그 과정에서 지치고 힘겨운 마음을 안고 살아가는 사람들을 만나며 한 가지 분명한 사실을 발견할 수 있었다. 그것은 인간은 누구나 자기 자신으로 살아가고 싶어 한다는 것이다. 사랑받고 싶으면서도 마음을 닫고, 이해받고 싶으면서도 아무 말도 하지 못한 채 그저 견디는 법만 배우며 자란 어른들이 너무 많다는 사실이다.

많은 사람들이 말하지 못한 기억과 제대로 이해받지 못한 상처, 그리고 여전히 내려놓지 못한 가족의 그림자를 마음속에 품은 채 살아간다. 그로 인해 내면 깊은 곳 어딘가에서는 아직도 외면당한 감정의 조각들이 때때로 올라와 달래 달라 아우성치고, 한때 잊었다고 믿었던 아픈 경험의 순간들이 불쑥불쑥 떠올라 삶의 가장 약한 부분을 자꾸만 찔러댄다. 이렇게 내면의 상처와 감정들은 우리의 일상 곳곳에서 조용히, 때로는 아프게 자신을 드러내며 또 다른 고통을 만들어 간다.

결국, 내가 바라본 아픔의 뿌리는 세 갈래였다. 하나는 내가 나로 살지 못하게 만든 자아의 왜곡, 또 하나는 말하지 못하고 묻혀버린 상처의 기억, 그리고 마지막 하나는 바꿀 수 없는데도 붙잡고 놓지 못하는 원가족의 그림자였다. 이 세 가지는 서로를 자극하며 얽히고설켜 지금 이 순간에도 여전히 우리의 마음을 흔들고 있다. 어쩌면 우리는 이 보이지 않는 세 가지 힘에 휘둘리며 살아오면서, 나 자신을 넘어 사랑하는 사람들까지도 상처의 수렁으로 끌어들였는지도 모른다.

나는 이 책을 네 개의 장으로 나누어 이야기를 전개하고자 한다. 첫 번째 장은 '자아론'으로, 자아의 본질과 왜곡을 살펴보고. 두 번째 장은 '상처론'으로, 말하지 못한 상처들의 기억과 그 영향에 대해 다루며. 세 번째 장은 '관계론'으로, 가족과 타인과의 관계 속에서 일어나는 복잡한 감정과 그림자를 탐구하고자 한다. 마지막 네 번째 장에서는 '치유론'으로, 그동안 지나온 모든 아픔을 넘어 성장과 회복의 길을 제시하며 마무리 하고자 한다.

제1장. 자아론 - 내가 나로 살지 못하는 자아

인간은 누구나 자신만의 고유한 리듬에 따라 살아가야 하는 존재이다. 하지만 현실은 그 리듬을 쉽게 허락하지 않는다. 우리는 타인의 기대와 사회의 기준에 맞추어 자신을 조율하며 살아야 했고, 그 과정에서 자아는 점차 침묵하게 되었다. 마음은 어느새 나 자신의 색이 아닌, 타인의 시선과 잣대로 덧칠되어 외면당하고 말았다.

치유는 바로 이 지점에서 시작된다. 내가 진심으로 원하는 것이 무엇인지, 어떤 상황이 나를 흔들고 아프게 하는지를 정확히 들여다보는 과정이다. 이 장에서는 왜 우리가 나 자신으로 살아가는 것이 이토록 어려운지, 자아 절망의 사고가 얼마나 깊이 우리 내면에 뿌리내리고 있는지를 살펴본다. 그리고 내가 왜 그동안 아팠고 힘들었는지를 심리학적 통찰과 함께 실천 가능한 방법을 통해 하나씩 풀어가는 여정을 제시하고자 한다.

제2장. 상처론 - 내 마음을 흔드는 말하지 못한 아픔

상처는 단순히 과거의 기억 조각에 머무르지 않는다. 그것은 깊은 무의식 속에서 우리의 감정과 행동을 조절하는 근원이다. 특히 말하지 못하고 남겨진 상처는 자아의 방향을 왜곡시키며, 종종 충동적이거나 자책하는 왜곡된 모습으로 드러난다. 이 장에서는 상처가 어떤 과정을 거쳐 우리 마음에 자리 잡는지, 그리고 그 상처가 우리에게 어떤 흔적을 남기는지를 살펴볼 것이다. 또한 상처를 외

면하지 않고 진심으로 마주하는 방법도 함께 제시하여, 상처가 더 이상 고통이 아니라 나를 변화시키고 성장시키는 발판임을 깨닫도록 돕고자 한다.

제3장. 관계론 - 가족은 더 이상의 아픔이 아니다

　가족은 우리가 처음 배우는 언어이자 감정을 익히는 가장 기본적인 교과서이다. 그러나 그 따뜻함 이면에는 수많은 상처가 숨어 있음을 부인할 수 없다. 거절과 기대, 실망과 보호, 그리고 통제라는 감정들이 고스란히 기억으로 남아 지금도 우리의 삶 곳곳에 흔적을 남기고 있다. 이 장에서는 원가족이 어떻게 우리의 현재 삶에 그림자를 드리우는지 면밀히 살펴본다. 역할 게임, 가족 규칙, 그리고 원가족 신화에 관한 깊은 통찰을 통해, 이제는 과거의 기억에 얽매이지 않고 '현재의 나'로 살아가는 길을 제시하고자 한다.

제4장. 치유론 - 내면의 사연을 품고 비로소 나로 피어나다

　마지막 장은 다시 '나 자신'으로 돌아오는 여정이다. 자아를 다독이고 상처를 품으며, 원가족의 그림자에서 벗어나 아픔을 안고도 현재를 살아낼 힘을 길러주는 시간이 될 것이다. 더 이상 외부의 평

가나 타인의 잣대에 휘둘리지 않고, 내면의 진심에 귀 기울이며 무너진 틈을 채우고 아픈 마음을 끌어안아 용서할 수 있는 힘과 용기를 새겨 놓았다.

 이 장에서는 진정한 '나'로 살아가는 법, 나 자신을 부인하지 않고 마주하는 법, 힘겨운 순간에 내면 아이를 찾아 안아주는 법, 자아를 길들이고 조율하는 법, 그리고 마지막으로 용서의 관문을 통과하는 방법까지 차근차근 안내할 것이다. 이 모든 과정은 당신이 진정한 치유와 성장의 길로 나아가도록 돕는 최종 인도자가 될 것이다.

잊지 말아라

 인간은 어떤 물을 마시느냐에 따라 육체의 형태가 달라지고, 어떤 소리를 듣느냐에 따라 마음의 상태가 변하며, 어떤 메시지를 품고 살아가느냐에 따라 영혼의 결이 달라진다. 우리가 매일 마시는 감정의 한 모금, 무심코 흘러듣는 말 한 숟가락, 그리고 마음에 새기는 작은 메시지 하나가 결국 당신의 삶 전체를 완전히 바꿔놓을 것이다.

 이 책은 단순히 마음을 위로하기 위해 쓴 글이 아니다. *순간순간*

마음을 깨우는 일침(一鍼)의 메시지들로 진심을 담아 써 내려간 마음의 글자다. 이 글자들은 당신의 마음속 성장에 대한 갈망을 흔들어 깨우기에 충분할 것이다. 한 마디, 한 글자도 그냥 지나치지 말고 그 언어의 위치와 감정의 결을 느끼며 함께 호흡한다면, 반드시 멈춰 있던 자아는 다시 생동하기 시작할 것이다.

　다시는 한탄과 후회의 골이 가슴 깊숙이 파고들지 않을 것이며, 이제는 '나다움'이라는 고유한 모습을 입고 아픈 사연이 찾아와 말을 걸어도 회피하거나 두려워하지 않고 당당하게 마주하며 답을 내릴 수 있을 것이다. 이로써 당신은 내면의 힘과 평화를 갖추어 어떤 어려움 속에서도 흔들리지 않는 진정한 자신으로 살아갈 수 있을 것이다.

마음작가 새빛

차례

1장

자아論
내가 나로 살지 못하는 못난 자아

자아상을 보았는가?	21
마음은 질서대로 움직인다	26
깊을수록 울림이 다르다	36
지혜를 갈망하자	47
생각 정리	57
감각이 만들어낸 거짓된 진실	66
자아 절망의 사이클	78

2장

상처論
내 마음을 흔드는 말하지 못한 아픔

상처라는 아픈 사연	105
아픈 사연의 종류	110
나는 당신이 필요합니다	122
중독	134
내 마음을 흔드는 세 가지 독	138
아픈 사연의 치유	153

3장

관계論
가족은 더 이상의 아픔이 아니다

가족은 더 이상 아픔이 아니다	163
가족: 빛과 그림자의 두 얼굴	174
내면화된 '역기능적 규칙'	194
자아 생존을 위한 처절한 몸부림	221

4장

치유論

내면의 사연을 품고 비로소 나로 피어나다

치유(治癒), 그 오묘한 세계	247
자아 길들이기	254
마음 조율	268
마음 치유 사이클	327
흔들려야 마음이다	333
나를 흔드는 마음의 소리	338
마음을 비운다는 것은	363
자기 수용	374
감정 돌봄	381
메시지 치유	386
용서에 대하여	391
상처를 녹이는 말	399

제 1장

自我論

내가 나로 살지 못하는 자아

때로 우리는 '나'로 태어나지만, 평생 '타인'의 기대와 시선 속에서 길들여져 살아간다. 그 사이 내 마음은 점점 작아지고, 외부의 기준과 판단이 내 자리를 대신하게 된다. 내 목소리는 점점 희미해지고, 나는 스스로를 속이며 살아가는 데 익숙해진다. 그렇게 자신을 잃어버린 자리에는 타인의 인정을 좇아 흔들리는 불안한 자아만이 남는다. 나로 살지 못한다는 것은 곧 자신의 본질을 외면하는 가장 깊은 외로움이다.
자기 자신에게 등을 돌린 삶이다. 그러나 그 외로움과 고통의 끝자락에서 우리는 문득 깨닫게 된다. 그 지점이야말로 '진짜 나'로 돌아가는 길이 시작되는 순간임을.

자아論

자아상을 보았는가?

　인간의 내면에는 살아오며 스쳐 간 장면들만큼이나 태고의 무늬 결이 깊게 새겨져 있다. 그 무늬는 결코 나만의 기억으로만 빚어진 것이 아니다. 오랜 세월 타인의 감정에 스며들고, 그들의 기대에 나를 맞추며 살아온 시간 속에서, 마치 나도 모르게 새겨진 흔적들이 있다. 우리는 그렇게 타인의 시선 속에서 춤추듯 살아왔다. 그러다 어느 순간, 삶이 어디서부터 어긋났는지 알 수 없는 의문 속에 흔들리고 아파한다. 이것이 내가 진정 원했던 삶이었는지, 아니면 누군가의 기대를 채우기 위해 만든 가면 같은 삶이었는지. 그 경계는 서서히 안개 속으로 희미해져 간다. 마치 나라는 악보 위에 내가 쓰지 않은 음표들이 빼곡히 적혀 있는 듯, 답답한 숨결만 남은 채로.

그러다 문득, 그 모든 무늬와 흔적 사이에서 아주 희미하게나마 나만의 선율이 들려오기 시작한다. 그것은 누구의 것도 아니었고, 설명할 수도, 흉내 낼 수도 없는 오직 나만의 음색이다. 그 순간 나는 깨닫는다. 삶이란 결국 내 안에 새겨진 수많은 타인의 무늬를 지워내는 일이 아니라, 그 속에서 나의 결을 찾아내어 더 짙게 새겨가는 여정이라는 것을.

언제나 나는 나 자신과 마주할 용기를 가져야 한다.
귀 기울이고, 두드리며, 바라보는 작은 몸짓 속에서
내 안 깊숙이 감춰진 정신적 소질과
그 속에 고요히 새겨진 자아상의 무늬조차도
기꺼이 만나야 한다.

그렇다. 만나야 한다. 내가 나로 살고자 한다면 멈춰 서서 반드시 나와 마주해야 한다. 바로 나의 '자아상'과 말이다. 이 만남 없이는 지나온 삶이 어디서부터 어긋나기 시작했는지 알 수 없다. 그러나 자아상과 마주하는 순간, 그동안 풀리지 않았던 수많은 의문들이 서서히 명료해진다. 그때 내면은 이전보다 훨씬 선명한 빛깔을 띠기 시작하고, 나를 떨게 했던 불안의 안개도 천천히 걷힌다. 내가 잘하는 일과 진심으로 좋아하는 일 사이의 경계도 분명히 드러난다. 무엇보다 앞으로 내 앞에 불어올 차갑고 서늘한 감정의 바람까지도 이제는 기꺼이 맞이할 수 있는 힘이 생긴다.

마주섬

진심을 다해 나와 마주한다는 것은 무엇일까? 그것은 단순히 나를 관찰하는 것이 아니라, 있는 그대로의 나를 진정으로 받아들이는 일이다. 이는 곧 나를 깊이 이해하고 알아가는 여정이며, 마음이 본래의 빛깔을 되찾아 '마음다워지는' 과정이다. 우리의 마음은 반드시 마음다워야 한다. 그것은 곧 나다움을 회복하는 길이며, 삶의 중심에 다시 나 자신을 세우는 가장 열정적인 일이다. 나다움을 실현한다는 것은 내 안에 쌓여 있던 아픈 사연들을 정면으로 마주하고, 흔들리고 아파하는 그 상처들을 스스로 껴안으며 수없이 비워내는 과정을 반복하는 훈련이다. 그렇게 될 때 우리는 더 이상 스스로를 외면하거나 부정하지 않는다. 단단하지만 유연하고, 흔들리지만 쉽게 무너지지 않는 본래의 '나'를 다시 찾게 된다.

많은 사람들이 스스로도 설명할 수 없는 내적인 고통 속에서 살아간다. 진정한 자아를 마주하기도 전에 새로운 일과 관계 속으로 분주히 몸을 던진다. 겉으로는 그럴듯한 '화려한 생존의 가면'을 쓰고 있지만, 실상은 삶의 변두리에서 자신을 잃은 채 시대의 흐름에 떠밀려 살아가고 있다. 그들은 누구보다 치열하게 살지만, 정작 자기 자신과는 만나지 못한다. 삶의 주인이 되기보다 타인의 시선에 울고 웃으며 하루하루를 소진해 간다.

그들을 떠올리면 마음이 아프다. 그래서 나는 그들에게 '마주섬의 시간'을 선물해주고 싶다. 있는 그대로의 나를 인정하고, 오래된 상처를 비워내며 새롭게 나를 빚어내는 시간. 아픈 사연을 고통으로만 남기지 않고, 치유와 성장의 서사로 전환해주는 그 아름다운 시간 말이다. 나와 함께 성장 훈련을 이어온 많은 이들은 바로 이 '마주섬의 시간' 위에서 비로소 마음다워졌다. 흐릿한 그림자가 아닌 명료한 자아로, 오늘도 꿋꿋이 자신답게 살아가고 있다.

어제의 삶은 반드시 오늘 새롭게 해석되어야 한다.
통합적인 자아의 시선으로
다시 가슴에 새기며, 선물처럼 지금을 살아가는
여정이 되어야 한다.

우리는 누구나 저마다의 아픈 사연을 품고 살아간다. 애써 외면했던 상처, 아무 일 없던 듯 덮어두었던 날들의 눈물. 하지만 마음은 단 한 번도 그것을 잊은 적이 없다. 감춰둔 감정들은 언젠가 몸의 언어로, 관계의 왜곡으로 다시 피어오른다. 그러기에 우리는 그 상처 입은 사연들을 반드시 녹여내야 한다. 진정으로 나를 만나, 아무리 두렵고 아픈 기억이라 해도 외면하지 않고 정면으로 마주할 용기를 품어야 한다. 삶은 언제나 우리에게 묻고 또 물을 것이다. 해결될 때까지, 아마 평생 곁을 따라다니며 끈질기게 물을 것이다. "정녕 너는 너로 살아가고 있느냐"라고. 그 질문 앞에서 피하지 않고 서는 것, 바로 그것이 진정한 '마주섬'이다.

마음은 질서대로 움직인다

 우주에는 질서가 있다. 자연에도 질서가 있다. 밤과 낮이 바뀌고, 계절이 흐른다. 이 질서 속에서 모든 생명은 호흡을 얻고 생을 이어 간다. 인간의 마음도 다르지 않다. 그 안에도 나름의 질서가 있다. 심리학에서는 이를 '원형 질서(Archetypal Order)'라 부른다. 융(C. G. Jung)에 따르면 원형은 인간 정신 깊은 곳에 자리한 보편적 패턴이자 상징이다. 이 패턴들은 인지와 자각, 기억과 경험을 토대로 형체를 얻으며, 눈에 보이지 않는 동기와 감정의 흐름 속에서 살아 움직인다. 마음속 인격들은 저마다의 자리를 지키며 서로 소통하고 영향을 주고받는다. 마치 우주의 별들이 중력을 주고받듯, 심리의 균형도 그렇게 유지된다. 이 모든 순환은 내면 깊은 곳에서 조용히 맥동하며 보이는 세계를 이끌어 간다. 때로는 꿈과 상징으로, 때로는 직관과 통찰로 우리의 삶을 은밀히 안내하고 있다.

 그런데 우리의 마음이 이 내적 질서에서 벗어나면, 마치 뿌리 뽑

헌 나무처럼 서서히 삶의 균형이 흔들리고, 감정은 방향을 잃은 채 폭주하기 시작한다. 그 과정에서 가장 중요한 '나 자신'을 잃어버리게 되며, 실체 없는 근심들이 순식간에 생겨난다. 그 근심은 불안을 낳고, 불안은 염려와 공포를 불러일으켜 결국 '두려움'이라는 거대한 산 앞에 우리를 세운다. 밤에도 깊이 잠들지 못하고, 주변 사람을 통제하고 조정하려 하며, 집착과 피해의식에 빠져 세상에 대한 불신으로 외부와의 단절이 시작된다. 마침내는 스스로의 발목을 묶고 밖에도 나가지 못한 채 침묵으로 입을 봉한다. 그리고 '문제아'라는 꼬리표를 붙이고 만다. 그래서 우리는 마음의 질서가 제대로 순환하고 있는지 항상 점검해야 한다. 인간은 오직 그 질서 안에서만 내적 균형을 유지하며, 삶의 무게를 견디며 살아갈 수 있기 때문이다.

  한반도가 혹한으로 몸살을 앓던 즈음, 나는 심리학 강의를 위해 중국 상하이로 향하는 비행기에 올랐다. 현지에 도착해 강의를 시작했는데, 그날따라 유독 앞이 보이지 않는 한 여학생에게 자꾸 시선이 머물렀다. 수업이 끝난 뒤, 나는 그녀에 관한 이야기를 들을 수 있었다. 그녀는 병원에서도 원인을 알 수 없는 희귀병을 앓고 있었으며, 5년 전부터 시야가 서서히 흐려지기 시작해 지금은 형상만 어렴풋이 가늠할 수 있을 뿐, 아무것도 뚜렷하게 보이지 않는다고 했다. 더 가슴 아픈 사실은 그녀의 성장 배경에 있었다. 도박에 중독된 어머니 밑에서 보호도, 양육도 받지 못한 채 어린 시절을 보냈고, 그 과정에서 심각한 영양실조를 겪으며 지금의 질병에 이르렀다는 것이다.

    그녀의 이야기를 듣는 순간, 가슴 한쪽이 서서히 조여 왔다. 수업이 끝난 뒤, 나는 조심스럽게 다가가 물었다.
"답답하고… 힘들지?"
그녀는 잠시 나를 바라보다가 놀랍도록 평온한 목소리로 대답했다.
"괜찮아요. 세상이 잘 보이지 않아 조금 불편하긴 하지만,"
"제 마음은 그렇게 힘들지 않아요."

    그리고는 환하게 웃었다. 그 미소 앞에서 나는 한동안 아무 말도 할 수 없었다. 태어날 때부터 보지 못한 것도 아니고, 살아가는 동안 점차 빛이 사라져 세상이 어둠의 그림자 속으로 잠식되어 가는 그 과정이 얼마나 막막하고 두려웠을까. 그 어린 나이에, 그 길고 낯선 어둠을 어떻게 견뎠을까. 그럼에도 그녀는 매일을 감사하는 마음으로 살아간다니. "힘들지 않다"고, "마음은 괜찮다"고 말하다니. 그 한마디가 주는 울림은 당시 나에게 어떤 빛보다도 더 환하고 깊은 빛이었다.

내적인 행복은 겉으로 보기에는 단순하고 단조로워 보이지만, 실제로는 그렇지 않다. 그것은 언제나 보이지 않는 내면의 세계에서 시작되어 서서히 외적인 현실로 흘러나온다. 삼라만상의 균형과 안정감을 지탱하는 생명력도 마찬가지다. 그 힘은 늘 보이지 않는 곳에서 자라나 마침내 보이는 세계를 지배하며 흐르고 있다. 나는 오랜 세월 마음의 상처를 안고 살아가는 많은 이들을 만나왔다. 그 과정에서 한 가지 중요한 사실을 깨달았다. 고통을 호소하는 사람들 대부분이 자신의 내면에서 일어나는 보이지 않는 기류와 '내적 질서'에 대해 거의 알지 못한다는 것이다. 이 무지는 고통을 더 깊게 하고, 더 오래 지속되게 만들었다. 만약 그들이 일찍이 보이지 않는 내적 세계를 감지하고 다루는 감각을 지니고 있었다면, 삶 속에서 마주한 외적인 혼란과 좌절을 피할 수 있었을 것이다.

결국 진정한 치유와 행복은 내면에서부터 시작된다. 그 출발점은 눈에 보이지 않는 세계의 질서이다. 그렇기에 행복을 함부로 외부에서 찾으려는 것은 행복의 본질을 모르는 일이자 스스로를 속이는 어리석은 행동임을 알아야 한다. 자아를 중심에 두고 내적 원형의 질서에 따라 구조화할 때 비로소 마음은 본래의 섬세하고 다양한 기능을 회복하며, 참 고통, 참 기쁨, 참 소망, 참 행복, 그리고 참 사랑의 의미를 차츰 깨닫게 된다. 여기서 말하는 '참'이란 인간이 자주 범하기 쉬운 수많은 오류가 걷혀진 상태, 즉 진실하고 자연스러운 본래의 근원적 상태를 뜻한다. 반면 '거짓'이란 일치하지 못한 미숙한 감정들과 어릴 적부터 잘못 학습된 정보들이 성인이 된 지금까지 가면극의 중심에 자리 잡아 지속적으로 자아를 흐리는 눈가림의 상태를 의미한다.

  나는 이 책을 집필하면서, 매일같이 흔들리고 아파하며 살아가는 이들을 위해 단순한 위로를 넘어서 현상을 초월한 마음의 창(窓)을 열어주고 싶었다. 세상의 이치와 삶의 본질을 이해하게 하는 깊은 통찰, 다시 말해 삶의 거센 파도를 피하는 법을 알려주기보다는 그 파도 속에서 서핑보드를 즐길 수 있는 '내적 힘'을 길러주고자 했다. 언제든 마주할 수 있는 위협과 불안의 상황 앞에서 그것을 억누르거나 외면하는 대신, 한 겹 더 깊이 있는 의미로 재해석하며 살아가는 힘. 두려움의 신호를 단순한 경고가 아닌 축복의 전조로 받아들이고, 매 순간 척박하고 고단한 하루를 원망과 분노로 덮는 것이 아니라 감사로 승화시키며 도전하는 힘. 이러한 힘이야말로 진정한 자아 통합의 길이며, 긍정화된 자아 시선으로 인생을 살아가는 삶이라 믿고, 그 힘을 이 책을 통해 불어넣고 싶었다.

과연 나는 무엇에 떨고, 무엇에 속고 있는가!

한번 생각해 보자. 지금 당신은 어떤 일로 인해 힘들어하고 있는가? 과연 무엇이 나를 이토록 지치고 괴롭게 만드는지, 무엇 때문에 나는 불행하다고 느끼며 살아가는지, 한 번 내 마음을 차분히 들여다볼 필요가 있다. 지금 내가 겪고 있는 불안의 실체는 무엇이며, 그 두려움의 본질은 과연 어디에서 비롯된 것인지 곰곰이 따져보자. 당신을 괴롭히는 수많은 걱정들, 그것들은 과연 제대로 된 실체를 갖추고 있는지, 아니면 혹시 존재하지도 않는 그림자와 싸우고 있는 것은 아닌지…

심리학자 어니 젤린스키의 《느리게 사는 법》이라는 책에서는 걱정에 관한 통계에 대해 다음과 같이 말한다. 걱정의 40%는 현실에서 절대 일어나지 않을 일에 대한 것이고, 30%는 이미 지나간 일이다. 22%는 사소한 고민거리이며, 4%는 인간의 힘으로 어쩔 수 없는 일이고, 단 4%만이 우리가 실제로 바꿀 수 있는 일이라고 한다. 결국 대부분의 걱정은 실체 없는 불안일 뿐이며, 미리 가불해봐야 아무런 의미 없는 고통만 우리에게 안긴다. 그러니 오늘 하루, 아직 일어나지 않은 일들에 대한 불필요한 근심과 두려움에 스스로를 가두지 말자. 지금 이 순간에 집중하고, 실제로 다룰 수 있는 현실만을 분명하게 마주하며 살아가자.

  지금보다 더 깊은 마음의 안정과 평안을 누리고 싶다면, 자아의 시선이 머무는 현상이나 삶의 외피에 집중하기보다는 보이지 않는 내적 세계, 즉 현재의 나를 움직이는 내면에 관심을 기울이자. 그리고 그 내면의 질서가 균형을 이루며 순환할 수 있도록 매일 애쓰고 노력하자. 내면의 질서가 조화롭게 돌아가기 시작하면, 불필요한 근심과 두려움은 차츰 사라지고 생각은 맑아진다. 그 빈자리는 매 순간 살아 있음을 감사하는 마음과 충만함으로 채워질 것이다.

                보이지 않는 곳에서 보이는 것들로부터

  이것은 단지 이론에 그치지 않았다. 상하이에서 만난 '빙빙'이라는 학생이 몸소 보여 준 생생한 삶의 증거이자, 필자가 지금까지 아픈 이들을 돌보며 깨달은 경험이기도 하다. 그녀는 보이지 않는 내적 질서를 결코 무시하지 않았다. 만약 내면의 균형을 외면한 채 캄캄한 현실을 억지로 견뎌냈다면, 그 빈약한 내면은 고통의 파도에 휩쓸려 사라졌을 것이다. 자아 긍정의 빛을 피워낼 수 없었을 뿐만 아니라, 스스로 갇혀 세상 밖으로 걸어 나오는 일조차 불가능했을 것이다. 그러나 그녀는 내면의 질서를 굳게 붙잡았다. 누구도 흔들

수 없는 깊고 단단한 뿌리를 마음속에 내려 삶을 새롭게 재구성해 나갔다. 그리하여 마침내 건강하고 진실한 자아의 고백을 해내며, 절망적인 현실마저 기꺼이 뒤집어 버리는 존재가 되었다.

오래전 일이다. 딸이 열세 살이 되던 무렵, 진지하게 다가와 내게 물었다. "아빠, 나랑 떨어져 있을 수 있어?" 그리고는 갑자기 미국에 가겠다고 말했다. 유튜브를 통해 뉴런의 회로를 공부하던 중, 사용하지 않는 청소년기의 뇌 회로가 퇴화한다는 사실을 알게 되었고, 반드시 언어 회로를 만들기 위해 미국에 가야겠다는 것이었다. 순간 가슴이 먹먹해졌다. 딸을 설득할 수많은 문장이 떠올랐지만, 입 밖으로는 한마디도 나오지 않았다. 그 찰나에 여러 상념이 머리를 스쳤다. 이 아이에게 내가 무슨 짓을 한 것일까. 인간의 인지 체계를 너무 일찍 깨우치게 한 것일까, 아니면 정서 인식을 너무 빨리 알게 한 것일까.

나는 세 살 때부터 아이와 함께 내적 질서와 원형, 그리고 감정을 입체적으로 표현하며 나누어 왔다. "두려움은 너를 더 단단하게 만들 거야. 불안은 너를 더 온전하게 할 거야. 외로움은 너를 더 깊어지게 할 거야. 절망은 너를 언제나 다시 시작하게 할 거야. 그리고 사랑은 마침내 너를 완성할 거야."

13년 동안 적지 않은 도전을 겪으며 살아온 딸이 또다시 험난한 길에 도전하겠다고 했을 때의 당황스러웠던 기억이 난다. 결국 딸은 미국행을 혼자 선택해 다녀왔고, 본인이 그토록 만들고 싶어 했던 언어 회로를 완성해 돌아왔다.

이처럼 보이지 않는 내적 감각이 열리고, 내적 질서와 균형이 잡히면, 눈앞의 현실이 다소 불편하고 열악하더라도 그것을 충분히 받아들이고 기꺼이 적응할 수 있는 힘을 얻게 된다. 비로소 '내가 나로 살아가는 삶'을 실현하며, 눈앞의 어려운 현실을 두려워하지 않고 끊임없이 도전하며 스스로 존재감을 확립하게 된다. 정서적 자유를 누리며 외부의 기대나 타인의 시선에 휘둘리지 않고, 자아의 시선으로 보이지 않는 풍요와 깊이를 경험하게 된다. 그리하여 언제나 안정적이고 믿음직한 자아의 토대 위에서 삶을 단단히 이어갈 수 있게 되는 것이다.

적지 않은 사람들이 이러한 순서를 혼동한 채 살아간다. 보이는 것에서 행복을 찾고, 화려한 외형에 집착하며, 그 꿈을 이루기 위해 영혼이라도 팔 기세로 오늘도 내일도 질주하고 있다.

그러다,

보이는 것에 실망하고,

보이는 것에 아파하며,

보이는 것에 낙심한 채로 살아 가고 있다.

참으로 안타까운 일이

아닐 수 없다.

깊을수록 울림이 다르다

나의 심연에서 신비가 노래한다
나의 원형의 마디에서 미지가 춤을 춘다

더욱 생동하고
더욱 행복하고
더욱 깊어지고 성장하자

너무 채우려 애쓰지 말고
너무 비우려 아프지 말고
늘 안분하게
늘 정하하게
늘 순수하게
늘 고운 진심으로
스스로를 누려 내자

눈에 보인다고 해서 그것이 전부는 아니다. 그렇다고 세상을 부정하라는 말도 아니다. 다만 지금 당신이 바라보고 있는 이 세계가 삶의 모든 실체는 아니라는 사실이다. 우리는 오감이라는 창을 통해 세상을 인식한다. 눈으로 보고, 귀로 듣고, 손으로 만지고, 입으로 맛보고, 코로 냄새를 맡으며 외부 세계를 받아들인다. 그 감각들을 바탕으로 우리는 저마다의 해석을 만들고, 그 해석 위에 삶을 살아간다. 그러나 문제는 이 감각들이 결코 객관적이지 않다는 데 있다. 인간의 뇌는 생각보다 쉽게 착시를 일으킨다. 그래서 똑같은 상황을 두고도 어떤 이는 그것을 기쁨으로 기억하고, 또 다른 이는 슬픔으로 받아들인다. 마주한 장면은 같지만, 인식과 해석은 언제나 다르다.

그래서 우리는 언제나 이렇게 생각해야 한다. '감각은 진실이 아니다.' 감각은 현실을 전달하는 도구이지만, 동시에 현실을 왜곡하는 창이 될 수도 있다. 바라본다는 것은 결국 '나의 렌즈'를 통과한 주관적 결과물일 뿐이며, 그것이 언제나 사실일 수는 없다는 전제에서 마음을 열어야 한다. 건강한 자아는 보이는 것 너머를 보는 힘이 있다. 오감이 보여주는 세계를 그대로 받아들이는 데 머물지 않고, 그 너머의 맥락과 흐름, 새로운 의미를 감지하는 감각을 지니고 있다. 그 감각을 기르는 훈련이 바로 스스로 묻고, 의심하며, 반추

하는 습관이다. "나는 지금 무엇을 보고 있는가?", "그것은 정말 존재하는 사실인가?", "지금 내가 느끼는 감정은 나의 감정인가, 아니면 타인이 강요한 감정인가?"라고 물으며 언제나 자신의 중심을 잡아가야 한다. 왜냐하면 언제나 삶을 깊이 있게 바라보는 사람은 보이는 것에 휘둘리지 않았고, 감각의 흐름에 잠기지 않았으며, 더 큰 시야로 존재의 본질을 꿰뚫으며 살아왔기 때문이다.

자아 시선

현상을 넘어 본질을 꿰뚫는 눈, 그것이 바로 자아의 시선이다. 이 눈은 누구에게나 쉽게 열리지 않는다. 자아 성찰의 여정을 묵묵히 걸어가는 이에게만 조용히 열리는 문이다. 겉을 넘어 내면을 꿰뚫으며, 혼란 속에서도 중심을 잃지 않게 해주는 단단한 감각. 진실을 흔들림 없이 바라보는 마음의 지혜, 그것이 바로 자아의 시선이다.

우리는 마음의 창을 통해 현상을 꿰뚫는 안목을 길러야 한다. 그래야 세상이 건네는 무수한 프레임과 감각의 착시 속에서도 중심을 잃지 않고 나를 지킬 수 있다. 세상은 결코 단순하지 않다. 그렇기에 우리는 언제나 보이는 현상에 함몰되지 않도록 주의하고 또 주의해야 한다. 눈앞의 현실은 언제나 진실의 '표면'일 뿐이며, 그 아래에는 해석과 오해, 기억의 왜곡, 감정의 편향이 얽히고설킨 다층적인 세계가 숨어 있다.

잊지 말아라. 자아 시선은 그 엉킨 실타래를 조용히 풀어내는 내면의 손길이자 존재의 눈이라는 사실을. 자아 시선으로 살아가는 삶이 깨어 있는 삶이며, 그 깨어 있음이야말로 나를 이끄는 유일한 통찰임을 반드시 기억해야 한다.

그동안 내가 바라본 인생은 그러했다. 단 한 사람도 예외 없이 모두가 거센 삶의 풍랑 앞에 서 있었다. 예고 없이 닥쳐오는 인생의 파도는 늘 눈앞에서 몰아쳤고, 때로는 바닥으로 내던져져 숨조차 쉴 수 없게 만들었다. 차디찬 바람 앞에서 많은 이들이 조류에 떠밀리듯 방향을 잃은 채 떠돌았다. 어제도, 그리고 오늘도 여전히 그러한 삶을 살아가고 있다.

내 삶을 붙드는 내적 힘

인생의 파도 속에서도 흔들리지 않고 자신의 중심을 지켜낸 사람들이 있다. 거센 바람 앞에서도 눈빛은 흐려지지 않았고, 깊은 상처를 겪으면서도 결코 자아의 본질을 잃지 않았다. 그들에게는 힌

가지 공통된 힘이 있었다. 그것은 다름 아닌 '내적 힘'이었다. 외부의 조건은 달라지지 않았다. 상황은 여전히 어렵고 삶은 거칠었지만, 그들은 달랐다. 자신을 바라보는 시선이 달랐고, 흔들림 속에서도 무너지지 않는 단단한 자세를 지니고 있었다. 필자 역시 그 힘을 통해 고통스러운 삶의 고비들을 하나씩 넘어왔다. 바깥 세상이 변한 것이 아니라, 스스로를 바라보는 나의 시선이 바뀐 것이었다. 그렇게 서서히, 그러나 분명하게 나는 흔들림 속에서도 주저앉지 않는 법을 배워왔다.

내적 힘은 어느 날 갑자기 주어지는 것이 아니다. 그것은 수많은 시련과 아픔, 끊임없는 질문과 성찰 속에서 서서히 자라난 씨앗이다. 넘어지고 일어서기를 반복하면서 그 뿌리는 하루하루 지날수록 더 깊어지고, 마침내 나를 지탱해주는 단단한 나무가 된다. 그래서 중요한 것은 바람도, 파도도, 문제가 아니라 그 모든 것과 마주하는 '나의 태도'이다.

프랑스 남부 론알프스 지방, 레만 호숫가 옆에는 '에비앙'이라 불리는 신비로운 치유의 샘물이 있다. 이 샘물은 1790년경, 신장결석을 앓던 프랑스의 레쎄르 후작이 매일 마시기 시작하면서 세상에 알려졌다. 몇 개월이 지나자 그의 병은 마치 거짓말처럼 사라졌고,

그 기적 같은 경험은 빠르게 입소문을 타고 퍼져 나갔다. 이후 수많은 이들이 병을 안고 이 샘물을 찾아왔으며, 에비앙은 마침내 '기적의 물'이라 불리게 되었다.

이 물이 특별한 이유는 단순히 지하에서 솟아오른 생수가 아니기 때문이다. 에비앙의 물은 알프스 산맥에 내린 눈과 비가 수십 년, 때로는 수백 년에 걸쳐 암반층을 통과하며 자연의 필터를 거쳐 지표면으로 솟아난 결과다. 그 오랜 여정 속에서 수많은 무기질과 영양 성분이 스며들었고, 그렇게 이 물은 치유의 힘을 품게 되었다.

시간이 만든 깊이, 기다림이 만든 힘이었다. 인간의 마음도 이와 다르지 않다. 깊이 있는 자아 인식은 하루아침에 주어지지 않는다. 그것은 수많은 질문과 성찰, 삶의 고통과 흔들림, 좌절과 회복을 반복하면서 비로소 품게 되는 정신적 결정체다. 이러한 시선은 변화무쌍한 세상 앞에서도 매몰되지 않는다. 오히려 삶을 통합적으로 바라보며, 고통을 다시 구성할 힘을 지닌다. 외부 자극에도 조급해하지 않고 스스로를 조율하며 방향을 정하고, 감정 하나하나를 책임 있게 다룬다. 사소한 순간조차 허투루 흘려보내지 않고 언제나 새로운 삶의 의미와 가치를 새겨 넣는다.

마음의 그릇, 삶의 깊이

　결국 인간은 자아 인식의 깊이만큼 살아간다. 그 깊이는 삶을 이끄는 가장 견고한 뿌리가 되어, 아무리 거센 바람이 몰아쳐도 쉽게 뽑히지 않는다. 때로는 주저앉더라도 다시 일어서며, 넘어져도 결국 회복한다. 내면의 단단함이란 단순히 감정을 억누르는 인내가 아니다. 그것은 어떤 감정이든 있는 그대로 받아들이는 마음이다. 삶의 표면에서 끊임없이 일렁이는 사건과 파도 속에서도 중심을 잃지 않게 해주는 힘이다.

　인도의 수행 가르침에서 전해 내려오는 이야기가 있다. 스트레스에 쉽게 무너지는 한 제자가 있었는데, 어느 날 숨이 막힐 듯한 깊은 한숨을 내쉬며 스승을 찾아와 털어놓았다. "스승님, 요즘 너무 괴롭습니다. 작은 일에도 가슴이 조이고, 스트레스가 저를 통째로 삼켜버릴 것만 같습니다." 스승은 말없이 소금 한 숟가락을 가져오게 한 뒤, 조용히 작은 물컵에 그것을 넣고 저어 보라고 했다. 그리고 말했다. "이제, 마셔 보거라." 제자는 조심스레 한 모금 마셨고, 이내 얼굴을 찌푸리며 말했다. "아주 짭니다." 스승은 아무 말 없이 제자를 데리고 근처 호수로 향했다. 그곳에서도 같은 양의 소금을 물에 풀게 하고, 호수에서 물 한 컵을 떠 마시게 했다. "이번엔 어떠냐?"

스승이 다시 물었다. 제자는 고개를 끄덕이며 대답했다. "시원하고 맑습니다." 그제야 스승은 조용히 입을 열었다. "이 소금 한 숟가락이 바로 네가 요즘 겪고 있는 고통이다. 그 고통을 손바닥만 한 물컵에 담을지, 드넓은 호수에 담을지는 전적으로 네 마음의 그릇에 달려 있단다." 우리가 겪는 삶의 괴로움은 그 자체의 크기보다 그것을 담는 '마음의 그릇'에 따라 훨씬 증폭되거나, 반대로 사라지기도 한다. 그릇이 작으면 작은 파편 하나에도 금이 가지만, 깊고 단단한 그릇은 거친 풍파조차 품어낸다.

그 고요함과 단단함이 저절로 생기겠는가?

아니다. 그 깊이는 '성찰'이 만들어낸다. 성찰은 자아를 정제하고 내면의 시야를 넓혀주는, 성장을 이루는 가장 중요한 초기 과정이다. 성찰이 깃든 자아는 마치 오랜 시간 땅속을 통과하며 자연의 힘을 품게 된 에비앙 샘물처럼, 자신과 타인의 삶에 치유와 회복을 선사한다. 현상이 어떠하든 매일 자율성과 안정감 속에서 살아가게 하며, 삶의 파도에 흔들릴지언정 중심을 잃지 않도록 바람의 결을 읽어내는 힘을 길러준다. 심리학 이론 중 '가역성의 법칙'이 있다. 사람들은 보통 감정이 먼저 생기고 그 감정에 따라 행동이 달라진다고 믿는다. 슬프면 울고, 기쁘면 웃는다는 식이다. 그러나 이 이론은 반대로 말한다. '행동'이 감정을 바꾸기도 한다는 것이다. 어떤 일을 대하는 태도, 몸짓, 말투가 감정의 방향을 조금씩 바꾸어 놓을 수 있다는 것이다.

　기분이 우울할 때 억지로라도 입꼬리를 올려보자. 표정 하나가 마음을 따뜻하게 하고, 마음은 서서히 풀리기 시작한다. 하기 싫은 일도 먼저 움직이면 그 움직임에 마음이 따라오며, 언젠가 열정이라는 불씨가 피어난다. 이 원리는 긍정 심리학과 웃음 치료학에서도 중요한 기반이 되었다. "꿈을 이루고 싶다면, 꿈을 이미 이룬 사람처럼 말하고 행동하라"는 말은 단순히 마음을 달래기 위한 문장이 아니다. 그것은 우리 안에 잠들어 있는 잠재된 가능성을 일깨우는 심리학적 전략이다.

　이러한 가역성의 지혜는 삶을 변화시키는 데 유용한 도구가 될 수 있다. 그러나 나는 이 원리를 맹목적으로 따르기보다는, 그보다 앞서 반드시 깊은 자기 성찰이 선행되어야 한다고 본다. 행동이 감정을 바꿀 수 있는 것은 사실이지만, 내면이 텅 빈 채 겉만 화려하게 포장된 꿈을 좇는다면 언젠가 허무의 벽에 부딪히고 말기 때문이다.

진심으로 내면을 들여다보고, 내가 무엇을 원하는지, 어떤 사람으로 살아가고 싶은지 분명히 알게 되는 순간이 온다. 그때 비로소 꿈을 그려도 늦지 않다. 조급하게 감정의 격류에 휩쓸려 막연한 욕망을 목표로 삼아서는 안 된다.

상처 입은 자아를 껴안은 채, 그 상처가 드러날까 두려워 전전긍긍하며 겨우 하루를 버텨내는 삶이라면, 아무리 찬란한 꿈을 그린다 해도 그것이 현실이 되기 어렵다. 그러니 이제는 더 이상 모래 위에 집을 짓는 헛수고를 반복하지 말자. 설계도 없이 건축하는 바보 같은 생존 방식도 더는 하지 말자. 성찰과 조율이 없는 내면은 아무리 큰일을 이룬다 해도 결국 불안과 허무를 낳으며, 마침내 탈진에 이르고 만다.

성장하자. 그리고 성찰을 바탕으로 통찰을 열어가자. 감정에만 의지하지 말고, 넓고 깊은 자아의 시선으로 가슴 벅찬 삶을 설계하자. 그래야 황혼의 시기에 "잘 살았다"라고 말할 수 있지 않겠는가. 깊어져야 한다. 그리고 넓어져야 한다. 얕은 물결은 소란하지만, 깊은 물은 고요하며 강한 힘을 품는다. 잊지 마라. 나와 타인을 살리는 꿈은 바로 그 깊은 물에서 피어난다. 진정한 변화는 겉으로 드러나는 찰나의 감동이 아니라, 깊은 내면에서 솟아오르는 진실한 울림이라는 사실을.

우리가 자각해야 할 것은, 더 이상 얕은 생존의 언저리를 배회하며 의미 없이 시간을 허비할 만큼 긴 생을 가진 존재가 아니라는 점이다. 우리는 유한한 시간 속에서 매일 죽어가고 있는 인간이다. 이렇게 귀한 시간을 그저 눈치만 보며 보내거나, 주어진 틀 안에서 맴돌며 소진하기에는 세월이 너무 아깝지 않은가.

지혜를 갈망하며 통찰을 추구하고, 마음을 깊게 다듬는 이 여정. 이 길이 결코 쉽지 않다는 것을 나는 너무도 잘 안다. 때로는 아프고, 고되며, 외로울 것 또한 잘 알고 있다. 그러나 분명한 사실은, 그 성찰의 깊이만이 내가 진정한 '나'로 살아가게 만든다는 점이다. 그 깊은 성찰 속에서 우리는 비로소 공허함이 아닌 자율성을 얻게 된다. 그리고 그 넓은 성찰 속에서 방황이 아닌 방향성을 찾게 될 것이다.

이 단순하면서도 깊은 진실을 부디 잊지 않기를 바란다. 삶의 무게를 견디는 힘은 외부 조건에 달려 있지 않고, 그 무게를 어떻게 바라보고, 어떤 의미로 다시 쌓아 가는지에 달려 있다는 사실을 마음 깊이 새기길 바란다.

지혜를 갈망하자

 우리가 살아갈 미래는 지금보다 훨씬 더 빠르게 변화할 것이다. 지구온난화는 이미 사계절의 경계를 허물었고, 매일 들이쉬는 공기의 질은 상상조차 하기 어려울 만큼 나빠지고 있다. 한때는 허황된 예언처럼 들렸던 일들이 이제는 더 이상 부정할 수 없는 현실로 우리 앞에 다가오고 있다. 그러나 진정한 변화는 단지 환경이나 생활 구조의 문제가 아니다. 사람들 사이의 관계, 가족 간의 온기, 이웃과 나누던 정서의 따뜻함이 점차 식어가고 있다는 점이 더 본질적인 위기다. 겉모습은 멀쩡해 보여도 속은 지독한 외로움에 잠식된 채, 하루하루 숨 쉬기도 버거운 시간을 견디는 사람이 많다. 그들이 어쩌면 내 가족일 수 있고, 내 친구, 내 이웃일 수 있다는 사실을 우리는 결코 잊어서는 안 된다. 정말 지켜야 할 것이 있다면, 그것은 소유물도 재산도 아닌 바로 각자의 '마음'이다.

 문제는 세상의 '변화'가 아니다. 문제는 그 변화를 바라보는 나의 자아 시선이다. 그 변화 앞에 어떤 마음가짐으로 서 있을지는 오직 나에게 달려 있다. 삶은 끊임없이 움직이고 세상은 멈추지 않는다. 외부의 파도를 멈출 수 없다면, 우리는 내면의 돛을 더 단단히 세워야 한다. 마음이 무너지면 삶 전체가 함께 무너지기 때문이다. 그러나 하늘이 무너지고 땅이 꺼지는 순간에도 마음 하나 굳게 먹고 고통을 재해석할 수만 있다면 언제든지 다시 일어설 수 있다. 고통 앞에 의미를 더하면 희망이 되고, 고통에서 의미를 빼면 절망이 된다. 그 의미를 부여하는 힘, 그 힘이 바로 지혜이다. 지혜는 삶을 다시 보게 하는 시선이며, 무너진 마음을 일으켜 세우는 힘이다. 삶의 어떤 상황에서도 우리를 다시 세워주는 가장 깊은 '심지'인 것이다.

내 자아가 외부 현상에만 몰두하여 좁은 신념의 틀에 갇혀 있다면, 불안과 고통에서 결코 자유로울 수 없다. 눈앞의 자극 하나에도 쉽게 휘둘리며, 결국 스스로조차 잃게 된다. 그러나 자아 인식이 확장되어 보이는 것 너머의 본질을 꿰뚫어볼 수 있는 지혜가 생긴다면, 고통은 더 이상 고통으로 머무르지 않는다. 오히려 나를 깨우고 성장시키는 원료로 변한다. 현실을 외면하며 아픔을 견디기만 하던 삶은 마침내 어떠한 악조건 속에서도 재해석하고 통합해 내는 놀라운 삶으로 나아가게 된다.

통찰의 눈

알래스카의 사냥꾼들은 늑대를 잡을 때 '얼음 칼'이라는 도구를 사용한다. 그 방식은 잔인하지만, 인간 심리를 비추는 강력한 사례가 된다. 사냥꾼은 날카로운 양날 칼에 동물의 피를 묻힌 뒤, 그 위에 물을 부어 여러 겹의 얼음을 덧입힌다. 그렇게 완성된 얼음 기둥은 늑대의 본능을 자극하는 붉은 유혹으로 변한다. 그 앞을 지나가던 늑대는 냄새에 이끌려 다가와 아무 의심 없이 얼음을 핥기 시작한다. 갈증과 욕망이 뒤엉킨 혀는 더욱 거세게 움직이다가 마침내 얼음 속에 숨겨진 칼날에 베이고 만다. 그러나 늑대는 그 피가 자신의 것임을 깨닫지 못한 채 계속 핥아대고, 결국 자기 피에 취해 과다 출혈로 죽고 만다.

욕망은 집착이 되고, 집착은 상처가 되어 결국 스스로를 베어내는 가슴 아픈 삶이 된다. 이것은 단순한 사냥 기술이 아니라 우리가 살아가는 삶의 어두운 그림자이기도 하다. 내 살을 내가 뜯고 있다는 사실조차 모른 채 탐욕의 얼음을 핥고 있는 가여운 인생. 겉으로는 아무 일 없는 듯 보이지만, 한순간의 방심 속에서 우리는 얼마나 자주 그 '얼음 칼' 앞에 서 있는지 모른다. 화려한 욕망이 해롭다는 것을 알면서도 막상 빠져들면 멈출 수 없는 병적인 사이클

속에서 허우적거리며, 결국 자신의 마음을 베고 마는 슬픈 현실에 갇히고 만다. 알래스카의 늑대가 자기 피 냄새에 이끌려 스스로 죽음을 향해 달려가듯, 우리 역시 결핍된 정서가 만들어낸 감정의 환영에 이끌려 상처를 반복하며 살아간다. 그래서 우리에게는 통찰(Reflection, 省察)이 절실하다. 보이는 현상 너머의 본질을 보고, 감정의 바깥에서 사연을 읽어 내며, 그 속에 숨겨진 나 자신을 마주하게 해주는 이 통찰이 지금, 너무나 절실한 때이다.

지식을 기반으로 '앎'을 이루었다고 해서 곧바로 통찰이 완성되는 것은 아니다. 단순히 많은 정보를 알고 지식을 암기하며 논리를 꿰뚫는 능력만으로는 통찰의 눈이 열리지 않는다. 그것은 단지 형상화된 알아차림의 순간에 머무르기 때문이다. 눈으로는 볼 수 없지만 분명히 느껴지는 감각의 결, 깨달음의 기류라 할 수 있는 통찰은 수없이 흔들리고 비워지며 다시 채워지는 과정을 거친다. 자신을 되돌아보고 거듭 묻고 또다시 스스로와 마주하는 반복의 끝에서야 비로소 피어나는 깊은 울림이다. 따라서 통찰은 단순히 상황을 이해하는 표면적 지식이 아니다. 그것은 자아의 깊이와 맞닿아 있으며, 내면의 힘에 비례해 조금씩 확장해 나가는 인식의 빛이다.

지식을 넘어 지혜의 숨결로서

　인간이 쌓아 올린 지식은 눈부시다. 정제된 언어와 치밀한 논리, 과학적 체계로 빚어진 학문은 그 자체로 하나의 예술처럼 아름답다. 그러나 단 한 문장이라도 자신의 가슴을 울리지 못하고, 누군가의 마음을 어루만지지 못한다면, 그 지식은 죽은 지식에 불과하다. 죽은 지식은 증명될 수는 있어도 감동시킬 수 없고, 설명은 가능하지만 결코 삶을 변화시키지 못한다. 반면, 통찰은 조용히 삶을 바꾸는 힘을 품고 있다. 단순한 개념 하나, 짧은 문장 하나, 평범한 일상 속 한순간의 깨달음이 오히려 온 존재를 흔들며, 삶의 문장을 다시 써 내려가게 만든다. 그래서 통찰은 살아 있는 진짜 지식이다. 그것은 머리로만 이해하는 앎이 아니라, 가슴과 삶으로 증명되는 앎이다.

　그렇다. 본래 지식은 단순히 머릿속에 채우는 것이 아니라 가슴을 울려야 진정한 지식이다. 언어로만 꾸며내는 것이 아니라, 언제나 삶으로 증명되어야 한다. 그래서 우리는 그것을 지혜라 불렀다. 지혜는 일상과 일치된 삶 속에서만 숨 쉬며, 지식의 경계를 넘어선 이들이 누리는 깊은 앎이다. 그러나 우리가 살아가는 삶은 얼마나 변화무쌍하고 불규칙한가. 인생은 언제나 모순되고 애매하며, 때로는 심할 정도로 비과학적이다. 그럼에도 많은 이들이 삶이라는 문제지에 '정답'을 써 내려가려 한다. 누구나 쉽게 해답을 내밀고, 시장의 좌판처럼 각자의 답을 흥정하며 살아간다.

지식의 알고리즘은 거침없고 달콤하며 때로는 무모할 정도로 강렬하다. 인간의 인지 체계를 순식간에 장악하며 전지전능한 태세로 우리의 정신세계를 지배해 버린다. 가히 '지식 홍수 시대'라 부를 만하다. 그러나 그 홍수 속에서 진정한 지혜는 점점 더 희귀해지고 있다.

나는 오랜 세월 심리학을 연구하며 이러한 모순과 수없이 마주해 왔다. 학문은 종종 간결한 논리로 인간을 재단하려 한다. 실험 집단의 수치와 결과를 근거로 사람의 삶을 하나의 평면도형처럼 단순화시킨다. 그 속에는 금옥지색(錦屋之色)의 치장과 허장성세(虛張聲勢)의 웅장함이 뒤섞여 있다. 겉모습은 찬란하고 그럴듯하지만, 그 속을 들여다보면 의외로 텅 비어 있다. 화려한 문장과 그럴듯한 이론이 주는 감탄은 잠시뿐, 삶을 움직이는 실질적 힘은 거기서 찾아보기 어렵다. 더 안타까운 것은 그러한 실체 없는 지식에 많은 이들이 무심히 이끌려 간다는 점이다. 그들은 그것이 전부인 양 받아들이고 자신의 삶마저 그 틀에 끼워 맞추려 애쓴다. 하지만 인간은 결코 통계치와 도식으로만 살아가는 존재가 아니다. 삶은 언제나 그 너머에서, 틀에 담기지 않는 내적 결을 따라 고요히 흐르고 있다.

이제 지식은 삶의 지혜가 아니라 생존을 위한 도구이자 과시의 수단이 되어버린 것일까? 물론 모든 지식이 그런 것은 아니다. 그러나 문제는 분명히 존재한다. 그렇게 오랫동안 배우고 익혔음에도 불구하고, 인간은 점점 통합과 수용, 겸손과 사랑의 품격을 잃어가고 있다는 사실이다. 더 많이 배운 이들이 더 쉽게 타인을 판단하고, 더 많은 정보를 아는 사람들이 더 자주 분노하며, 더 높은 학위를 가진 이들이 오히려 더 깊은 외로움에 잠기는 아이러니. 배움이 삶을 단순하고 명료하게 다듬기는커녕, 오히려 복잡하고 혼란스러운 미로 속으로 밀어 넣는 현실 말이다.

우리가 하고 있는 공부는 무엇일까?
우리가 바라보고 있는 스승은 누구인가?

수많은 전공과 학위를 지녔음에도 불구하고, 여전히 허기진 듯 이곳저곳을 기웃거리며 더 배우기 위해 안간힘을 쓰는 이 현실은 과연 제대로 된 성장의 모습일까, 아니면 끝없는 방황일까. 지식으로 머리를 채우려 하지만 마음은 여전히 공허하다. 지식의 홍수 시대라 하지만 통찰의 가뭄이 지속되는 이 시절, 도대체 이 차가운 충만함 속에서 언제까지 서성이며 살아가야 한단 말인가. 참으로 안타까운 일이 아닐 수 없다.

핵심은 '답'이 아니라 '물음'이다.

'내가 나로 산다'는 말은 단지 자기중심적인 삶을 의미하지 않는다. 그것은 자기 자신에 대한 정직한 자각이며, 본질에 대한 물음을 놓치지 않는 태도에서 비롯된다. 그런데 많은 이들이 자각보다 '정답'에 집착하며 살아간다. 언제부터인가 삶의 모든 순간마다 정확한 해답을 구하려 애쓰고, 불확실성은 잠시도 견디지 못한다. 질문 없는 답은 때로 환상일 수 있으며, 확신을 갈망하는 또 다른 착각일 수도 있다.

신이 우리의 눈을 두 개로 만든 것은 단지 넓은 시야를 위해서만은 아닐 것이다. 한쪽 눈은 현상을 바라보고, 다른 한쪽 눈은 보이지 않는 본질을 꿰뚫어보라는 뜻이 아니었을까. 그러나 우리는 두 눈을 뜨고도 대개 한쪽으로만 본다. 보이는 것만 보고, 듣고 싶은 것만 듣는다. 그렇게 자신이 원하는 방향으로만 해석하고 판단하며 살아간다. 이를 심리학에서는 '확증편향'(confirmation bias)이라 부른다.

이 편향에 빠지면 우리는 진실이 아닌, 선택된 정보로 만들어진 왜곡된 현실 속에서 삶을 살아가게 된다. 그래서 이런 오류에 빠지지 않으려면 항상 질문해야 한다. 물음은 의식을 깨우는 도구이며, 통찰의 문을 여는 열쇠이다. 물음이 사라진 자리에는 확신만이 남고, 확신은 사고의 문을 닫아버린다. 물음을 실천하자. 물음을 잃으면 더 이상 성장할 수 없다. 통찰은 바로 물음에서 피어나는 눈이며, 그 눈으로 우리는 삶의 본질을 들여다볼 수 있다. 잊지 마라. 삶의 핵심은 '답'이 아니라 '물음'에 있다는 것을….

지혜를 갈망하자.

지혜의 길을 열어 통찰의 삶을 실현하자! 지혜는 마음을 밝히는 등불이며, 내면을 단단하게 다지는 최고의 원천이다. 지혜란 단순히 아는 것이 아니라, 삶을 바라보는 안목이자 인생사의 본의와 이치를 깨우치는 감각이다. 지식이 외부로부터 축적되는 것이라면, 지혜는 그 지식을 자기 내면에서 구조화하여 다시 삶으로 되돌리는 성찰의 산물이다. 지혜를 지닌 자는 인생의 수많은 현상 속에 감춰진 본질을 알아차리고, 단지 생각에만 그치지 않고 성장의 동기로 삼는다. 오늘날 우리는 수많은 정보를 접하지만, 정작 해석에 대한 시선은 약하다. 많은 이들이 지식이 부족해서가 아니라 성찰의 부재와 조급한 삶의 태도로 인해 이면을 꿰뚫어보는 감각이 약해진다. 여기서 우리가 알아야 할 것이 있다. 조급하고 남을 판단하는 삶은 반드시 정서적 경직을 불러오며, 언제나 마음을 공허하게 만들고 행복을 누리기조차 어렵게 한다는 사실이다.

그러나 통찰을 바탕으로 살아가는 사람들은 다르다. 이들은 철저한 자아 성찰을 게을리하지 않는다. 언제나 감사와 기쁨이 넘치는 삶을 살기 위해 노력하며, 작은 일에도 경탄하고 행복을 누린다. 힘든 환경과 어려운 관계 속에서도 이해와 수용, 그리고 용서를 통해 깊은 사랑의 힘을 보여준다. 지혜란 바로 그런 것이다.

현상 넘어를 꿰뚫어보는 눈!
혼란 속에서 본질을 가늠하는 감각!
그리고 타인을 품을 수 있는 따뜻한 마음!
그리하여 지혜는
우리를 본질로 이끌어 낸다.

생각 정리

나는 가끔 상상한다. 우리의 마음에도 컴퓨터처럼 불필요한 파일을 정리하고 중복된 감정을 제거해 주는 프로그램이 있다면 얼마나 좋을까 하고. 아픈 기억의 잔재가 남몰래 쌓이지 않도록 미리 비워 주고, 자주 꺼내지 않는 상념들은 조용히 정리해 주는 심리적 정화 장치가 있다면 지금보다 훨씬 가벼운 마음으로 하루를 살아갈 수 있지 않을까. 쓸데없는 걱정과 뒤엉킨 감정에 휘둘리지 않고 오늘을 살 수 있을 텐데. 그런 흥미로운 상상을 해본다.

인간의 의식 속에는 셀 수 없이 많은 생각들이 흘러다닌다. 하루라는 시간 동안 우리는 수천 번의 생각을 하고, 감정을 느끼며, 판단하고 반응한다. 현대 심리학자들의 연구에 따르면, 평균적인 사람은 하루에 4,500개에서 5,000개의 생각을 한다고 한다. 그렇다면 그 많은 생각 중에서 과연 건강한 생각은 얼마나 될까? 그리고 나에게 유익하며 나답게 만드는 생각은 또 얼마나 될까?

의식 속에 떠오르는 많은 생각들을 분류해 보면, 그 생각들이 모두 마음을 풍요롭게 하는 것은 아니다. 대부분은 과거에 대한 후회이거나 미래에 대한 걱정이며, 때로는 아무 의미 없이 반복되는 염려인 경우가 많다. 우리의 감정도 마찬가지다. 한 번 느꼈던 불안을 되풀이하고, 이미 지나간 분노를 되새기며, 필요 이상의 비교와 열등감 속에 자신을 몰아붙인다. 그렇게 되면 우리의 마음은 무거워지고, 의식의 공간은 꽉 차서 자아가 숨 쉴 틈도 없이 답답해진다.

염려는 제대로 분류되지 않은 감정이나 해결되지 않은 기억이 의식 속에 머물면서 만들어내는 정서적 부산물이다. 그것은 마치 감정 속에 숨어 자라는 암세포처럼 조용히 증식하며, 상한 감정들을 먹고 점점 더 커진다. 염려를 방치하면 고통과 스트레스로 이어지고, 결국 혈관 속 나쁜 콜레스테롤처럼 몸까지 해치는 주범이 된다.

제2차 세계대전 당시 통계를 보면, 실제로 아무 일도 일어나지 않았음에도 염려로 인해 사망한 사람들이 있었다. 한 보고에 따르면, 전쟁에서 목숨을 잃은 미군은 약 35만 명이었지만, 전쟁에 직접 참여하지 않았던 가족들, 즉 자식이나 남편을 걱정한 부모와 아내 중에서는 염려와 두려움으로 인한 스트레스성 질환, 심장병 등으로 사망한 이들이 무려 100만 명에 달했다고 한다. 실제로 위험에 처하지 않았고 어떤 사건도 일어나지 않았음에도 과도한 염려가 이렇게 많은 사람을 죽음에 이르게 한 것이다.

염려가 마음과 몸을 어떻게든 침식시키는지를 여실히 보여주는 사례다. 그러나 이 염려를 피하지 않고 정면으로 마주하겠다는 결심을 하여, 내 안의 아픈 생각들을 하나씩 분리하고 정리해 나갈 수 있다면 우리는 얼마든지 내적 균형과 안정감을 회복할 수 있다. 오랫동안 마음속에 눌려 있던 억압과 두려움이 해체되고, 불행이라 여겨졌던 현실은 인생의 전환점으로 바뀌어 다시 일어설 수 있는 놀라운 힘으로 변한다. 그것은 외부의 성과나 조건에서 오는 것이 아니다. 스스로의 감정을 정직하게 직면하고, 아픈 기억을 성숙의 재료로 전환할 줄 아는 데서 비롯된다. 그때 우리는 더 이상 염려에 끌려가지 않고, 내가 선택한 해석에 따라 오늘의 삶을 주도할 수 있게 된다.

심리학자 앨버트 엘리스는 정서행동치료 이론에서 'A-B-C 모델'을 제시했다. 이 모델은 고통을 유발하는 사건(Adversity) 자체보다 그 사건을 해석하는 신념(Belief)에 따라 결과(Consequence)가 달라진다는 개념이다. 즉, 인간의 고통은 사건 그 자체보다 그것을 어떻게 해석하느냐에 따라 판도가 달라진다는 것이다. 같은 일을 겪더라도 누군가는 이해하고 용서하며 앞으로 나아가지만, 또 다른 누군가는 그 일에 매여 미움과 증오 속에 머문다. 이는 고통의 깊이가 달라서가 아니라, 바로 그 고통을 바라보는 관점이 다르기 때문이다.

생각을 무조건 신뢰하지 말자.

인간의 생각은 정서에 영향을 미치고, 정서는 다시 행동을 만들어낸다. 불쑥 떠오른 생각 하나에 쉽게 감정이 형성되며, 그 감정은 결국 우리를 휘두르며 충동적인 행동으로 이어지기도 한다. 그렇기에 우리는 행동이 만들어지기 전에 그 출발점인 생각을 먼저 점검해야 한다. 내가 지금 하고 있는 생각이 정말 사실인지, 그 생각이 지금의 나에게 꼭 필요한 것인지, 그리고 내가 내리는 이 판단이 지금 이 순간의 나에게 이로운 기준인지 말이다.

우리는 너무 자주, 그리고 너무 오랫동안 생각에 갇혀 살아왔다. 과거의 기억과 해석에 의존해 오늘을 왜곡하고, 아직 오지 않은 미래에 대한 두려움과 환상에 현재를 저당 잡히며 살아왔다. 그러므로 이제부터라도 우리는 마음속으로 다짐해야 한다.

생각을 무조건 신뢰하지 말자. 이 말은 생각 자체를 부정하라는 뜻이 아니다. 다만 그 생각을 좀 더 객관적인 거리에서 바라보자는 의미다. 인생은 잠시 멈춰 가만히 들여다보면 금세 선명해진다. 과거는 이미 지나갔고, 미래는 아직 오지 않았다. 그러므로 삶은 언제나 '지금'이라는 한순간에만 존재한다. 따라서 나의 생각이 진실인지, 단순한 습관적 반응인지, 혹은 과거의 아쉬움이나 미래의 불안에서 비롯된 것인지 살펴보는 일이 무엇보다 중요하다. 항상 현재, 바로 이 순간의 중심에 나를 두고 생각해야 한다. 그것이야말로 내가 나의 삶을 온전히 살아내기 위한 가장 근본적인 자세이다.

결정 회피

어떤 사람들은 냉장고 문을 열어둔 채 한참을 서 있곤 한다. 무엇을 꺼낼지 미리 생각하고 문을 여는 것이 아니라, 그냥 문을 열어둔 채 무언가를 꺼낼까 망설이다 결국 아무것도 꺼내지 못하고 다시 닫아 버린다. 어쩌면 우리의 마음도 이와 비슷하지 않을까. 하루를 분주히 살아내다가 정작 쉼을 얻기 위해 무언가를 꺼내려 할 때, 막상 마음에서 꺼낼 재료가 없다면, 혹은 무엇을 꺼내야 할지 몰라 그저 멍하니 의식의 입구에서 서성이고 있다면, 얼마나 답답하겠는가.

심리학에서는 이러한 상태를 '결정 회피(decision avoidance)'라고 부른다. 이는 어떤 선택을 앞두고 결정을 내리지 못한 채 주저하는 현상을 의미한다. 단순한 게으름이 아니라, 이미 수많은 기억과 감정, 욕망이 얽혀 있어 무엇을, 어떻게, 어디서 꺼내야 할지 알지 못하는 상태다. 혹시 잘못 꺼내면 마음에 상처가 되거나 후회할까 두려워 망설이게 된다. 그래서 차라리 안전하게 아무것도 꺼내지 않기로 마음먹는 편이 낫다고 여기는 것이다. 그렇다면 무엇이 이들을 의식의 문턱에서 망설이게 만드는 것일까? 바로 정리되지 않은 생각 때문이다.

주체적인 삶

생각은 인간에게 주어진 최고의 축복이지만, 그 생각들을 다루고 정리할 힘이 없다면 십중팔구 주체적이지 못한 삶을 살아가게 된다. 주체적인 삶을 가능하게 하는 대표적인 방법이 바로 생각 정리이기 때문이다. 그것은 단순히 마음을 비우는 일이 아니다. 상실의 기억을 정리하고, 무질서하게 흩어진 감정을 조율하며, 내면의 원형적 질서를 회복시키는 깊은 작업이다. 생각을 정리한다는 것은 기억과 감정을 정직하게 바라보는 용기이며, 흐트러진 의식을 다시 제자리에 돌려놓는 과정이다. 스스로에게 질서를 되찾아주는 일, 그것이야말로 진정한 변화의 시작이다. 그렇게 질서가 잡히면 사건을 바라보는 해석도 달라지고, 아주 작은 결정을 내릴 수 있는 자율성과 성취감도 생겨난다.

그 작은 결단들이 쌓이면 더 큰 자기 동기로 이어지고, 이는 다시 자아 긍정의 에너지로 바뀐다. 이 긍정은 자신을 존중하게 만들고, 스스로를 단단히 세우며, 삶의 방향을 흐트러지지 않게 이끌어 주는 내적 자산이 된다. 그러므로 우리는 생각을 흘려보내듯 다루는 것이 아니라 조각하듯 다루어야 한다. 생각 정리는 단순히 머릿속을 정돈하는 차원이 아니다. 그것이 아픈 사연에서 비롯된 생각인지, 아니면 인지 오류에서 생겨난 허상인지 하나하나 분류하고 조각해야 한다. 그래서 버릴 것은 과감히 버리고, 간직할 추억은 정돈해 나가는 습관이 필요하다.

우리가 '아픈 사연'에서 비롯된 생각들을 분류하고 다룰 수 있는 감각을 갖게 되면, 상처에도 훨씬 더 단단하고 주체적으로 접근할 수 있다. 그 감각은 회피가 아닌 직면의 용기이며, 억압이 아닌 돌봄으로 나아가는 내면의 힘이다. 그 감각이 살아날 때, 우리는 이전보다 훨씬 더 여유롭고 견고한 자아로 거듭날 수 있다.

예전에 일본 도쿄의 한 자동차 회사를 방문했을 때, 사무실 입구에 적힌 다섯 글자가 유독 인상 깊게 다가왔다. 정리(Seiri), 정돈(Seiton), 청소(Seiso), 청결(Seiketsu), 습관화(Shitsuke). 이른바 '5S'로 불리는 이 다섯 가지 원칙은 제조 현장의 효율성과 안전을 위한 것이었지만, 나는 문득 이 원칙들이 우리의 마음에도 그대로 적용될 수 있겠다는 생각이 들었다. 불필요한 감정을 제거하고, 상한 생각을 제자리에 놓으며, 마음의 위생을 유지하고, 그것을 삶의 습관으로 만드는 일. 내면을 돌보는 데에도 탁월한 철학이 될 수 있겠다고 말이다.

어쩌면 삶의 모든 위기는 감정과 생각이 뒤엉켜 더 이상 자리를 잡지 못할 때 생기는 혼란일지도 모른다. 만약 우리 마음에 이 다섯 가지 원칙이 자리 잡고 있다면, 아무리 혼란스러운 생각이 떠올라도 쉽게 감정에 휘둘리지 않을 것이다. 생각의 쓰레기를 제때 치우고 불안과 염려, 두려움, 분노를 환기시키며, 흔들려도 금방 생각을 비워내고 정돈해 나갈 것이다.

반드시 심리적 5S를 실천해 보자. 염려와 불안을 끊임없이 흘려보내고, 상실과 결핍을 걷어내어 매일 성찰을 통해 성장을 경험하자. 그것은 단순히 감정을 덜어내는 일이 아니라, 자신의 존재를 더 깊이 이해하고 받아들이는 일이다. 아픈 사연에 더 이상 끌려가지 않고, 비로소 아픔에서 성장으로 나아가는 아름다운 서사를 만들어내는 것이다.

상상해 보자.

거센 파도와 비바람 속에서도 흔들림 없이 묵묵히 항로를 따라 나아가는 한 척의 배가 있다면, 그 배의 선장이 바로 '나'라면, 그 인생은 얼마나 멋질까. 어지러운 감정과 상념 속에서도 방향을 잃지 않고, '나'라는 존재의 나침반을 따라 꿋꿋이 나아가는 삶. 그것이야말로 진정한 주체적인 삶이 아닐까….

감각이 만들어낸 거짓된 진실

　상상과 실체의 경계를 허문 유명한 실험이 있다. 그중 하나가 바로 '레몬 상상 실험'이다. 심리학 강의나 명상 훈련에서 자주 활용되는 이 간단한 실험은 인간의 감각과 뇌의 작동 원리를 매우 명확하게 보여주는 흥미로운 사례다. 실험자는 먼저 참여자에게 눈을 감고 노랗고 싱싱한 레몬 하나를 마음속에 떠올리게 한다. 그 레몬을 반으로 자르고, 반쪽을 천천히 입으로 가져가 혀끝에 살짝 올리는 장면을 생생하게 상상하게 한다. 단 몇 초 만에 놀라운 일이 벌어진다. 실제로 레몬이 눈앞에 없는데도 대부분의 사람들은 침샘이 자극되어 입안에 침이 고이기 시작한다. 눈으로 본 것도, 실제로 맛본 것도 아닌데 우리의 뇌는 그 감각을 실체로 받아들이고 몸은 실제로 반응한다. 이 실험은 외부 자극이 아닌 내면의 이미지와 상상만으로도 우리의 뇌가 실제 감각 반응을 일으킨다는 사실을 보여준다.

이처럼 인간의 감각은 현실과 상상의 경계를 분별하지 못한 채, 자극이 강렬할수록 그것을 '현실'로 받아들인다. 이는 우리가 경험하는 감정과 판단이 절대적으로 객관적인 사실이 아닐 수 있음을 의미한다. 감각에 의해 유도된 신체 반응은 결국 '사실이 아닌 것'을 '진짜처럼 믿게 만드는 것'이다.

정서전염(Emotional Contagion)은 바로 이 지점에서 발생한다. 다른 사람의 행동과 말이 뇌를 자극하여, 내가 그것을 내 감정인 것처럼 오해하게 되는 현상이다. 분노에 찬 사람 곁에 있으면 나도 이유 없이 불쾌해지고, 불안한 얼굴을 마주하면 나 또한 설명할 수 없는 긴장감에 사로잡히게 된다. 이러한 감정 전이는 단순한 심리적 공감이 아니라, 감각을 통한 실체의 왜곡이며 우리가 무의식적으로 경험하는 감정인 것이다.

인간은 누구나 타인의 표정, 말투, 목소리, 몸짓, 심지어 분위기와 눈빛에 이르기까지 수많은 감각 정보를 통해 감정에 감염된다. 나도 모르게 상대방의 감정에 물들고, 그 감정은 마치 내 것인 양 스며들어 이입되며, 결국 동조된다. 이것은 단순한 공감이 아니다. 공감은 상대의 감정을 이해하고 구별하는 능동적인 작용인 반면, 정서전염은 감각을 통한 무의식적인 동화이다. 그것은 내가 선택하지 않았음에도 이미 내 안에서 반응하고, 따라 울고, 따라 불안해하며, 따라 분노하는 현상이다. 따라서 우리가 느끼는 현재 감정은 '내 감정'이 아닐 수도 있다는 것이다. 어떤 감정은 감각을 통해 외부로부터 주입된 것이며, 자아는 그것을 분간하지 못한 채 '나의 감정'으로 오해하는 것이다. 이것이 정서전염의 무서운 점이다. 감각은 진실을 말해주지 않는다. 뇌는 현실과 상상을 구별하지 못한다. 그리고 감정은 그 틈 사이로 조용히 스며들어 나의 사고와 관계, 나아가 자아의 중심성마저 흔들어 놓는다.

그래서 우리가 느끼고 믿는 모든 감정과 반응은 실제 외부에서 비롯된 것이 아닐 수도 있다. 이 사실은 감정에 대한 우리의 통념을 뿌리째 흔들어 놓는다. 인간은 대부분의 감정을 진실로 여기며 살아간다. 그러나 많은 감정은 과도한 상상으로 인해 감각이 속은 결과일 수 있다. 내가 지금 느끼는 불안, 두려움, 분노, 외로움은 반드시 현재의 현실에서 비롯된 것이 아닐 수 있다. 그것은 과거의 기억, 머릿속에서 만든 시나리오, 혹은 타인의 표정 하나로 전염된 정서의 산물일지도 모른다.

감각은 쉽게 유혹당하고, 감정은 쉽게 전염된다. 현실보다 더 강렬하게 느껴지는 상상의 세계가 우리의 내면을 흔들고 지배한다.

그렇기 때문에 우리는 항상 자신에게 질문을 던져야 한다.

지금 내가 느끼는 이 감정이 '진짜 나의 것'인가?
아니면 내 안에 각인된 오래된 그림자일까,
아니면 타인에게 투사된 감정일까?

언제나 질문하며 감정의 진실을 분별하는 것, 그것이야말로 나를 지키는 첫걸음이다. 뇌는 감각을 받아들이고, 그 감각은 곧 '현실'이 된다. 비록 눈으로 본 것도, 귀로 들은 것도 아닐지라도, 뇌의 시상하부는 그것을 실제 자극으로 인식하여 생리적 반응을 유도한다. 자아는 결국 '거짓된 진실' 앞에서 속수무책으로 흔들리는 존재가 된다. 이것이 자아가 작동시킨 상상과 실체가 교차하는 현상이며, 우리가 일상 속에서 경험하는 착각의 본질이다. 감각은 진실만을 반영하는 도구가 아니라, 오히려 해석과 왜곡, 상상에 의해 얼마든지 조작될 수 있는 매우 주관적인 채널인 것이다.

정서 전염(Emotional Contagion)

심리학자 다니엘 골먼은 《감성 지능》에서 "인간은 자신의 감정을 다른 사람과 나누고자 하는 본성을 지니고 있다"고 말했다. 이 말은 곧 인간이 누군가의 사랑에 행복해지고, 누군가의 분노에 휩쓸리며, 때로는 특별한 이유 없이 깊은 우울 속으로 빠져들기도 한다는 뜻이다. 우리가 느끼는 모든 감정이 반드시 나로부터 비롯된 것은 아니다. 사실 그 상당 부분이 누군가의 마음에서 건너온 것이다. 그래서 감정은 언제나 전이되고, 파급되며, 동조된다. 감정은 언제나 관계 속에서 흐르고, 흘러오며, 흘러간다. 눈빛 하나, 말투 하나, 미세한 숨결의 떨림조차 또 다른 누군가의 마음을 진동시킨다. 그 진동은 종종 공동체 전체에까지 스며들어 깊고 은밀한 파동을 일으킨다.

정서 전염(Emotional Contagion)은 단순한 감정 교류를 넘어서는 심리적 메커니즘이다. 이는 우리가 누구와 함께 살아가고 있는지, 어떤 분위기에 자신을 노출시키며 살아가는지에 따라 삶의 방향과 정서의 결이 어떻게 달라질 수 있는지를 명확히 보여준다. 정서 전염은 공감의 차원을 넘어선다. 공감이 타인의 감정을 이해하고 구별하는 능동적인 작용이라면, 정서 전염은 감각을 통한 무의식적 반응으로, 선택이 아닌 자동적인 반응이다.

타인의 감정은 마치 내 것처럼 느껴지지만, 어느새 내 안에 스며들어 나를 움직이게 한다. 자아는 그 감정이 어디서 비롯되었는지 분별하지 못한 채, 그것을 자신의 감정이라 믿고 반응하며 행동한다. 이로 인해 타인의 감정이 나의 감정을 유도하고, 분위기의 흐름이 나의 사고와 행동을 조율하게 된다.

맞춤 원칙(Matching Principle)

정서의 전이는 언제나 무서운 침묵 속에서 서서히 스며든다. 외부로부터 감정 자극이 들어올 때, 자아는 처음에는 본능적으로 이를 거부하고 저항한다. 그러나 그 자극이 반복되면 저항은 점점 무뎌지고, 자아는 서서히 그 감정의 흐름에 익숙해지며 길들여진다. 그렇게 우리는 조금씩 닮아간다. 말투를 닮고, 사고의 결을 닮으며, 감정의 리듬마저 닮아간다. 함께 웃고, 함께 화내며, 함께 불안해하고, 함께 외로워진다. 신념과 행동, 감정 표현 방식, 심지어 말의 억양까지도 유사해진다. 그러다 어느 순간, 더 끌리고, 더 가까워지며, 더 비슷해진다.

심리학에서는 이러한 현상을 '맞추기 효과(Matching Principle)' 또는 '유사성의 원리'라고 부른다. 이는 단순히 비슷한 취향이나 관심사를 공유하는 차원을 넘어선다. 인간의 정서 구조가 타인의 감정과 에너지를 반영하고 흡수하며, 결국 자기화하는 과정을 설명하는 핵심 원리다. 이 원리는 인간관계의 본질이 얼마나 감정 중심적이며, 감정이야말로 가장 빠르고 깊게 전이되는 요소임을 일깨워 준다. '근묵자흑(近墨者黑)'이라는 말처럼 감정은 곁에 있는 이로부터 전염되어 내면 깊은 곳까지 조용히 스며든다. 그런 의미에서 '맹모삼천지교(孟母三遷之敎)'는 단지 자녀 교육의 상징을 넘어, 정서적 환경이 인간의 성장을 어떻게 빚어내는지를 보여 주는 삶의 지혜이기도 하다.

인간은 함께 호흡하고 함께 꿈꾸는 사람을 닮아간다. 그것은 단순한 영향이 아니라 정서적 공명이다. 누구와 오래 머물며 어떤 언어로 감정을 주고받고, 어떤 표정과 분위기 속에서 자신을 드러내느냐에 따라 자아의 형태는 미묘하지만 분명하게 바뀐다. 인연은 곧 정서의 물감이 되어 나의 자아를 물들이고, 나의 삶의 방향을 재구성한다. 그래서 우리가 누구와 연결되어 살아가느냐는 내 인생의 색채를 결정짓는 중대한 선택이 된다.

결국 무엇을 느끼는가보다 더 중요한 것은, 누구와 함께 그것을 느끼고 있는가이다. 지금 나와 연결된 사람이 내 감정의 방향과 내면의 결에 얼마나 깊숙이 영향을 미치고 있는지를 우리는 더 자주, 더 섬세하게 들여다보아야 한다. 이 질문은 단순한 인간관계의 문제가 아니다. 자아의 감수성과 회복력을 다루는 실존적인 물음이다. 상상과 실체의 경계를 넘어 정서의 파동이 자아를 어떻게 물들이고 성장시키는지를 보여주는 결정적인 단서다. 지금 나를 감싸는 감정은 정말 '나의 것'인가, 아니면 '그들에게서 온 것'인가. 이 물음에서 자아는 비로소 깨어나게 되는 것이다.

흘러야 한다.

우리의 마음은 주변 환경에 너무도 쉽게 물들어버리는 맑고 투명한 '물'과 같다. 말 한마디, 시선 하나, 무심한 표정 하나만으로도 마음은 잉크처럼 물들고 만다. 그만큼 감정은 섬세하고 자아는 민감하며, 우리는 언제든 외부의 기류에 흔들릴 수 있는 존재다. 그러나 여기서 반드시 기억해야 할 사실이 있다. 그 물듦은 결코 '영구적인 착색'이 아니라는 것이다. 흐르는 강물에 잉크 한 방울이 떨어졌다고 해서 그 강 전체가 영원히 탁해지지 않듯, 우리의 마음도 잘 순환하는 방법만 안다면 언제든 본래의 맑은 색을 되찾을 수 있다.

중요한 것은 마음이 '흐른다'는 감각을 늘 간직하는 일이다. 자아는 감정을 끌어안되, 그것을 정체시키지 않고 흐르게 할 수 있어야 한다. 고인 마음은 흐르지 않기에 잉크 한 방울에도 쉽게 탁해지고,

회복되지 않으며, 마침내 자아의 본래 색마저 잃고 만다. 억눌린 감정은 응고되고, 그 응고는 무거운 침전물이 되어 자아를 혼탁하게 만든다. 그래서 우리는 끊임없이 '마음의 흐름'을 만들어야 한다. 이는 자아의 순환 장치와도 같다. 억누르거나 부정하지 말고, 있는 그대로 인정하고 흘려보내는 연습을 해야 한다. 감정이 흐르지 못하면 자아는 향방을 잃고 결국 고통의 늪에 갇히고 만다. 그러나 마음이 흐르면 정서도 함께 흐르고, 흘러간 정서는 다시 자아를 정화시켜 살아갈 힘을 만든다. 그렇게 우리는 잠시 물들어도 본래의 빛깔을 되찾을 수 있게 되는 것이다. 그러니 얕은 강물처럼 금세 넘치고 쉽게 혼탁해지는 마음이 아니라, 깊고 넓은 바다처럼 어떤 감정도 품어낼 수 있는 자아로 성장해야 한다. 그래야 외부의 자극에 휘둘리지 않고, 잠시 흔들리더라도 다시 평온으로 되돌아올 수 있다.

그렇다. 고여서는 안 된다. 흐름은 정화의 조건이자 생명의 본질이다. 흘러야 비워지고, 흘러야 다시 채워진다. 감정도, 사고도, 마음도 모두 마찬가지다. 어떤 감정이든 억누르지 말고 자연스럽게 흘러가게 하자. 통 속에 가두지 말고, 내면의 바다로 흘려보내자. 모든 강물은 결국 바다에 이른다. 그 여정 속에서 우리는 정화되고 확장되며 더욱 깊어질 것이다.

감정을 흘려보내는 기술

감정은 억누른다고 사라지지 않는다. 오히려 억눌린 감정은 내면 깊숙이 스며들어 뿌리 깊은 눌림이 되고, 언젠가 예기치 못한 방식으로 터져 나오게 된다. 그래서 우리는 감정을 '억제'하려 하기보다 '흘려보내는 기술'을 익혀야 한다. 감정을 흘려보낸다는 것은 결코 그 감정을 억지로 없애거나 외면하는 일이 아니다. 그것은 감정을 있는 그대로 인정하고 잠시 머물게 하되, 그 감정이 나를 지배하지 않도록 자아의 자리에서 조용히 바라보는 일이다.

감정의 물꼬를 트기 위한 첫 번째 열쇠가 바로 '인정'인 것이다.

- 나는 지금 화가 났다.
- 나는 지금 매우 화가 나 있다.
- 나는 지금 화가 난 상태이다.

감정을 솔직하게 입 밖으로 꺼내는 일 자체가 감정 흐름의 시작이자 가장 중요한 첫걸음이다. 신기하게도 감정은 말로 인식되는 순간 이미 흘러가기 시작한다. 말은 에너지의 통로이며, 자각은 흐름의 시작이기 때문이다.

두 번째는 '느껴주는 일'이다. 감정은 감정임을 알아차릴 때 가장 빠르게 정화된다. 불편하다고 밀어내지 말고, 두려움이라면 두려움대로, 분노라면 분노대로 그 감정을 있는 그대로 느껴주는 것이다. 그저 느끼기만 해도 감정은 방향을 바꾼다. 그 순간부터 감정은 나를 휩쓰는 거센 파도가 아니라, 나를 성장시키는 잔잔한 물결이 된다. 억눌린 감정은 저항하지만, 공감받은 감정은 순응한다. 감정은 억압보다 공감에 반응한다. 내 안의 자아가 내 감정을 따뜻하게 어루만지고 이해해 줄 때, 감정은 더 이상 나를 삼키려 들지 않는다. 오히려 조용히 스스로 흘러가며 내면의 강을 다시 맑게 비춘다.

세 번째는 '표현하기'이다. 감정은 순환되어야 한다. 말로 털어놓아도 좋고, 글로 써 내려가도 좋으며, 조용히 울거나 몸짓으로 흘려보내도 괜찮다. 중요한 것은 그 감정을 내 안에만 가두지 않는 일이다. 표현은 감정에게 길을 내주는 것이다. 말이든 눈물이든 숨결이든, 감정이 흐를 수 있도록 열어주는 행위가 바로 감정 순환의 마지막 관문이다. 그렇게 흘러보내진 감정은 정화된다. 그것이 어떤 색이든, 얼마나 진하든, 흐르기 시작하는 순간 더 이상 나를 붙잡지 않는다. 감정은 억제할 때 무거워지지만, 표현될 때는 나를 가볍게 하고 한 걸음 더 앞으로 나아가게 한다. 흘러간 감정은 고통이 아니라 회복의 자원이 된다.

감정은 흘러야 한다. 흘러야 정화되고, 정화되어야 자아가 단단해진다. 흐름 속에서 감정은 생의 파도를 지나가고, 우리는 그 파동을 통과하며 한층 더 깊어진다. 억눌린 감정은 내면을 탁하게 만들지만, 흘러간 감정은 마음을 씻어내고 단단한 내적자산이 된다. 감정은 그저 스쳐 지나가는 손님이 아니라, 나를 성장시키기 위해 형성된 내적에너지이다. 우리는 그렇게 감정을 따라 흐르며 조금씩 더 단단한 '나'로 나아갈 것이다.

자아 절망의 사이클

지구는 23.5도 기울어진 채, 하루에 약 10만 킬로미터의 속도로 250만 킬로미터를 달리고 있다. 상상만 해도 고막이 찢어질 듯한 어마어마한 속도이지만, 이 열차에 탄 우리는 그 질주를 전혀 느끼지 못한 채 일상 속에 머물러 있다. 지구가 그렇게 미친 듯이 달려가고 있음에도 우리가 아무것도 감지하지 못하는 이유는 바로 관성이라는 물리학 법칙 때문이다. 관성이란 모든 물체가 운동 중일 때 그 움직임을 그대로 유지하려는 성질이다.

이 관성의 법칙은 단지 물리학의 영역에만 머무르지 않고 우리의 삶에도 그대로 투영된다. 인생이 얼마나 빠르게 흘러가는지, 그리고 내면이 얼마나 조용히 무너지고 있는지도 모른 채 많은 이들이 관성에 이끌려 하루하루를 반복하며 살아간다. 바깥 세상의 속도에 휩쓸려 정작 가장 중요한 '나'라는 중심을 놓친 채로. 그렇게 우리는 어느 순간 깊은 허무와 무기력 속에 빠져든다. 아무리 열심히 움직여도 도무지 앞으로 나아가는 느낌이 들지 않고, 아무리 열심히 채워도 마음 한켠에 끝내 남는 것은 공허함뿐이다. 이유를 알 수 없는 불안과 피로가 쌓여가고, 삶은 점점 의미 없는 순환처럼 느껴지기 시작한다. 다람쥐 쳇바퀴 속에서 맴도는 듯한 하루. 어디로 가는지도 모른 채 반복되는 일상 속에서 우리는 점점 자신을 잃어간다.

우리의 인생은 크게 보면 두 종류의 기차를 타고 달리는 여행과 같다. 한 기차는 자아 절망의 열차이고, 다른 한 기차는 자아 통합의 열차다. 심리학자 에릭 에릭슨은 자아 발달 이론을 통해 인간의 삶을 여덟 단계로 나누었으며, 그 마지막 단계를 '자아 통합 대 자아 절망'이라 명명했다. 그는 특히 황혼기에 이르는 시점에서 심리적 성숙과 통합의 중요성을 강조했다.

어느 시대든 자아 절망의 기차에 올라탄 사람들은 시간이 흐를수록 점점 늘어나고 있다. 최근 한 국내 여론조사에 따르면, 우울증을 겪는 40대 여성의 83%가 자신이 우울하다는 사실조차 인지하지 못한 채 살아간다고 한다. 마치 시속 10만 킬로미터로 달리는 지구 열차에 몸을 싣고도 그 속도를 느끼지 못하는 것처럼.

인간의 마음과 감정, 삶의 태도에도 관성이 작용하고 있는 것은 아닐까. 익숙한 아픔과 익숙한 두려움, 익숙한 방어와 상처의 패턴에 기대어 우리는 어딘가로 계속 달려가고 있다. 그러나 그 속도를 자각하지 못한 채, 그저 무기력과 피로라는 감각만을 안고 살아가고 있을지도 모른다. 우리는 한 번쯤 멈춰 서서 내면의 관성을 의심해 보아야 한다. 내가 지금 가고 있는 이 방향이 정말 내가 원하는 삶의 궤도인지, 아니면 단지 익숙함에 이끌려 무의식적으로 계속 달리고 있는 것인지 말이다.

자아 절망은 방향을 잃은 자아가 스스로를 소외시키는 과정이다. 자신을 사랑하지 못하고, 과거의 상처에 얽매여 미래에 대한 기대조차 품지 못한 채 서서히 무너져 가는 가슴 아픈 삶이다. 이때 필요한 것은 새로운 동기나 자극이 아니라, 멈춰 서서 '나'라는 존재를 다시 바라보는 힘이다.

그래서 자아 통합은 찢겨 있던 조각들을 다시 끌어안는 작업이다. 잘못된 과거의 선택도, 부끄러운 감정도, 외면하고 싶은 나의 모습까지도 있는 그대로 받아들이는 수용의 과정이다. 삶의 뒤편에 감추어 두었던 수많은 기억과 감정을 정면으로 마주하고 통합하는 일. 이것이야말로 삶의 균형을 되찾고 다시 앞으로 나아갈 수 있는 자기 성장의 길이다.

자아 절망에 빠지는 생각의 덫

앞서 '생각 정리' 편에서 언급했듯이, 우리의 의식(Consciousness) 중심에는 하루에도 수없이 많은 생각이 떠오른다. 이들 생각 중 어느 하나도 결코 가볍게 넘겨서는 안 된다. 생각은 저마다 그럴듯한 명분을 앞세워 마음이라는 긴 터널을 지나 의식 안으로 스며든다. 문제는 그중 적지 않은 생각들이 우리를 절망이라는 어두운 길로 이끈다는 점이다. 절망은 철학자 키에르케고르가 "죽음에 이르는 병"이라 표현할 만큼, 내면의 건강을 치명적으로 해치는 독이다. 이 덫에 빠지지 않으려면 각별한 자각과 주의가 필요하다. 왜냐하면 절망의 생각은 결국 자아의 눈을 멀게 하고, 우리가 누구인지조차 잊게 만들며, 끝내는 허무한 생존 게임 속에 빠뜨리기 때문이다.

이를 설명하는 대표적인 심리사회적 현상 중 하나가 '레밍스 효과(Lemmings Effect)'이다. 툰드라 지역에 서식하는 작은 설치류인 레밍스는 밤이 되면 먹이를 찾아 줄지어 이동하는 습성이 있다. 그러나 개체 수가 급증하면 그들 사이에서 이상 행동이 나타난다. 평소라면 절대 접근하지 않던 포식자에게 무리를 지어 덤벼들기도 하고, 선두에 선 레밍스가 절벽에서 뛰어내리면 뒤따르던 레밍

스들은 자신의 죽음을 인식하지 못한 채 그대로 따라 뛰어내린다.

 이 현상은 단순한 생태계 이야기만이 아니다. 현대인의 집단적 사고방식과도 닮아 있다. 예컨대 주식시장에서도 비슷한 현상이 나타난다. 주가가 오르자 그 흐름에 뒤처질까 두려워 너도나도 매수에 뛰어들고, 위험한 투자임을 알면서도 앞사람을 따라 맹목적으로 질주하는 모습이다. 그들은 '성공'과 '행복'이라는 이름에 불을 밝히고 달려들지만, 실은 불을 향해 날아드는 불나방과 다르지 않다. 자기 통제력을 잃은 채 모두가 뛰는 방향으로만 달리는 현실. 그 안에는 자신을 제대로 바라볼 여유조차 없다. 더욱 안타까운 것은, 절대로 바꿀 수 없는 구조들조차 내가 바꿀 수 있다는 망상을 품게 된다는 점이다. 그렇게 사람들은 결국 '자아 상실(Lost Self)', 즉 스스로를 잃어버린 상태에 빠진다. 이는 단지 방향을 잃은 방황이 아니다. 자신의 내면에 어떤 진실이 있는지조차 잊고, 타인의 시선과 사회의 흐름에 휩쓸린 채 살아 있으되 자신으로 살지 못하는 삶. 그것이야말로 가장 가슴 아픈 자아의 몰락이다.

 대한민국은 현재 세계적인 IT 강국으로 손꼽히며 첨단 문명의 선두에 서 있다고 자부한다. 외부에 비치는 성장의 모습은 눈부시게 화려하다. 기술과 속도, 성과와 경쟁이 삶의 중심에 자리 잡았으며,

우리는 이를 '성공한 나라'의 상징이라 부르기도 한다. 그러나 그 찬란한 빛 이면에 숨겨진 한국 사회의 내면 풍경은 참담하다. 가정은 해체되고, 결혼을 미루는 사회문화 속에서 혼자 사는 이들이 급격히 늘어나고 있다. 그 가운데 아무도 지켜보지 않은 채 조용히 생을 마감한 이들의 수는 이제 매년 수천 명에 이른다. 고독사, 자살. 이 단어들은 이제 뉴스 속 통계에 불과하지만, 그 안에는 한 사람의 고통과 한 존재의 외침이 고스란히 담겨 있다.

고독사

/새빛

누구 하나 곁에 없던
싸늘한 방 안
텔레비전은 여전히
허공을 메우고 있고

휴대폰에는
마지막 안부조차 남아 있지 않다

도시의 불빛은 환했지만
그 불빛은
단 한 사람의 고독조차
비추지 못했다

끝내 남지 못한 말들이
방 안에 얼어붙어 있다

도대체 누가 자신의 마지막이
이렇게 될 줄 상상이나 했겠는가?
지독한 외로움과 벗하며, 아무도 들여다보지
않은 마음의 방에서 그들은 지금도 조용히 사라지고 있다.

　황혼기에 접어들수록 인생의 여정은 두 갈래로 나뉜다. 한 부류는 수많은 후회와 아쉬움 속에서 황혼을 맞이하는 '자아 절망군'이며, 또 다른 한 부류는 잘 살아왔다는 따뜻한 만족감 속에서 인생을 수확하는 '자아 행복군'이다. 이 두 부류의 차이는 단순히 환경이나 운명 때문이 아니다. 그 핵심은 현상을 마주하는 '자아의 대처 방식'에 있다. 자아 절망군은 삶의 다양한 장면 앞에서 끊임없이 갈등을 일으키고, 지난날을 후회하며 자기비하와 갈등, 우울, 초조, 불안, 중독, 외로움에 빠져든다. 그 끝에는 때로 자살이라는 극단적 선택까지 이어지기도 한다.

　반면, 자아 행복군은 비슷한 삶의 굴곡 속에서도 자존감과 긍정, 내면의 진화와 성숙한 사랑을 실현해 나간다. 그들은 겸손과 배려, 느긋함과 여유를 품으며 자신과 타인, 삶과 운명을 있는 그대로 수용한다. 그리고 자기 일치와 통합, 평화와 창조의 정신으로 조용히 황혼을 준비한다. 삶이 던지는 질문은 동일하다. 펼쳐지는 사건 또한 달라진 것이 없다. 그러나 그 질문과 사건에 대한 반응은 전적으로 자아의 몫이다. 자아의 대처가 곧 삶을 결정짓는 가장 중요한 선택이 되기 때문이다.

그동안 필자가 만나온 자아 절망군들은 공통된 특성을 지니고 있었다. 그들은 언제나 주체적이지 못했고, 편향된 자아의식 속에서 살아가고 있었다. 보이는 현상에 쉽게 흔들리며 자주 아파했고, 늘 놓쳐버린 과거와 아직 오지 않은 미래 사이를 방황하고 있었다. 그 삶은 마치 절망이라는 기차에 몸을 싣고 질주하는 것과 같았다. 그러나 더 안타까운 점은 그들이 절망의 기차에 타고 있다는 사실조차 깨닫지 못한다는 것이다. 마음에 제동장치 하나 없이 그저 앞만 향해 달리는 관성의 열차에 몸을 맡긴 채, 오늘도 내일도 같은 방향으로 계속 달리고 있었다. 참으로 허무한 일이 아닐 수 없다. 결국 신기루 같은 종착역에 도달하고야 마는 인생인데도. 그 허무함을 자각하지 못한 채, 익숙한 패턴의 울타리 속에서 오늘도 질주하는 현실. 이 사실이야말로 가장 슬픈 비극이자 우리가 깨어나야 할 진정한 이유이다.

자아를 절망으로 이끄는 10가지 생각들

앞에서 언급해듯 우리의 의식에는 하루에도 4,500개에서 5,000개의 생각이 떠오른다. 그 생각들은 사소한 감정의 결에서부터 삶을 송두리째 뒤흔드는 신념에 이르기까지, 각기 다른 모양과 색채를 지닌 채 자아의 중심으로 스며든다. 생각은 조용히 다가와 마음을 설득하고 감정을 끌어내며, 결국 우리의 내면 세계를 조종한다. 문제는 그중 많은 생각들이 자아를 절망으로 이끄는 '위장된 목소리'라는 점이다. 자책이라는 이름의 겸손, 포기라는 이름의 현실감, 비교라는 이름의 성장 의지처럼 겉으로는 타당해 보이는 생각들이 실제로는 우리를 더욱 깊은 무력감과 공허로 밀어 넣는다. 그런 생각들이 지나간 자리에는 점점 자아의 경계가 흐려지고, 삶의 생기가 말라가며, 어느덧 생존이라는 이름의 허무한 게임 속에 갇히게 된다. 그렇게 마음은 병들고 의식은 흐려지며, 우리는 끝내 자신을 잃어버리고 만다.

이제 당신의 의식을 스쳐 지나가는 생각들을 바라보자. 그 생각은 과연 진실일까? 아니면 절망의 또 다른 얼굴에 불과한 걸까? 생각은 언제나 진실인 양 위장한다. 하지만 모든 생각이 우리를 살리는 것은 아니다. 어떤 생각은 나의 영혼을 북돋우지만, 어떤 생각은 마음을 짓누르고 무너뜨린다. 그래서 우리가 유념해야 할 것은 '현실' 그 자체가 아니라, 그 현실을 바라보는 '나의 생각'이다. 현실보다 더 강한 것은 바로 그 현실을 해석하는 나의 마음이기 때문이다.

   같은 상황에서도 어떤 이는 절망에 빠지고, 어떤 이는 배움의 기회로 삼는다. 그 차이는 '무엇을 보았는가'가 아니라 '어떻게 보았는가'에 있다고 『생각정리』에서 언급했다. 자아를 절망으로 이끄는 열 가지 생각들을 이제 하나씩 살펴보자. 그것은 단순한 생각의 나열이 아니라, 우리 무의식에 뿌리내린 그림자와의 대면이다. 그 어둠을 들여다보는 순간, 더 이상 절망에 머무르지 말고 새로운 성장의 여정을 시작하기를 바란다.

   첫 번째, "나는 원래 이런 사람이야" — 정체성의 고착화
이 말은 너무도 익숙하며, 때로는 상처받은 자아를 위로하는 문장처럼 들린다. "나는 원래 이런 사람이야." 그러나 이 말을 내뱉는 순간, 사람은 더 이상 성장하지 않는다. 마치 굳어버린 진흙처럼, 아직 물기를 머금은 가능성의 틈마저도 말라버리고 만다. 우리의 자아는 고정된 형상이 아니다. 자아란 날마다 새롭게 호흡하며, 감정과 경험이라는 색을 덧입어 조금씩 빛깔을 달리하는 유기체다. 어제의 내가 오늘의 나를 모두 설명할 수 없듯, 지금의 나는 언제든 변화하

고 다시 빚어질 수 있는 존재다. "정체의 고착"은 얼핏 자기 이해처럼 보인다. 하지만 그 이면에는 더 이상 변화하지 않겠다는 은밀한 포기와 자기 자신에 대한 무언의 단념이 숨어 있다. 그렇게 단정 짓는 순간, 삶의 문은 닫히고 바람조차 스며들 틈이 사라진다. 성장은 열린 문을 통해 들어온다. 변화는 흐르는 물 위에 떠 있는 자아에게만 다가온다. 잊지 말아라. 누구도 한 문장으로 자신을 설명할 수 없으며, 한 문장으로 삶을 요약할 수 없다는 사실을.

그러니 이렇게 말해보자. "나는 원래 이런 사람이야." 대신에, "나는 여전히 배우고 있고, 여전히 성장하고 있어."라고 이 말을 하는 순간, 당신 내면에 닫혀 있던 창문이 열리며 삶이 다시 움직이기 시작할 것이다.

두 번째, "나만 왜 이렇게 힘든 걸까?" ─ 고통의 고립감
"나만 왜 이렇게 힘든 걸까." 이 말이 입 밖으로 나오는 순간, 마음은 고립된 외딴섬으로 천천히 떠밀려간다. 이 고통이 마치 나만의 것처럼 느껴지고, 아무도 내 마음을 온전히 이해해 주지 못할 것 같은 막막한 감정이 밀려든다. 그렇게 우리는 자신을 세상과 단절된 존재로 여기며 점점 더 깊은 외로움 속에 갇히고 만다. 앞서 '정서 전염'에서도 언급했듯, 그것은 착시다. 사람은 누구나 각자의 언어

로 고통을 말하지 못한 채 살아간다. 누군가는 웃음으로, 누군가는 침묵으로, 또 누군가는 분주함으로 감추며 고통과 함께 걷는다. "나만 왜"라는 말은 내 안의 아픔을 더욱 날카롭게 하고, 스스로를 세상과 멀어지게 만드는 말이다. 그러니 그 말이 떠오르는 순간, 이렇게 말해 보자. "지금 너는 착각하고 있어. 너만 힘든 게 아니야." 혼자라고 느껴질 때일수록 꼭 기억해야 한다. "너만 힘든 게 아니야. 모두가 힘들고 견디며 살아가고 있어. 그래도 너는 지금까지 잘 버텨온 거야." 이 한마디가 무너지려는 마음을 붙잡아 줄 것이다. 그리고 마지막으로, "나는 믿어. 반드시 너는 이겨낼 수 있을 거야."라고 꼭 당부하자.

세 번째, "어차피 아무것도 바뀌지 않아" — 희망을 포기하다
처음에는 분명 기대가 있었다. 변화의 가능성, 삶의 반전, 어쩌면 '기적'이라는 말조차 조심스럽게 품었던 시간. 그러나 몇 번의 실패와 상처를 겪으며 마음은 조용히 닫히고 만다. 그 틈을 비집고 들어온 한 문장, "어차피 아무것도 바뀌지 않아." 이 말은 언뜻 체념처럼 보이지만, 실은 삶을 포기하는 선언이다. 잊지 마라. 희망을 포기하는 순간, 마음은 생존의 불빛조차 꺼버린다는 사실을. 희망은 생명줄이다. 그 희망 하나로 우리는 버텼고, 살아냈으며, 울면서도 다시 하루를 시작할 수 있었다. 그러나 "어차피"라는 말

은 그 모든 가능성의 문을 닫아버린다. 시간이 흘러도 누군가 손을 내밀어도, 이미 마음은 스스로를 봉인한 채 안으로 굳어져 있다. 가장 무서운 절망은 그렇게 조용히 시작된다.

하지만 한 번 생각해 보자. 정말 아무것도 바뀌지 않았을까? 고통은 누구에게나 있다고 하지 않는가. 그러나 그 고통을 바라보는 당신의 시선은 조금 더 깊어졌고, 상처는 여전히 아프지만 그 상처를 들여다보는 당신의 마음은 조금 달라졌을지도 모른다. 변화란 세상이 뒤집히는 것이 아니라, 내 마음의 결이 조금씩 단단해지는 일이다. 희망은 거창한 이름이 아니다. 그것은 작은 가능성 하나를 붙드는 용기이며, 지금과는 다른 내일을 상상하며 오늘을 최선으로 살아가는 자세이다. '어차피'라는 단념의 언어를 내려놓고 다시 말해 보자. "지금은 작아 보여도, 나는 변할 수 있어. 그리고 나의 삶도."

네 번째, "나는 항상 실패해" — 자기 부정의 반복
실패는 누구에게나 찾아온다. 하지만 어떤 사람은 그 실패를 '경험'으로 받아들이는 반면, 또 어떤 사람은 그것을 '정체성'으로 내면화한다. "나는 실패했다"가 아니라 "나는 실패자다"라고 믿는 순간, 절망은 생각의 경계를 넘어 자아 전체를 아픔으로 물들인다. "나는 항상 실패해."

 이 문장은 과거의 단순한 실수를 마치 영원히 반복될 미래의 예언처럼 덧씌운다. 단 한 번의 실패가 곧 나의 본질이 되어버리는 셈이다. 문제는 스스로를 '항상 실패하는 사람'이라 믿고, 작은 어려움 앞에서도 먼저 자신을 포기한다는 점이다. 결국 실패를 딛고 다시 시도조차 하지 않게 된다. 그렇게 삶의 가능성은 닫히고 자아는 위축되고 만다.

 그러나 묻고 싶다. 정말 당신은 '항상' 실패했는가? 살아오면서 모든 일, 모든 순간이 정말 다 엉망이었는가? 곰곰이 생각해 보면 그렇지 않았을 것이다. 성공한 일도 있었고, 아무도 모르게 인내한 순간도 있었으며, 혼자 울면서 다시 일어섰던 날도 분명 있었을 것이다. 기억은 때때로 실패만을 부각시키지만, 삶은 언제나 실패만으로 이루어지지 않는다. 실수와 실패를 품으며 완성되어 가는 그림이 진짜 우리의 인생이다. 완벽하지 않아도 멈추지 않았다는 사실이 더 중요하다. 실패는 나의 전부가 아니다. 그저 한 조각일 뿐이다. 그러니 "나는 항상 실패해" 대신 이렇게 말해 보자.

 "실패도 나의 일부일 뿐이다. 나는 계속 성장하고 있다." 잊지 말

자. 삶에는 실패도 성공도 없으며, 오직 '성장'만 있을 뿐이라는 사실을….

다섯 번째, "나는 왜 이렇게 부족할까?" ― 자기 열등감의 함정
사람은 누구나 자신을 비추는 거울을 하나씩 지니고 산다. 그 거울은 타인의 시선일 수도 있고, 어린 시절 들었던 말 한마디일 수도 있으며, 스스로 세운 완벽한 기준일 수도 있다. 그리고 그 거울 앞에 설 때마다 우리는 자꾸만 자신에게 묻는다. "나는 왜 이렇게 부족할까?"

이 질문은 애초부터 결핍을 확인하려는 의식적인 자기부정처럼 반복된다. 내 안의 가치를 지우고 존재를 의심하게 만드는 이 질문은 어느새 습관이 되어 나를 점점 더 작게 만든다. 부족함은 본래 자연스러운 것이다. 완전한 인간은 없다. 그럼에도 우리는 자신만큼은 온전해야 한다고 믿는다. 그래서 부족한 부분을 감추고, 부족한 감정을 부끄러워하며 결국 자기 존재 전체를 부정하게 된다. 그러나 진실은 이렇다. 우리가 느끼는 부족함의 대부분은 '비교'에서 비롯된다는 사실. 내 삶의 속도를 타인의 기준에 견주고, 감정의 형태를 정해진 틀에 맞추며, 존재의 가치를 외부의 잣대로 평가히는 동안 우리는 조금씩 '나다움'을 잃어버리고 만다.

하지만 부족함은 결함이 아니다. 오히려 그 안에는 채워질 가능성과 깊어질 여백이 담겨 있다. 미완성이기에 생기는 간절함, 아직 닿지 않은 곳을 향한 그리움, 그것이 우리를 성장하게 한다. 그러니 이제 나의 부족함도 부끄러워하지 말자. 그것은 내 존재가 아직 '진행 중'이라는 증거다. 완전하지 않아도 좋다. 스스로를 끌어안으며 이렇게 말해주자. "나는 충분히 잘 살아내고 있어."라고 말이다.

여섯 번째, "내 감정은 잘못된 거야" — 부정적 감정
감정은 삶이 우리에게 건네는 첫 번째 언어다. 기쁨이든 슬픔이든 분노든 두려움이든, 모든 감정은 우리 존재의 한결같은 몸짓이며 그 자체로 소중한 신호다. 하지만 우리는 너무 자주 자신의 감정을 '틀렸다'고 말한다. 화를 내는 나를 부끄러워하고, 슬퍼하는 나를 나약하다고 여기며, 두려움이 올라올 때마다 스스로를 질책한다. "이렇게 느끼면 안 되지." "괜히 예민한 거야." "그깟 일에 왜 이렇게 흔들려." 그렇게 자기 감정을 검열하며 살아가는 습관은 결국 자기 존재 전체를 부정하는 일과 다르지 않다.

감정은 옳고 그름의 문제가 아니다. 그저 '존재함'의 문제일 뿐이다. 어떤 감정도 이유 없이 생기지 않는다. 그 안에는 우리가 살아온 이야기와 오랜 시간 쌓여온 상처가 있으며, 무의식이 보내는 메

아리가 담겨 있다. 그러므로 감정을 밀어내기보다는 들여다보아야 한다. 감정이 말하고자 하는 바를 들어야 한다. 내가 왜 이렇게 분노하는지, 왜 이토록 서러운지, 왜 자주 무력해지는지를 책망이 아닌 수용의 시선으로 바라보아야 한다. 그리고 물어야 한다. "슬픔아, 왜 슬펐니?", "두려움아, 무엇이 두려운 거니?", "불안아, 무엇이 너를 불안하게 하니?"

감정을 부정하면 억압이 생긴다. 단지 싫다는 이유만으로 감정을 억누르는 습관이다. 그렇게 되면 마음이 병들고, 나중에는 더 심하게 곪아버린다. 잊지 말자. 감정을 수용하고 흘려보내면 어떤 힘든 마음도 회복된다는 사실을. 억압된 감정은 결국 왜곡된 방식으로 폭발하지만, 수용된 감정은 서서히 자기 자리를 찾아간다. 지금부터 감정을 이렇게 이해하자. 감정은 본래 우리를 위협하려는 것이 아니라, 우리에게 무언가를 이해시키려는 신호다. 그러니 언제라도 감정에게 말을 거는 습관을 들이자. "괜찮아, 너는 틀리지 않았어." 내가 들어줄게, 말해 봐.

일곱 번째. "나는 항상 이런 식이야." — 자기 낙인의 함정
사람은 누구나 한두 번쯤 스스로에게 이렇게 말해본 적이 있을 것이다. "나는 원래 이래.", "난 항상 실패해.", "나는 원래 부족한 사람

이야." 이 말들은 어쩌면 자주처럼 보이지만, 사실은 자아를 서서히 고정시키는 '자기 낙인(self-labeling)'의 언어다. 그 말 속에는 변화에 대한 포기와 가능성에 대한 단절이 숨어 있다. '나는 항상 이런 식이야'라는 문장은 지금 이 순간의 나를 과거의 실수에 영구히 묶어두는 족쇄가 된다. 마치 그 한 번의 실패가 내 존재 전체를 설명해 버리는 것처럼, 몇 번의 실망이 나의 본질을 증명해 버리는 것처럼, 사람은 자기 자신에게 가장 혹독한 판결을 내리고 만다. 그러나 그 말은 진실이 아니다. '항상'도 없고, '원래'도 없다. 삶은 언제나 유동적이며, 사람은 매 순간 새롭게 살아간다. 어제의 실수는 오늘의 통찰이 될 수 있고, 오늘의 무력감은 내일의 비상이 될 수도 있다. 그러니 과거의 아픔에 나를 가두지 말자. 나라는 존재는 결코 하나의 패턴이나 한 문장으로 정의될 수 없다는 사실을. 매일 조금씩 다른 빛깔로 자신을 만들어가며 끊임없이 변화하는 존재라는 사실을. 부정적인 생각이 올라오면 나에게 이렇게 말해주자. "나는 과거의 내가 아니야. 나는 지금도 변화하고 성장하고 있어."

여덟 번째, "나는 나를 믿지 못해" — 자아 신뢰의 상실
스스로를 믿지 못한다는 말은 어떤 외부의 비난보다도 더 깊고 날카로운 상처가 된다. 누군가가 나를 오해하거나 내 마음을 몰라줘도, 결국 내가 나를 믿는다면 그 신뢰 하나로 다시 삶을 살아갈 수

있다. 그러나 내가 나를 의심하는 순간, 모든 것은 서서히 무너져 내린다. "나는 나를 믿지 못해." 이 말은 단지 한 번의 실패나 실수를 탓하는 문장이 아니다. 그것은 삶을 제대로 이끌 능력이 없다는 깊은 자기 부정이며, 존재에 대한 뿌리 깊은 회의다. 그런 자기 불신은 삶의 모든 선택 앞에서 나를 주저하게 만들고, 가슴 깊은 곳의 희망조차 감히 꺼내지 못하게 한다. 끊임없이 자신을 검열하며 살아가는 동안 마음은 점점 메말라가고, 결국 삶의 결정권마저 외부에 넘겨주게 된다.

자기 신뢰는 어떤 상황에서도 반드시 지켜야 할 가장 중요한 내적 자원이다. 그것이 흔들리면 수치심에 사로잡혀 더 깊은 나락으로 떨어지게 되고, 결국 존재 자체가 무너질 수 있기 때문이다. 그래서 평범한 일상 속 작은 선택부터 나를 챙기고 돌보아야 한다. 오늘 하루, 내가 나를 위해 건넨 따뜻한 말 한마디, 포기하지 않고 끝까지 완수한 작은 일들. 그런 소소한 순간들이 쌓여 자아는 다시 자신에 대한 믿음을 회복해간다. 자기 신뢰란 완벽해서 가능한 것이 아니다. 불완전함에도 불구하고 '다시 한번 해보겠다'고 말할 수 있는 용기이며, 그 용기야말로 절망의 늪에서 나를 끌어올릴 가장 강력한 힘임을 잊지 말아야 한다.

아홉 번째, "이렇게 사는 건 모두 의미가 없어" — 존재의 허무감
의미를 잃는 순간, 삶은 무게를 잃는다. 아무리 많은 일을 하고, 사람들과 웃으며 어울려도 밤이 되면 어김없이 가슴 한구석에 텅 빈 바람이 분다. "도대체 이 모든 것이 무슨 의미가 있을까?" 그 물음은 조용하지만 지독하게 삶의 구석구석을 잠식해 들어간다. 무의미함은 어느 날 갑자기 찾아오는 것이 아니다. 처음에는 작은 피로감으로 시작된다. 무언가를 열심히 해도 바뀌지 않는 현실, 애써 진심을 다해도 돌아오지 않는 마음. 그런 날들이 쌓이며 어느 순간 삶은 목적지를 잃은 배처럼 떠돌기 시작한다. 어디로 가는지, 왜 가는지도 모른 채 그저 파도에 떠밀려 하루를 또 하루로 흘려보내는 나날들이다. "이렇게 사는 건 모두 의미가 없다." 이 말에는 슬픔보다 더 깊은 체념이 담겨 있다. 살고는 있지만 살아 있다는 느낌이 없다. 무언가에 몰두해도 가슴은 차갑고, 작은 기쁨 앞에서도 마음은 무겁다. 기계처럼 웃고 움직이며 대화하지만, 그 안에는 생명의 온기가 사라져 있다.

그러나 진실은 이렇다. 삶은 결코 스스로 의미를 부여하지 않는다. 삶은 그저 의미를 담는 그릇일 뿐이다. 그 안에 어떤 의미를 채우느냐는 오롯이 나에게 달려 있다. 아무리 평범한 하루라도 그 안에 '누군가를 위한 진심 한 조각'이 담긴다면, 그 하루는 분명히 빛

날 수 있다. 설거지를 하며 지친 누군가의 등을 떠올릴 수 있고, 말 한마디로 마음을 나누는 순간에도 삶은 의미로 가득 찰 수 있다. 의미는 거창한 목표에서 오는 것이 아니다. 작고 따뜻한 마음, 그리고 진심 어린 연결에서 피어난다. 의미는 누군가가 주는 선물이 아니라, 내가 발견하고 붙잡는 것이다. 그러니 삶을 향해 다시 물어야 한다. "어떻게 살아야 의미 있을까?"가 아니라, "지금 나는 어디에 시선을 두고 살아가고 있는가?"라고. 항상 물어야 한다.

열 번째, "나는 아무것도 바꿀 수 없어" — 무력감과 자기 포기
이 말은 한 사람의 마음이 서서히 무너지고 있다는 신호다. 용기를 내어 도전했던 일, 조심스레 열었던 마음, 믿어보려 했던 관계. 그 모든 것들이 번번이 외면당하고 좌절로 되돌아올 때, 우리는 마음속에 작고 어두운 결론 하나를 내리고 만다. "나는 안 돼." 이 짧은 말은 어느새 삶 전체를 조용히 물들인다. 할 수 있다고 믿던 나, 언젠가는 바뀔 거라 여겼던 미래, 조금만 더 가보자고 다짐했던 희망. 그 모든 것들이 하나둘씩 꺼져간다. 그리고 마침내 입 밖으로 흘러나오는 말, "지금의 나로는 아무것도 바꿀 수 없어."

이 말은 현실에 대한 탄식이 아니다. 그것은 자기 자신에 대한 단념이다. 더 이상 변화의 주체가 될 수 없다는 선언이며, 결국 자기를

포기해 버리는 마음의 방치다. 무력감은 미음의 족쇄이다. 그 안에서는 아무리 몸부림쳐도 움직일 수 없고, 아무리 희망을 품어도 금세 질식당한다. 그러나 이 족쇄를 만든 가장 큰 이유는 실패 그 자체가 아니다. 바로 실패를 바라보는 우리의 신념 때문이다. 실패는 끝이 아니다. 그것은 다만 방향을 바꾸라는 삶의 신호일 수 있다. 중요한 것은 '지금의 나'로 무엇을 할 수 없는지가 아니라 '지금의 나'로 무엇을 시도할 수 있는가이다. 완벽하지 않아도 좋다. 두렵고 흔들려도 괜찮다. 우리는 늘 '시작할 수 있는 존재'이기에. 조금씩, 아주 조금씩 무너진 자존의 벽돌을 다시 쌓아 보자. 그렇게 다시 숨을 쉬고, 다시 마음을 붙잡고, 다시 일어나는 것이다.

잊지 말아라! '바꿀 수 없다'는 말은 절망이 만들어낸 환상일 뿐이라는 사실을….

그러니 한 걸음만 내디뎌 보자. 그 한 걸음이 다시 나를 변화시키고 무너졌던 나를 일으켜 세울 것이다. 진정한 빛이 될 것이다.

제 2장

상처論

내 마음을 흔드는 말하지 못한 아픔

어느 날, 이유도 모른 채 마음이 무너졌다.
작은 말 한마디에, 익숙한 장소임에도
오래된 감정에 눌려 숨이 막혔다.
사람들은 시간이 지나면 잊힌다고 말했지만,
상처는 여전히 내 안에서
말을 걸어오고 있다.
언제쯤 나를 알아봐 줄 거냐고,
왜 아직도 나를 외면하느냐고.

상처 論

상처라는 아픈 사연

　우리 마음속에는 누구나 설명하기 어려운 아픔과 결핍이 자리 잡고 있다. 그 아픔은 마치 내면의 풍경을 그려내는 보이지 않는 붓과 같다. 때로는 흐릿한 안개가 되어 시야를 흐리게 하고, 때로는 깊은 밤의 가장자리가 되어 마음에 은은한 무늬를 새긴다. 그 무늬로 이루어진 우리의 삶은 평범할 수도, 비범할 수도, 혹은 고통으로 가득 차 있을 수도 있다. 그러나 그 길이 어떠하든 결국 지금의 '나'를 구성하는 하나의 조각이 된다. 과거는 단순히 흘러가 버린 기록이 아니다. 그것은 마음 깊숙이 스며들어 우리가 어떻게 생각하고 말하며 타인과 관계를 맺는지를 은밀히 이끌어왔다. 특히 제대로 마주하지 못한 사건과 감정은 사라진 듯 보이지만, 실제로는 내면 어딘가에 억눌린 채 남아 있다. 오랜 세월 잠복하다가도 틈만 나면 불현듯 모습을 드러낸다. 설익은 슬픔의 형태로, 막연한 불안으로, 그리고 설명하기 힘든 두려움으로. 돌보지 못해 묻어둔 사연은 결국 내가 아직 마주하지 못한 또 다른 나의 얼굴인 셈이다.

기억은 단순히 저장되는 것이 아니다. 그것은 독특하고 은밀한 방식으로 각인된다. 인간은 사건 전체를 기억하지 않는다. 가장 강렬했던 정점의 순간과 마지막 순간만을 압축된 이미지로 저장한다. 시간이 흐르면서 그 이미지들은 변주되고 겹쳐지며, 우리의 가치관과 언어 습관, 신념, 그리고 관계 맺는 방식에까지 영향을 미친다. 심리학에서는 이 현상을 '정점-종결 법칙'이라고 부른다.

아픈 사연은 이러한 기억의 방식 속에서 우리를 흔들어 왔다. 어떤 날은 차갑고 무거운 회색이 되어 무기력감을 드리우고, 또 어떤 날은 깊고 잔잔한 남색이 되어 우리의 정서를 다독였다. 결국 이 모든 흔적은 단순한 '아픔'이 아니라, 내면의 심연을 파고드는 무의식적 경험의 결실이었다. 그래서 우리가 기억하는 대부분의 과거는 살아온 삶의 전체가 아니다. 가장 뜨겁게 불타올랐던 순간과 마지막 잔향으로 구성된 하나의 상(象)일 뿐이다. 그 상(象) 가운데 내가 아픔으로 간직한 이야기가 여전히 오늘의 나를 흔들고, 내일은 또 다른 방향으로 이끌고 있는 것이다. 이것을 우리는 '상처'라 부른다.

상처라는 아픈 사연

　인간은 저마다의 상처를 안고 살아간다. 결핍과 상실, 아픈 가족 이야기, 소외된 유년기의 상처 등 어떤 것도 결코 가볍게 여겨서는 안 된다. 그 상처들은 우리의 삶 속에서 다양한 얼굴로 드러나며, 때로는 나의 발목을 잡아 인생의 방향을 흐리게 만들기도 한다. 때로는 한겨울 바람처럼 내면을 얼어붙게 하고, 또 어떤 날에는 평온 속에 감춰진 흉터처럼 불쑥 통증으로 다가와 나를 짓누르기도 한다.

　이렇듯 상처는 소리 없이 우리 곁에 머물며, 삶의 결마다 은은한 물결처럼 퍼져 나간다. 놀라운 것은, 이미 잊었다고 여긴 순간에도 사실은 아주 느릿하게 우리의 내면에 스며들어 버렸다는 점이다. 그것은 관계를 맺는 방식, 타인을 바라보는 눈길, 무심한 말 한마디와 사소한 표정으로 드러난다.

어쩌면 상처는 단순한 고통의 흔적이 아니라
우리가 인간으로서 살아가며 빚어내는
내면의 풍경 그 자체일지도 모른다

눈에 잘 보이시 않는 결처럼 우리의 마음속을 흐르고

때로는 희미한 그늘처럼

때로는 빛을 머금은 무늬로 남아

삶의 풍경을 독특하게 채색해 나간다

그래서 상처는

사라져야 할 흉터가 아니라

우리가 걸어온 시간을 증언하는 고요한 기록이며

또한 앞으로의 길을 더욱 깊고 단단하게 걸어가게 하는

내면의 지형도일지도 모른다

알아야 할 점은, 외면에서 보기에는 삶이 아무리 안정적이고 평화로워 보여도 내면에 아물지 않은 상처가 존재한다면, 그 상처가 언젠가 우리를 깊은 수렁 속으로 끌어들일 수 있다는 사실이다. 특히 아픈 사연은 대부분 상한 감정으로 이루어져 있어, 스스로 지운다고 해서 사라지는 것이 아니라 내버려 두면 오히려 신체적 증상이나 정신적 혼란의 형태로 되돌아와 자아의 균형을 흔들고 삶 전체를 잠식할 위험이 있음을 반드시 알아야 한다. 그러므로 감각을 유지하며 항상 깨어 있어야 한다. 충분히 감지할 수 있는 민감성과 기꺼이 받아들일 수 있는 포용력으로서 언제나 무장하고 있어야 한다. 그것이 바로 상처 회복에 대한 의지이자 자아 통합을 향한 내적 갈망이다.

아픈 사연의 종류

사연은 크게 두 갈래로 나뉜다. 하나는 아주 지독한 '나쁜 사연'이고, 다른 하나는 너무 간절했지만 끝내 채워지지 못한 '아쉬운 사연'이다. 나쁜 사연은 말로 표현하기조차 두려운 고통의 흔적이라면, 아쉬운 사연은 단 한 번만 안아주었더라면, 단 한마디만 들어주었더라면 살아날 수 있었던 내면의 절절한 목소리다. 이 두 사연은 다르지만, 우리 안에서 동일한 외침으로 아우성치고 있다.

나쁜 사연은 고통의 기억이고, 아쉬운 사연은 결핍의 기억이다.
나쁜 사연은 상처를 남겼고, 아쉬운 사연은 허기를 남겼다.
나쁜 사연은 피하고 싶은 기억이며, 아쉬운 사연은 돌아가고 싶은 그리움이다.
나쁜 사연은 울고 싶어도 눈물조차 삼켰던 날의 침묵이며, 아쉬운 사연은 단 한 번의 품을 기다리다 지친 마음의 갈증이다.

이 두 가지는 전혀 다른 종류의 아픔이지만, 결국 치유되지 않으면 자아의 균형을 무너뜨리고 만다. 나쁜 사연은 우리를 숨게 만들고, 아쉬운 사연은 우리를 쫓게 만든다. 도망치든 매달리든, 어느 쪽이든 상처는 여전히 현재의 나를 흔드는 무서운 존재이다.

　이들을 치유하려면 먼저 마주할 용기를 가져야 한다. 외면하지 말고, 억지로 괜찮은 척하지도 말며, 무엇보다 진심으로 "그래, 네가 나의 아픈 사연이었구나" 하고 조용히 품어주는 마음이 필요하다. 내 안에 처절한 어떤 이야기라도 모두 내가 품겠다는 그 순간부터, 아픈 사연은 더 이상 나를 짓누르는 그림자가 아니라 빛을 향해 나아가는 찬란한 이야기로 변할 준비를 마친다. 그것은 단순히 과거를 수용하는 일이 아니라, 나를 회복하는 여정의 첫걸음이며, 아픈 사연을 통해 나의 자아가 다시 살아나는 기적의 순간이다.

나쁜 사연

　나쁜 사연은 본래 일어나서는 안 될 비극의 이름이다. 이는 분명 잘못된 일이며, 절대 일어나서는 안 될 일이 현실로 드러난 경험이다. 그것은 인간의 존엄을 짓밟는 사건들로, 어떤 말로도 정당화될 수 없는 폭력의 기록이다. 심각한 근친 간 학대, 친구 사이의 집단

따돌림, 학교 폭력, 신체적 구타와 체벌, 그리고 성폭력, 성적 학대, 모욕… 이 모든 것은 단순한 기억을 넘어 존재의 뿌리를 흔들고 자아의 영역을 침범하는 침입자들이다. 특히 신뢰했던 사람에게서 받은 배신과 모욕은 마음속에 깊은 심리적 폐허를 남긴다. 놀라운 얘기처럼 들릴지 모르지만, 많은 이들이 크고 작은 성적 학대나 폭력의 경험을 안고 살아간다고 한다. 적절한 치료도 받지 못한 채, 하루하루 생존에 치여 오늘도 내일도 버텨내고 있다. 참으로 안타까운 현실이 아닐 수 없다.

 누구에게나 말할 수 없는 아픔이 있다. 그러나 그 사연이 깊고 고통스러울수록 가족이나 주변 사람에게조차 쉽게 드러내기 어렵다. 그렇게 외면당한 상처는 곪고 썩으며, 마침내 감정의 늪으로 가라앉는다. 그것이 무엇이든 마음의 상처는 단지 하나의 사건으로 끝나지 않고, 존재를 흔들며 삶의 신념마저 비틀어 놓는다. 문제는 시간이 아니다. 시간이 흐른다고 해서 상처가 저절로 낫는 것은 아니다. 상처는 언제나 우리 마음속에서 잊힌 듯 보여도 결코 사라지지 않는다. 억눌린 감정과 함께 심연에 잠복해 있다가도 언제든지 기폭제를 만나면 갑작스럽게 수면 위로 솟구친다. 그래서 치유되지 않은 감정은 언제, 어디서든 트리거를 만나면 무방비한 순간에도 터지고 만다. 이것이 바로 무서운 억압(Repression)이다. 억압은 상처를 곪게 만드는 진정한 원인이다. 감정은 기억보다 더 오래 남는 특성이 있어서, 지난 아픔은 기억이 희미해져도 감정은 여전히 되살아난다.

억압(Repression)

억압을 사용하는 사람들은 대부분 어린 시절, 가장 중요한 것이 살아남는 일이었다. 아픈 일이 일어나도, 억울한 일이 있어도 그 모든 것을 덮는 기술을 자연스럽게 익혔다. 감정을 억누르는 법, 아무 일도 없었던 듯 살아가는 법, 어린 나이에 어른처럼 말하고 행동하는 법까지 체득해야만 했다. 그렇게 배운 억압은 스스로를 지키는 방패였지만, 동시에 마음속 깊은 곳에 상처를 남겼다. 문제는 그렇게 학습된 억압이 쉽게 사라지지 않는다는 것이다. 그것은 조용히 굳어 있다가 생각지도 못한 순간에 튀어나온다. 이유 없이 흐르는 눈물, 자신도 제어할 수 없는 분노, 관계 속에서의 불신, 극단적인 감정 기복…. 이 모든 것이 단순한 성격 탓도, 의지 부족도 아니다.

우리는 종종 시간이 지나면 문제가 해결될 것이라고 기대하지만, 억압된 감정은 시간이 흐른다고 저절로 사라지지 않는다. 오히려 흉터처럼 굳어져 몸과 마음 구석구석에 깊이 스며든다. 시간이 지날수록 그 무게를 견디지 못하고 결국 인격적 후유증으로 번져 나간다. 자기 비하와 감정 둔화, 타인에 대한 회피는 물론, 외상 후 스트레스 장애(PTSD)와 같은 심리적 질환으로 이어질 수 있다. 뇌 속에서는 해마(기억을 저장하는 기관)와 편도체(위험을 감지하는 감정 중추)마저 깊은 흔적을 남긴다. 그 결과, 이후 삶을 바라보고 해석하는 방식 자체까지 왜곡된다. 과도한 자기 비난, 반복되는 불신, 통제할 수 없는 분노, 극단적인 감정의 기복… 이 모든 것은 성격이나 의지의 문제가 아니다. 바로 억압된 트라우마가 만들어 낸 결과다. 우리가 흔히 스스로를 자책하며 "내가 약해서 그렇다"라고 생각하는 순간조차 사실은 상처가 제때 치료받지 못한 채 방치된 결과이다. 그래서 상처를 덮어두는 것은 일시적인 회피일 수 있지만, 제대로 된 치료 과정 없이는 오히려 더 큰 왜곡을 낳는다.

그렇기에 우리는 기억해야 한다.
상처의 근원을 직면하고 돌보는 일만이
고통의 굴레를 끊어내는 길이라는 점을,
그러므로 나쁜 상처는 반드시 직면해야 한다.
극복하고 치료해야 한다.
그것이 우리에게 주어진 과제이자
더 건강한 삶으로 나아가는 길이다.

그렇다면 어떻게 치유할 수 있을까? '나쁜 사연'은 결코 혼자 짊어져야 할 짐이 아니다. 상처는 반드시 안전한 공간에서, 믿을 수 있는 전문가의 도움을 받아 조심스럽게 다루어져야 한다. 치유란 단 한 번의 시도로 완성되는 사건이 아니라, 오랜 시간에 걸쳐 섬세하게 이어가는 과정이기에 인내와 용기가 필요하다. 무엇보다 중요한 것은 초기부터 작은 실마리를 붙잡아 회복으로 엮어 나가는 것이다. 아픈 내 이야기를 정면으로 바라볼 수 있는 힘이 생길 때까지 한 걸음 한 걸음 천천히 걸어가야 한다. 급하게 덮지 않고 조심스럽게 직면할 때 비로소 치유의 길이 조금씩 모습을 드러낸다.

상처는 결코 혼자만의 몫도, 누구의 잘못도 아니다. 자책할 이유도, 두려워할 필요도 없다. 충분히 준비되었을 때, 아픈 기억이 고개를 들도록 기다려 주고 마주해 보라. 그 만남은 고통의 재현이 아니라 회복과 성장으로 가는 길목이 될 것이다. 결국 상처를 마주한다는 것은 끝이 아니라 새로운 시작임을 꼭 잊지 말아야 한다.

아쉬운 사연

우리 마음속에는 분명히 존재하지만 쉽게 말로 꺼내기 어려운 사연들이 있다. 기억은 희미하지만, 그 기억이 남긴 감정은 선명하게 남이 있다. 잊혔다고 믿으며 살아가지만, 삶의 어떤 순간에는 그 감정이 다시 살아나 마음을 조용히 휘감는다. 이것이 바로 '아쉬운 사연'이다. 아쉬운 사연은 극적인 폭력처럼 눈에 띄지 않는다. 그러나 오히려 더 깊고 조용히 내면을 파고드는 성질이 있다. 그것은 몸에 남은 상처가 아니라, 마음에 새겨진 공백의 흔적이기 때문이다.

그렇다. 공백이다. 이 사연이 때때로 우리에게 큰 심리적 영향을 미치는 이유는 '나쁜 사연'은 비교적 명확하게 기억되지만, '아쉬운 사연'은 그 기억조차 잘 인식되지 않은 채 무의식에 뿌리내리기 때문이다. 심리학자 도널드 위니콧(Winnicott)은 이를 "좋은 부모의 부재"라고 설명했다. 유아기에 부모와의 일관된 애착 경험이 없으면 내면의 기반이 불안정하게 형성된다는 것이다. 한 번도 생일 축하를 받아본 적 없는 사람, 칭찬보다 꾸중을 더 자주 들었던 사람, "사랑해", "믿어", "넌 특별해"라는 말을 듣지 못하고 자란 사람. 그런 모든 이들이 바로 아쉬운 사연의 주인공들이다. 이들은 성인이 되어서도 사람에게 유독 의존하거나, 정서적 거리를 두며 관계를 회피하거나, 반복적으로 인정 욕구에 집착하는 방식으로 내면의 결핍을 보상하며 살아간다.

실제로 성인기에 반복되는 애정 결핍, 애증 관계, 강박적 욕망, 중독과 같은 비적응적 패턴의 약 80%는 어린 시절의 결핍 경험과 깊이 연결되어 있다고 할 수 있다. 겉으로는 멀쩡해 보일지라도, 이러한 결핍은 자아 형성과 신념 체계에 은밀하면서도 강력하게 스며들어 평생 동안 주변 관계와 삶의 태도를 흔들어 놓는다. 겉모습은 사랑이라는 이름으로 가장되어 나타나지만, 사실은 채워지지 않은 공허감인 경우가 많다. 그래서 배우자, 연인, 친구, 심지어 자기 자신에게조차 끊임없이 채움과 보상을 요구하게 된다.

그들은 성인이 되었음에도 불구하고, 여전히 마음 깊은 곳에 비어 있는 방이 있다. 그 방은 학대와 같은 극적인 사건이 없었더라도 분명히 남겨진 공허의 흔적이다. 겉으로는 드러나지 않지만, 내면에는 지워지지 않는 결핍이 존재하며, 그것이 바로 결핍이 빚어낸 가슴 아픈 상처이다.

"나를 더 사랑해 줘." 당신이 채워야 해.

우리는 종종 이런 속삭임 속에서 관계를 시작하고 또 무너진다. 그러나 그 누구도 완전하게 타인의 결핍을 채워줄 수는 없다. 이는 배우자나 연인이 내 안의 부모가 되어줄 수 없다는 뜻이다. 결핍은 단순히 채워지는 것이 아니다. 존재를 인정받는 것에서 비로소 치유가 시작된다. 그래서 우리가 할 수 있는 유일한 일은 상대방의 결핍을 고치거나 없애려는 것이 아니다. 채워지지 않은 상대방의 내면을 알아봐 주고, 그 아픔을 있는 그대로 품어주는 따뜻한 태도가 필요하다.

사랑이란 결핍을 메우는 행위가 아니라, 서로의 결핍을 껴안으며 함께 성장해 나가는 과정이다. 서로를 이해하고 각자의 결핍을 있는 그대로 받아들이며, 오해가 아닌 성숙을 향해 함께 걸어가는 여정이다. 그러나 부부로, 연인으로 함께 살기로 결심한 그 사람이 무슨 죄가 있다고 나의 오래된 결핍을 전부 짊어지라 요구할 수 있겠는가? 어린 시절의 상처를 대신 책임져 달라고 요구하며 성숙한 연대가 아닌 미숙한 기대만 쏟아내는 관계는 결국 또 다른 상처의 반복에 불과할 것이다. 사랑이라는 명분 아래 진정한 회복이 아니라, 어린 시절의 아픈 사연끼리 서로를 채우기에만 급급하다면 결혼 생활은 더 깊은 좌절로 이어질 수밖에 없지 않겠는가?

그래서 부부로서, 연인으로서 함께 살아가는 삶이 상처가 아니라 서로의 아픔을 보듬고 치유를 함께 감당해 나가는 축복이 될 수 있도록 함께 노력해야 한다. 그럴 때 비로소 사랑은 결핍을 채우는 도구가 아니라 서로의 상처 위에 피어나는 진정한 회복의 힘이 될 것이다.

그렇다. 부부란 서로의 아쉬운 사연을 함께 돌볼 준비가 되어 있어야 한다. 때로는 아이처럼 유치하게, 때로는 있는 그대로 솔직하게 드러내며 그 모습마저 껴안아 주고 서로 지켜 주는 관계여야 한다. 사랑은 완벽한 두 사람이 만나서 살아가는 것이 아니다. 오히려 불완전한 두 사람이 서로의 상처를 보듬으며 함께 자라나는 깊은 성장의 여정이다. 그 과정 속에서 부족함을 탓하기보다 서로를 이해하고, 결핍을 숨기기보다는 서로의 아픔을 나누며 살아가는 것이 중요하다. 그 길은 결코 혼자 감당해야 하는 외로운 길이 아니다. 가장 사랑하는 사람과 함께할 수 있다면, 그 여정은 한 사람의 회복을 넘어 두 사람의 삶 전체를 새롭게 바꾸는 은총이 될 것이다.

> 사랑이란 서로의 상처를 지워 주는 일이 아니다
> 그 상처를 함께 바라보고 함께 안아주는 용기를 나누는 것이다
> 그럴 때 비로소 결핍은 더 이상 부끄러운 흔적이 아니라
> 두 사람이 함께 성장하는 축복의 출발점이 된다

'아쉬운 사연'을 스스로 치유하기 위해서는 무엇보다 타인을 통해 채우려는 욕구를 내려놓고, 내 안에 비어 있는 마음의 방을 인

정하는 것이 중요하다. "나는 그 시절, 충분히 사랑받지 못했어." 이 진솔하고 용기 있는 고백이 바로 치유와 새로운 양육의 시작점이다. 때로는 이해받지 못한 유치한 반응, 때로는 설명되지 않는 감정의 기복조차도 사실은 상처받은 내면 아이의 울음임을 알아차려야 한다. 그러니 나의 아쉬운 사연을 직면하고, 그 아픈 사연을 조용히 끌어안겠다고 결심할 수 있다면 우리의 내면은 반드시 달라지게 된다. 더 이상 과거를 원망하지 않고, 그때의 나를 꾸짖기보다 항상 따뜻하게 위로할 수 있는 나 자신으로 한 걸음 더 성장하게 될 것이다. 바로 그때, 우리는 비로소 고백할 수 있을 것이다.

"결핍은 수치스러운 나의 불행이 아니라,"
"나를 성장으로 이끈 가장 놀라운 선물이었다."라고

이것이 바로 우리가 상처를 돌보아야 하는 이유이며, 그 과정이 단순한 치유를 넘어 성장으로 이어져야 하는 이유다. 치유란 내 안에 아픈 사연을 조금씩 성장시키는 양육의 과정이다. 그러기 위해서는 거창한 결심보다 오히려 일상 속에서 내 안에 자라지 못한 아이를 돌보듯 자신을 잘 챙기고, 먹이고, 충분히 쉬게 하며, 마음을 다정히 토닥여 주는 메시지를 매일 꾸준히 공급해 주어야 한다. 이러한 일상의 반복 속에서 천천히 자기 결핍을 넘어 성장과 회복을 향한 멋진 걸음을 내딛을 수 있게 된다.

　잊지 말아라. 내 안의 아쉬운 결핍은 결코 타인이 채워줄 수 없다는 것을. 그것은 오직 내가 나 자신에게 주는 사랑으로만 메울 수 있다는 것을. 다시 말해, 나 자신의 편이 되어주는 '일상 속 자기사랑'만이 결핍의 공간을 조금씩 따뜻하게 채울 수 있는 것이다.

나는 당신이 필요합니다

아프리카의 넓은 초원, 그늘진 곳에 조용히 살아가는 식물이 있다. 이름조차 낯선 '우추프라카치아'다. 물 한 모금, 햇빛 한 줄기만으로 생명을 유지하는 이 식물은 놀라운 생존력을 지닌 듯 보이지만, 실상은 정반대다. 외부의 손길을 단 한 번이라도 받으면, 그 손길이 꾸준히 지속되지 않는 한, 겨우 석 달도 채 지나지 않아 시들고 만다. 누군가가 가볍게 손을 대고 떠나버렸을 때, 그 짧은 접촉의 기억은 오히려 상처가 되어, 이 섬세한 식물의 생명을 서서히 끊어놓는다.

수십 년간 이 식물을 연구한 한 식물학자가 마침내 조심스럽게 결론을 내렸다. "우추프라카치아는 끊임없이 애정을 주지 않으면 죽어 버린다." 이토록 연약하고 섬세한 생명체가 실제로 존재한다는 사실도 놀랍지만, 더 놀라운 점은 이 식물이 우리 인간의 내면 구조와 놀라우리만치 닮아 있다는 것이다. 우리는 어쩌면 마음 깊은 곳에 작은 '우추프라카치아'를 품고 살아가는 존재인지 모른다. 누군가 다가와 내 마음을 쓰다듬어줄 때 비로소 살아 있는 듯한 느낌을 받고, 그 손길이 멈추는 순간 다시 허기와 불안이라는 애처로운 감정의 사막 위에 서 있는 것 같은 이 현실. 심리학에서는 이러한 마음 상태를 의존적 성향, 즉 '동반의존'이라고 부른다.

  인간은 사랑을 받고자 하는 갈망이 외면당할 때, 그 아픔이 단지 과거의 기억으로만 머무르지 않는다. 그 고통은 현재의 나를 흔드는 감정의 파동이 되어 일상 곳곳에 불안을 스며들게 하고, 결국 또 다른 상처를 반복하게 만드는 뿌리가 된다. 이것이 바로 내면 깊은 곳에 자리한 관계 중독의 본질이며, 애착 결핍이 만들어낸 외로운 감정의 그물망이다. 표면적으로는 '사랑'이라는 이름을 하고 있지만, 그 실체는 생존 본능에 훨씬 가까운, 참으로 가슴 아픈 심리 기제 중 하나다. 이들은 자주 말한다. "나는 당신이 필요해요. 당신이 있어야 내가 살아 있을 수 있어요." 그러나 이 말은 겉으로 드러난 간절함 이상의 의미를 담고 있다. 그것은 스스로 존재감을 느낄 수 없어 언제나 타인의 손길에 좌우되는 절박한 외침이며, 생존을 걸고 내미는 감정의 신호이다. 본질은 '당신을 사랑해서'가 아니라 '내가 살아남기 위해서' 선택했다는 것이다.

그래서 잊지 말아야 할 것은, 결핍이 만들어낸 애정은 너무나 뜨겁고 절절해서 오히려 사랑을 망친다는 사실이다. 관계는 점점 왜곡되고, 상대는 조정의 대상이 되며, 감정은 배려가 아닌 생존의 기제로 변질된다.

우리는 어쩌면 매일 사랑이라는 이름을 빌려 내 존재를 간신히 붙들고 있는 것인지도 모른다. 누군가의 손길 하나, 말 한마디가 때로는 생명을 연장해줄 만큼 따뜻하게 느껴질 때가 있다. 그 짧은 접촉이 하루의 버팀이 되고, 마음의 모서리를 잠시 둥글게 해주는 듯하지만, 그것은 결코 오래 지속되지 않는다. 언젠가 그 손길이 멈추고, 말이 끊기며, 따뜻한 눈빛조차 사라지는 순간이 찾아온다. 그리고 그때 남는 것은 언제나 여전히 흔들리고 있는 '나 자신'뿐이라는 사실이다.

그래서 우리는 '사랑'이라고 믿었던 나의 감정이 진정한 사랑인지, 아니면 내 마음을 버티기 위해 애처롭게 붙잡고 있는 몸부림인지 늘 스스로에게 질문해야 한다. 결핍에서 비롯된 애정은 상대를 향한 감정이 아니라, 상처 입은 자아가 스스로를 지키기 위한 마지막 생존 방식일 수 있음을 잊지 말아야 한다. 아무리 누군가가 정성을 다해 곁에 머물러 준다 해도, 그 사람은 나를 대신해 살아줄 수 없다. 그러므로 지나치게 기대지 말고, 언제나 삶의 중심을 타인에게 잠시도 넘겨주어서는 안 된다는 사실을 명심해야 한다.

누군가에게 기댄다는 것

누군가에게 기대고 의지하는 일이 왜 잘못일까? 인간은 본래 서로 기대고 나누며 살아가는 존재다. 따뜻한 말 한마디, 공감 어린 손길 하나가 누군가의 하루를 견디게 해주는 법이다. 의존은 인간관계에서 자연스러운 감정이며, 건강한 유대의 밑바탕이기도 하다. 그러나 이 의존이 균형을 잃고 집착으로 변하거나, 반대로 극단적인 거리 두기로 바뀔 때 그것은 고통이 된다. 어떤 날에는 상대를 향해 경탄하며 "이 사람은 정말 내 인생의 빛이야."라고 말하다가도, 작은 오해 하나에 곧바로 마음이 식어버린다. "이제는 절대 믿지 않을 거야. 내가 왜 저런 사람에게 기대었을까." 사랑과 증오가 한 호흡 안에서 교차하며 쉴 새 없이 흔들린다. 감정의 진폭이 크다는 것은 자아의 판단이 흐려졌다는 신호다. 이런 감정의 파도 속에 있는 사람들은 종종 일상적인 결정조차 쉽게 내리지 못하고, 타인의 판단을 기다리거나 그들의 반응에 과도하게 의존하는 경향이 있다.

자기 감정과 욕구의 중심축이 약해진 탓에 자신의 행복조차 타인의 평가에 맡기고 만다. 이러한 모든 흔들림은 사실 충분히 돌보지 못한 내면의 상처가 보내는 메아리다. 그것은 어쩌면 아주 오래전부터 마음속 어딘가에 숨어 있던 결핍이라는 아픈 사연이 현재의 나에게 보내는 구조 신호일지도 모른다.

애초에 우추프라카치아는 외부의 손길을 필요로 하지 않는 오직 자기 자신으로부터 오는 따뜻한 애정과 정성 어린 돌봄으로 살아가는 식물이 아니었을까. 오직 물 한 모금과 햇살 한 줌에도 감사할 줄 아는, 그저 조용히 살아가는 소박한 식물이 아니었을까

그렇다. 진정한 회복이란 누군가의 일회성 손길이 아니라, 매일 스스로에게 건네는 사랑이다. 그러니 오늘도 조용히 내 마음속 정원, 자라지 못한 나무에게 물을 주자. 아무도 오지 않아도, 아무도 알아주지 않아도 내가 나를 돌보겠다는 그 다짐 하나로 우리 살아가자. 아니, 살아야 한다. 그렇게 살겠다는 다짐이 언젠가 당신을 더 이상 흔들리지 않는, 뿌리 깊은 나무로 만들어 줄 것이다.

이제 스스로에게 물어보자.
"나는 왜 그토록 누군가에게 인정받고 싶었을까?"
"왜 나는 누군가의 손길이 없으면 나 자신을 증명할 수 없었을까?"

"나의 이 외로움의 뿌리는 도대체 어디에서 비롯되었는가?"

무심코 외면해왔던 나의 존재의 나무를 매일매일 애정 어린 손길로 쓰다듬고 물을 주자. 오늘도, 그리고 내일도 변함없이 그 곁을 지켜주자. 우리의 자아는 건강할수록 상처를 분리하고 돌볼 수 있는 힘도 함께 확장된다. 내면이 튼튼한 사람은 아픔을 곧이곧대로 삼키지 않고 한 걸음 물러서서 그것을 관찰할 수 있는 심리적 여백을 지닌다. 그러한 여백은 자아와 상처를 동일시하지 않게 해주며, 감정과 나 사이에 적절한 거리감을 허용한다. 이 거리감이 곧 치유의 공간이 된다. 고통은 여전히 존재하지만, 그것이 나의 전부가 되지 않도록 하는 힘. 그것이 바로 건강한 자아가 가진 치유의 힘이다.

우리는 상처를 없애는 것이 아니라, 상처와 함께 살아가는 법을 배워야 한다. 그러나 자아가 아직 미성숙하거나 충분히 다듬어지지 않았을 때, 상처는 자아의 고유한 영역을 침범하여 그 존재 자체를 흔들어 놓는다. 내 안에 제때 분리되지 못한 사연이 남아 있다면, 자아는 그것을 감당하지 못하고 타인을 통해 그 허기를 채우려 한다. 이때 사랑이라 착각하며 누군가에게 과도하게 집착하게 되는 것이다. 특히 역기능적인 환경에서 성장했거나 장기간 많은 상처에 노출되었던 이들은 무의식적으로 타인을 통해 자신을 증명하려는 강박을 품는다. 사랑받지 못한 기억과 인정받지 못한 과거가 누군가의 손길을 통해 회복되기를 바라는 간절함이 그 중심에 자리 잡고 있었다.

아무리 따뜻한 사랑을 받아도 그런 자아는 좀처럼 채워지지 않는다. 그것은 바닥이 뚫린 항아리와 같다. 아무리 애정을 쏟아부어도 마음은 늘 비어 있을 뿐이다. 결국 타인은 더 이상 사랑의 대상이 되지 못하고, 생존을 위한 수단으로서 통제와 지배의 대상으로 변질되고 만다. 배려는 요구로, 관심은 간섭으로 변하며, 간섭은 사랑이 아닌 결국 파국이라는 이름으로 변질되고 만다.

"사랑이 왜 이렇게 힘든 걸까요?
왜 사랑은 변하는 걸까요?"
그 대답은 간단명료하다.
"그것은 사랑이 아니었다."

그것은 애초부터 사랑이 아니라 결핍이 만들어낸 반응이었다. 외로움이 변형된 집착이었고, 내면의 허기를 채우지 못한 자아가 살기 위해 몸부림친 결과였다. 사랑이라는 이름 아래 펼쳐졌지만, 그 실체는 상처 입은 자아가 만들어낸 가슴 아픈 생존 전략이었다.

그렇다. 그 모든 왜곡된 욕망의 중심에는 자기 자신을 향한 간절한 구원의 신호가 숨어 있었다. 누군가를 어떻게든 붙잡고자 했던 그 마음 밑바닥에는 단 한 번이라도 자신을 따뜻하게 껴안고 싶어, 그렇게라도 살아남고자 했던 자아의 외침이 있었다. 그 외침을 들을 수 있는 사람만이 진정한 사랑을 시작할 수 있었던 것이다.

동반 의존

상처는 시간이 흐른다고 저절로 사라지지 않는다고 앞서 말했다. 오히려 더 깊숙이 숨어들어 현재의 관계 속에서 무의식적으로 고개를 들고 올라온다. 문제는 이 상태가 지속될 경우, 결국 내면의 진짜 자아는 침묵하고 '가면의 자아', 즉 거짓된 내가 삶의 전면에 나서게 된다는 점이다. 그 가면은 타인의 기대에 따라 만들어진 외형이며, 자기 본질을 보호하기 위한 생존 전략이기도 하다. 우리는 어느새 타인의 가면을 진실로 착각하고, 자신의 가면을 본질로 오인한 채 관계를 맺기 시작한다. 그렇게 시작된 관계는 결국 조정으로 이어지고, 조정은 필연적으로 경멸을 불러일으키며, 그 끝은 언제나 애증과 이별의 그림자를 드리운다. 슬프게도 우리가 애써 부여잡고 있는 상대는 진짜 문제가 아닐 수 있다. 결국 우리가 이별해야 할 대상은 타인이 아니라 내 안에 숨어 있는 그 거짓 자아일지도 모른다.

이러한 동반의존에 빠진 사람들은 시간이 지날수록 자신이 누구인지조차 혼란스러워진다. "내가 무서워요.", "나는 가족을 위해 이렇게까지 헌신하며 살아왔는데, 왜 이렇게 억울한 걸까요?"라는 말이 입버릇처럼 흘러나온다. 무언가를 찾고자 종교에 의지해보기도 하고, 산에 오르거나 새로운 것을 배우며 위안을 얻으려 하지만, 이상하리만치 마음은 계속 공허하고 외로움은 점점 더 깊어져 간다.

동반의존은 스스로가 무가치하다는 믿음에서 시작된다. 자기 존재의 가치를 인정하지 못하는 사람은 다른 사람의 인정과 반응을 통해서만 안도감을 얻는다. 그래서 끊임없이 도와주고, 맞춰주고, 채워주려 한다. 겉으로는 배려와 헌신처럼 보이지만, 실은 버림받을까 두려운 마음이 만들어낸 감정의 패턴이다. 이들은 타인의 문제를 자신의 문제처럼 끌어안고 감정을 대신 책임지려 한다. 상대가 힘들면 내가 더 불편해지고, 상대가 괴로우면 내가 무너진다. 그래서 상대를 '돕는 척' 하면서 통제하고, '사랑하는 척' 하면서 의존한다. 관계 안에서 자아는 점점 흐려지고, 사랑은 사라진 채 불안과 희생만이 남는다. "나는 왜 사랑 속에서 점점 작아지는가?"

누군가를 사랑하는 일이 나를 갉아먹는 것처럼 느껴질 때, 그 관계 안에서 기쁨보다 불안이 더 크고, 사랑받고 있음에도 끊임없이 확인받고 싶으며, 그가 떠날까 두려워 나 자신을 억누르며 맞춰주고 있다면, 그것은 '사랑'이 아니라 '동반 의존'일 가능성이 크다.

동반 의존 치유의 다섯 가지 길

　첫 번째, 치유란 '경계'를 회복하는 일이다.
동반의존에서 벗어나기 위한 첫걸음은 무너진 '경계'를 다시 세우는 일이다. 누군가의 아픔에 공감하되 그 감정에 휩쓸리지 않고, 상대의 기분을 이해하되 내 감정의 중심을 잃지 않는 것. 사랑하되 자기 자신을 버리지 않는 것. 이것이 건강한 감정의 경계다. 경계는 타인을 밀어내는 벽이 아니라, 나를 지키는 울타리이며 동시에 나를 나로 살게 하는 내면의 선이다. 이 경계를 회복하는 것은 결국 내 자아의 뿌리를 다시 내리는 작업이기도 하다. "나는 있는 그대로 존엄한 존재다." 이 단순하면서도 위대한 선언을 내면 깊이 새기며, 타인의 반응에 흔들리지 않고 내 존재를 인정해주는 자기애의 연습이 시작되어야 한다.

　두 번째, 우리는 더 이상 누구의 그림자도 아니다.
동반 의존은 종종 '사랑'이라는 이름으로 위장된다. 그러나 사랑은 서로를 자유롭게 하는 반면, 의존은 서로를 붙잡아 가둔다. 진정한 사랑은 "네가 없어도 나는 나일 수 있어."라고 말할 수 있을 때 비로소 시작된다. 나는 더 이상 누군가의 감정에 기대어 나의 존재를 증명하지 않는다. 나는 내 삶의 주인이자, 나의 감정을 돌보는 유일한 보호자다. 이제 더 이상 누구의 그림자가 되지 않기로 하자. 그림자에서 벗어나 햇빛 속으로 걸어 나오는 순간, 우리는 진정한 사랑을 시작할 자격을 갖추게 된다. 그리고 그 사랑은 타인에게 주기 전에 먼저 나 자신에게 건네야 할 가장 따뜻한 선물이다.

세 번째, '반드시 도와야 한다'는 믿음을 내려놓기
동반의존에 빠진 사람들은 종종 '도와야만 한다'는 신념을 갖는다. 그러나 진정한 돌봄이란 타인의 삶을 대신 살아주는 것이 아니라, 그가 자신의 삶을 살아갈 수 있도록 곁에서 지지해주는 것이다. 타인을 지나치게 보호하려는 마음은 결국 상대의 자율성을 빼앗고, 자신의 감정과 삶까지도 소진시킨다. "나는 그 사람 없이도 살 수 있어야 하며, 그 사람도 나 없이 살아갈 수 있어야 한다." 이러한 자립의 태도를 가질 때, 우리는 상대를 통제하거나 구원하려는 마음 대신 존재 그 자체를 존중하는 관계를 만들어갈 수 있다.

네 번째, 상처받은 감정을 돌보는 연습
동반의존은 대부분 오래된 상처와 외로움에서 비롯된다. 버려질까 두렵고, 외면당할까 불안한 마음은 결국 타인에게 과도한 의미를 부여하게 만든다. 그러므로 무엇보다 먼저 해야 할 일은 그 상처를 곁에 두는 것이다. 억누르고 외면했던 감정들을 조용히 바라보며, 내 안의 아픈 아이와 눈을 마주쳐야 한다. "나는 나의 외로움을 이해한다. 나는 나의 두려움을 품을 수 있다." 이러한 연습을 통해 우리는 타인을 통해 감정을 해소하려는 습관에서 벗어나, 내 감정을 나 자신이 책임지는 성숙한 자아로 성장할 수 있다.

다섯 번째, 삶의 중심을 '나'로 되돌리기

동반의존은 타인의 존재를 삶의 중심에 두는 습관이다. 그러나 진정한 회복은 삶의 무게 중심을 다시 '나'에게 되돌리는 데서 시작된다. 내가 무엇을 좋아하는지, 무엇을 원하고 두려워하는지 스스로에게 묻고, 그 대답에 귀 기울이는 일. 나를 돌보는 하루, 나만을 위한 시간, 나와의 대화가 쌓일수록 우리는 비로소 자기 존재의 중심을 되찾는다. 삶의 중심이 나에게로 돌아올 때, 우리는 비로소 자유로워진다. 더 이상 기대지 않아도 되고, 구걸하지 않아도 된다. 나의 존재를 내가 책임질 수 있다는 믿음이 우리를 진정한 어른으로 이끈다.

중독

생텍쥐페리의 『어린 왕자』에 나오는 세 번째 별에 살던 술고래는 부끄러움을 잊기 위해 술을 마셨다. 그러나 그 부끄러움은 결코 사라지지 않았다. 그는 술을 마시는 이유를 묻는 질문에 "부끄러움을 잊기 위해"라는 대답만을 반복했다. 중독이란 이와 같다. 자신의 감정을 직면하지 못한 채, 어떤 대상에 의존하며 발을 딛기 시작한다. 그리고 그 시작은 언제나 같다. 공허함, 허전함, 말없이 스며드는 외로움. 그래서 모든 중독은 아주 작고 흐릿한 정서적 구멍에서 싹트다가, 나중에는 저항할 수 없는 습관으로 자리 잡는다. 그 구멍은 말로 표현하지 못한 마음, 끝내 이해받지 못한 감정, 외면당한 존재감에서 비롯된다. 결국 그것은 침묵의 결핍이다. 이 결핍이 오래 지속될수록 마음은 스스로를 메우기 위해 외부의 무언가를 찾게 된다. 그것이 술이든, 약물이든, 일이나 관계든 대상만 다를 뿐 본질은 같다. 중독은 단순한 '나쁜 습관'이 아니라, 마음이 스스로를 지탱하기 위해 만든 대체 구조물이다.

캐나다 심리학자 브루스 알렉산더의 '쥐공원 실험'은 이 사실을 강력하게 입증한다. 철장 속에 홀로 갇힌 쥐는 코카인이 든 물을 집착적으로 마시다 결국 죽음을 맞았다. 그러나 자유롭게 놀고, 짝짓고, 다른 쥐들과 소통할 수 있는 환경에 놓인 쥐들은 코카인에 거의 관심을 보이지 않았다. 약물이 아니라 환경이 중독의 촉발 요인이었던 것이다. 이 실험 결과는 전쟁터에서도 반복되었다. 베트남전에 참전했던 많은 병사들이 전쟁 중 약물에 중독되었지만, 전쟁이 끝나고 따뜻한 가정과 공동체로 돌아가자 대부분 약물 사용을 중단했다. 환경이 바뀌자 중독도 사라진 것이다. 이 모든 사례가 말해주듯, 중독은 나약함이나 의지 부족의 문제가 아니다. 그것은 철저한 '소외'와 '단절'에서 비롯된 심리적 병이다.

중독을 치료하기 위해서는 먼저 그 사람을 다시 관계의 세계, 즉 살아 있는 연결망 속으로 되돌려놓아야 한다. 따라서 중독은 개인의 문제가 아니라 그를 둘러싼 삶의 구조가 만들어낸 그림자라고 할 수 있다. 하지만 우리는 중독자를 흔히 무능하거나 파렴치한 사람으로 여긴다. 고의적으로 망가진 사람, 가족을 망친 사람, 책임을 회피한 사람이라 단정 짓는다. 그러나 중독의 본질은 언제나 처절한 외로움의 표류에서 시작되며, 영국의 저널리스트 요한 하리가 말했듯 중독은 약물이나 정신의 나약함이 아니라 '소외의 병'이다.

이 시대의 중독은 더 이상 약물이나 도박에 국한되지 않는다. 말하지 않는 것, 감정을 억누르는 것, 대화 없는 침묵, 그리고 '내가 이겨내야 한다'는 왜곡된 책임감이 만들어낸 정서적 중독이다. 이것이야말로 더 은밀하고 더 위험한 중독의 얼굴이다. 이 정서적 중독은 스스로를 향해 참호처럼 벽을 세우고, 깊고 질긴 수치심의 덫에 빠져 결국 가족 전체를 역기능이라는 하나의 덩어리로 얽어매 버린다. 인간으로 태어나 사랑하는 이들과 시간을 나누며 황혼의 하루를 따뜻하게 마무리하는 것이 가장 아름다운 꿈이라면, 중독은 그 꿈을 스스로 가둬버린 철창과 같다. 평생 정서적 고립 속에 자신을 가두고, 가족마저도 동반 중독으로 몰아넣는 무서운 구조이다.

그렇다면 이들의 치유는 어디서부터 시작될까? 나는 두 가지를 말하고 싶다. 첫 번째는 상처를 분리해내는 '사연 치유'이고, 두 번째는 얽히고설킨 관계의 매듭을 하나씩 풀어가는 '관계 회복'이다. 관계 회복이야말로 중독을 예방하는 가장 강력한 지지대다. 오래된 가족이나 소원해진 지인들과의 관계 속에서 우리가 미처 풀지 못한 감정의 실타래를 끄집어내 마주하고 회복하는 것이 중독의 본질적 치유이다.

우리는 지금 외로움과의 처절한 싸움 한가운데에 서 있다. 서로의 눈을 피하고 마음을 닫으며, 점점 관계가 사라져 가는 시대다. 이 시대를 바라볼 때마다 가슴이 너무 아프다. 부디 이 글을 읽는 당신만큼은 그 덫에 빠지지 않기를 간절히 바란다. 앞으로 우리가 마주할 시대는 어쩌면 타인에 의해 소외되는 시대가 아니라, 스스로 자신을 소외시키는 시대가 될 것이다. 잊지 말라!

중독으로 이어지는 지름길은
언제나 소외와 고립,
그리고 무너진 관계임을….

내 마음을 흔드는 세 가지 독

한 미국의 심리학 연구소에서 흥미롭고도 충격적인 연구 결과를 발표한 적이 있다. 아홉 살 이전에 부모로부터 두려움과 공포를 경험한 아이들이 40년이 지난 뒤 성인병에 걸릴 확률이 현저히 높다는 것이다. 더 놀라운 사실은, 그 어린 시절의 공포가 사형수가 사형을 앞두고 느끼는 극한의 두려움과 매우 유사한 뇌파 및 생리적 반응을 보였다는 점이었다.

이는 곧 어린아이가 겪은 심리적 충격이 세월을 넘어 우리 몸의 세포 깊숙이 한 치의 망설임 없이 각인된다는 사실을 의미한다. 마치 지워지지 않는 문신처럼, 그 경험은 신체와 정신의 깊은 곳에 새겨져 남는다.

자연지리학에는 나무의 나이테를 통해 과거의 기후와 사건을 추정하는 '연륜편년학'이라는 분야가 있다. 나무의 원판을 잘라 단면을 들여다보면, 나이테의 결 하나하나에 가뭄, 화재, 병충해의 흔적이 고스란히 남아 있다. 흥미롭게도 사람의 마음에도 나이테와 닮은 고리가 있다. 나는 그것을 '생존 라인'이라 부른다. 태내기에서 유년기, 청소년기를 거쳐 성인기에 이르기까지 자아는 해마다 자신만의 생존 고리를 만들며 성장해 간다.

그러나 상처는 그 고리를 일그러뜨린다. 어떤 해에는 깊은 균열을 만들고, 또 어떤 해에는 고리 자체를 끊어버린다. 그 휘어진 선이 아무런 손질 없이 굳어버리면, 우리는 평생 어딘가 불안정한 내면의 흔들림 속에서 살아가게 된다. 표면적으로는 멀쩡해 보여도, 마음의 나이테는 왜곡된 곡선을 간직한 채 지금 이 순간에도 조용히 저항하고 있는 것이다.

그래서 마음의 치유란 단순한 위로나 감정의 배출에 그치지 않는다. 그것은 휘어진 생존의 줄기를 다시 펴는 고된 내적 노동이며, 동시에 가장 숭고한 회복의 예술이다. 꺾인 고리를 다시 이어 붙이고, 멈춰 있던 시간을 다시 흐르게 하는 이 섬세한 복원의 여정은 곧 나를 구원하는 길이자 '진짜 나'를 다시 살아나게 하는 시간이다.

우리 안에 깊이 박힌 많은 상처는 대부분 '원가족'에서 비롯된다. 그중에서도 부모에게 받은 성서적 상처는 내면 깊숙이 뿌리내려 시간이 흐를수록 더욱 단단한 벽이 되어버린다. 우리가 지금 느끼는 혼란과 고통은 바로 그 벽에서 흘러나온 메아리일 수 있다. 그래서 상처는 결코 시간이 지나면 저절로 사라지는 것이 아니다. 마치 내 안에 응고된 고름처럼, 세월이 흘러도 살이 되지 못하고 염증만 일으킨다. 지금 아프더라도 반드시 주사기를 넣어 고름을 뽑아내야 한다. 아프지만 그 기억 속으로 다시 들어가 외면했던 감정을 직면하고 조심스럽게 꺼내주어야만 상처가 사라진다. 기억은 희미해졌지만 고통은 여전히 현재 진행형인 사람들. 이유를 알 수 없는 불안에 시달리고 집중하기 어려우며, 삶을 온전히 누리지 못한 채 무기력과 공허 속에서 흔들리는 사람들. 관계 속에서도 쉽게 지치고, 웃고 싶어도 웃지 못하며, 울고 싶어도 울 수 없는 그들. 이들은 모두 겉으로는 잘 지내는 듯 보이지만, 내면에는 상처가 여전히 살아 숨 쉬어 자신을 힘들게 하고 끊임없이 의심하며 존재 전체까지 왜곡시키며 살아간다.

그래서 상처는 단순한 감정의 문제가 아니라, 결국 마음의 독처럼 과거와 현재, 그리고 아직 오지 않은 미래까지 장악하게 된다. 아픈 감정은 시공간을 넘어 우리의 내면을 파고들어 친밀감, 사랑, 기쁨을 무디게 만들며, 결국 나 자신으로부터 멀어지게 한다. 이것은 상처로 인해 발생한 독이다.

상실의 독 — 사라졌지만 여전히 존재하는 것들에 대하여

우리의 자아는 본능적으로 내면의 갈증을 해소하려 애쓴다. 이는 어린 시절의 결핍을 메우기 위한 원초적인 생존 방식이기도 하다. 결핍은 대개 상실이라는 아픈 구멍을 통해 형성된다. 어릴 적, 애착으로 단단히 연결된 대상이 아무런 예고 없이 눈앞에서 사라질 때, 마음은 깊은 심연 속으로 추락한다. 그 심연은 곧 상실감으로 번지고, 상실감은 서서히 마음속을 흐르는 독이 된다. 상실의 독은 그렇게 태동한다.

예상치 못한 이별과 통제할 수 없는 부재 앞에서 우리는 절망이라는 진흙에 발이 빠지고, 슬픔이라는 어둠 속에서 길을 잃는다. 그때 자아는 끊임없이 과거로 돌아가기를 원하며, 다시는 붙잡을 수 없는 순간을 붙잡으려 애쓰고, 이미 지나간 시간을 되돌리길 바라는 '후회'라는 이름의 상처를 가슴에 남긴다. 이것이 바로 상실의 상처다. 상실이란 단순히 누군가를 잃는 사건이 아니다. 그것은 내가 사랑했던 무언가, 나의 일부처럼 여겼던 존재와의 비자발적인 분리이다. 부모의 갑작스러운 죽음, 사고, 배신, 실연, 해고, 파산…

준비되지 않은 직별은 상실 그 자체보다도 남겨진 자의 마음속에 '애도할 수 없음'이라는 더 깊은 고통을 남긴다. 상처는 바로 이 지점에서 고름이 되어 스며들기 시작한다.

예고 없이 폭풍처럼 들이닥쳐 우리의 내면을 마비시키고 슬픈 정서로 온 마음을 지배해 버린다. 분노에서 외로움으로, 불안에서 두려움으로, 죄책감에서 수치심으로 이어지는 상한 감정이 끊임없이 반복 순환한다. 이것이 바로 상실의 독이 지닌 무서운 본성이다. 자아를 과거에 붙잡아 두고 현재의 나를 무력화시키며, 미래의 가능성마저 서서히 갉아먹는 무서운 독으로 변해 버린다. 그러므로 이 독을 제거하려면 먼저 상실의 경험을 인정하고, 기억이 떠오를 때마다 밀어내지 말고 두려워하지 않으며 조금씩 용기를 내어 마주하겠다는 마음가짐을 가져야 한다. 대부분의 상실은 그 시기에 아픈 상처를 품고 자라지 못한 내면아이로 존재하는 경우가 많으므로, 그 아이에게 말을 건네는 법, 돌보는 법, 독립하는 법을 통해 하나하나 상실의 상처를 분리해 나가야 한다. 이 내면아이 치유에 관해서는 마지막 장인 '치유론'에 자세히 나와 있으니 참고하기 바란다.

불만족의 독 — 비교라는 그림자가 마음을 지배할 때

상실에서 시작된 독은 결국 현재의 삶까지 지배하게 된다. 가장 강력한 도구인 '비교'를 통해 과거가 아닌 '지금 이 순간'의 삶을 흔들어 놓는다. "이게 다야?", "왜 이 모양이야?", "내 인생은 왜 이 정도밖에 안 되는 걸까?" 끊임없이 내 안에서 울려 퍼지는 회의적인 속삭임들. 상실의 독이 '되돌릴 수 없는 후회'를 퍼뜨린다면, 불만족의 독은 '채워지지 않는 기대'를 끝없이 부풀린다. 결국 현실의 삶을 초라하게 만들어 버리는 것이다. 사람이 느끼는 만족감과 행복은 언제나 상대적이고 주관적이다. 그래서 대부분 비교를 통해 타인보다 내가 조금 더 낫다고 느낄 때 비로소 안도의 숨을 쉰다. 그러나 이것은 오래가지 못하는 행복이다. 비교는 언제나 새로운 기준을 세우고, 지금 가진 것을 '충분하지 않다'는 틀 안에 가두는 속성이 있기 때문이다.

행동경제학은 우리에게 흥미로운 진실을 알려준다. 올림픽 시상대에서 은메달리스트보다 동메달리스트가 더 기뻐한다는 사실이다. 금메달을 놓친 은메달리스트의 아쉬움보다 간신히 메달을 획득한 동메달리스트의 기쁨이 더 크다는 것이다. 이것이 바로 '피크-엔드 효과(Peak-End Effect)'다. 인간은 경험의 마지막 순간이 좋으면 만족감이 훨씬 더 커진다는 현상이다.

현대 사회기 이떻게 해서 비교 문화가 뇌었을까? 우리는 삶을 온전히 살아내기보다는 끊임없이 타인의 삶과 경쟁하며 살아가는 것은 아닐까? SNS 속 누군가의 멋진 일상, 타인의 자녀 성적, 누군가의 승진 소식, 여행 사진, 브랜드 가방… 이 모든 것이 점점 내 삶을 움츠러들게 만든다. 더 많이 갖고, 더 높이 올라가고, 더 인정받지 못하면 실패한 것 같다는 느낌. 그것이 바로 불만족이다. 이 불만족의 독이 무서운 점은 자아를 스스로 괴롭힌다는 것이다. 곧 자학의 문을 열고, 현실에 대한 끊임없는 조정 욕구와 통제 욕구를 통해 내면의 불신을 만들어낸다. 그 결과 기대는 부풀고 현실은 작아지며, 삶은 늘 결핍으로 가득 차게 된다. 내 삶이 부족해서가 아니라, 내가 만든 '기대의 그림자' 때문이다.

그러므로 우리는 스스로에게 물어야 한다. "나는 누구와, 무엇과 비교하며 내 삶을 평가하고 있는가?" 끊임없이 질문해야 한다. 기대라는 바람으로 가득 찬 내 자아를 직면하고 두드리며, 계속해서 물어야 한다. 그래야 불만족이 서서히 만족으로 바뀌게 된다.

만족은 더 많이 가지려는 마음보다 지금 이 순간을 충분히 음미하려는 태도에서 시작된다는 사실을 한시도 잊어서는 안 된다.

기대라는 뿌리

우리를 지치게 하는 진짜 독은 '기대'라는 뿌리에서 비롯된다. 현실에 대한 지속적인 불만족 역시 이 뿌리에서 나온다. 우리는 자주 무언가를 더 얻어야만 만족할 수 있다는 착각 속에서 살아가며, 그로 인해 몸과 마음에 늘 긴장이 감돈다. 마치 보이지 않는 끈이 온몸을 감싸고 있는 듯, 살아 있는 매 순간마다 힘이 잔뜩 들어가 있다.

골프를 배우는 사람들이 가장 먼저 듣는 말이 있다. "어깨에 힘을 빼세요." 멋지게 공을 날리고 싶은 마음에 힘을 주어 휘두르면, 공은 오히려 땅을 기며 굴러버리기 일쑤다. 더 멀리 보내려면 더 강하게 쳐야 할 것 같지만, 결과는 정반대다. 중요한 것은 힘이 아니라 리듬, 기술, 그리고 이완이다. 플루트를 불거나 피아노를 연주할 때도 마찬가지다. 손끝에 힘이 들어가면 소리는 엉키고, 멜로디는 길을 잃는다. 심지어 역도조차도 '힘'이 아니라 몸의 균형과 요령으로 들어 올리는 예술이다. 삶도 이와 다르지 않다. 기대감으로 굳어진 마음은 아무것도 이룰 수 없게 만든다. 기대는 곧 힘이며, 그 힘은 자아를 경직시킨다. 더 나은 삶, 더 좋은 결과, 더 높은 자리, 더 완벽한 나를 향한 끊임없는 갈망은 오히려 삶의 진정한 아름다움을 멀리 밀어낸다. 그 결과, 현실은 언제나 부족하고 불만족스러운 모습으로 우리 앞에 시게 된다.

　이처럼 불만족이라는 독에 물든 자아는 결국 통제하려 든다. 세상을 바꾸고 싶어 하고, 사람을 바꾸고 싶어 하며, 무엇보다 자신마저도 고쳐야 할 대상으로 여긴다. 멀쩡한 외모를 끊임없이 손질하고, 배움은 성장이 아닌 과시로 변질되며, 지식은 내면을 풍요롭게 하기보다 타인 앞에서의 증명 수단으로 소비된다.

　그렇다. 문제는 배우는 것이 아니다. 문제는 무엇을 채우기 위해 배우는가에 있다. 상실의 독이 품은 결핍 위에 덧씌운 기대의 지식은 결국 내면의 빈자리를 메우지 못한 채, 외적 자아만을 장식하는 악세사리에 불과하다. 우리는 멈춰야 한다. 만약 이러한 삶을 내가 살고 있다면, 내면 깊이 박힌 기대의 뿌리를 들여다봐야 한다. 내가 진정 원하는 것은 무엇인지, 그리고 내가 살아가고 싶은 삶의 모습은 어떤 빛깔을 띠는지 조용히 묻고 또 물어야 한다.

　　　삶은 힘주어 움켜쥐며 사는 것이 아니라,
　　　유연하고 자연스럽게 내면의 힘을 풀고
　　　진실하게 나와 마주하는 태도가 중요하다.

결국 우리는 '힘을 빼는 법'을 배워야 한다. 이것이 불만족의 독에서 벗어나는 가장 근본적인 길이다. 너무 많은 사람들이 자기도 모르게 힘을 주며 살아간다. 몸에, 말에, 글에, 심지어 눈빛에도. 그것은 용기나 진실함에서 나오는 힘이 아니다. 쓸데없는 자존심과 억눌린 욕망, 그리고 아무도 알아주지 않는 노력에 대한 억울함이 만들어낸 굳은 기운이다. 마치 단단히 주먹을 쥔 채 살아가는 것처럼, 뻣뻣하게 굳은 자아는 늘 세상과 충돌하고, 관계 속에서 불협화음을 일으킨다.

스스로의 몫을 당당히 누리기보다는 상대의 허점을 물끄러미 훔쳐보다가 결국 뒤에서 비난하는 비겁한 전략으로 생존을 도모한다. 이 모든 뒤틀림은 바로 그 안에 웅크리고 있는 불만족이라는 독 때문이다.

이 독은 이제 우리의 일상과 사회 깊숙이 스며들었다. 한 연구 자료에 따르면, 가정폭력의 주요 원인은 '현실에 대한 깊은 불만'으로 꼽혔다. 가장 가까워야 할 가족을 향해 날카로워지는 감정의 칼끝은 사실 세상에 대한 무력감과 기대의 좌절에서 비롯된 것이다. 마치 부푼 풍선처럼, 피리 하나 물고 꽥꽥대는 이 괴이한 분노. 진짜 필요한 것은 소리 지르는 것이 아니라, 그 풍선에서 조금씩 바람을 빼는 일이다. 힘을 빼는 것, 그것이야말로 우리가 다시 사람다워질 수 있는 유일한 통로이다.

자동차로 사막을 횡단하는 이들의 이야기가 있다. 끝없이 펼쳐진 모래 언덕 속에서 방향을 잃고 헤매는 지역을 프랑스어로 '페슈페슈(Feche-Feche)'라 한다. 바람에 날린 모래가 도로를 덮어 길을 알 수 없게 만들고, 타이어는 자꾸만 미끄러져 모래에 빠진다. 그러나 놀랍게도 이 페슈페슈 사막을 탈출하는 방법은 의외로 간단하다. 타이어의 공기를 빼는 것이다. 바람을 조금씩 빼면 바퀴의 접촉면이 넓어지고, 높이도 낮아져 빠져나올 수 있다.

기대와 통제, 비교와 집착으로 팽창한 우리 마음도 마찬가지다. 그 바람을 조금만 덜어내도 우리는 충분히 이 고통의 사막에서 벗어날 수 있을 것이다.

'불만족의 독'은 인간을 인간답지 못하게 만드는 가장 집요한 독성이다. 그러나 그 독도, 힘을 잃은 자아 앞에서는 그저 물러설 수밖에 없다. 이제는 꽉 쥔 주먹을 펴 보자. 기대의 무게를 내려놓고, 삶을 감싸는 부드러운 리듬 속으로 발걸음을 옮기자. 그곳에야말로 진정한 나의 쉼이 기다리고 있지 않겠는가?

불안의 독 — 오지 않은 내일에 갇힌 오늘의 자아

상실에서 시작된 독은 결국 불안의 독으로까지 퍼져 나간다. 이 불안은 자아를 허상과 실상의 갈림길로 이끄는 주범이다. 이 독이 마음속에 뿌리내리면 삶은 쉽게 무너지는 모래성처럼 흔들리고, 존재는 단단한 땅을 잃은 채 허공을 떠돈다. 무엇보다 이 불안이 만들어내는 가장 비극적인 참상은 '공상'이다. 아직 일어나지 않은 미래의 그림자가 마치 당장 현실이 될 것처럼 나의 자아를 압도한다. 머릿속을 떠도는 말들, "어떡하지, 큰일이야. 이제 끝났어. 도대체 넌 뭐 하는 거야." 그것은 미래의 가능성이라기보다는 내면에 켜켜이 쌓인 불안의 쓰레기 더미다. 그 쓰레기의 80%는 염려이며, 그 염려는 거의 모두 허상이다.

이 불안의 뿌리는 더 오래된 기억, 즉 유아기의 애착 속에 숨겨져 있다. 그것은 버려졌다는 감각이 터져 나오는 절규다. 부모의 따뜻한 반응과 적절한 양육은 단순히 기저귀를 갈아주는 행위를 넘어, 아이의 불안을 감싸고 다독이는 가장 중요한 치유적 접촉이 된다. 그러나 그 시절의 안정된 애착이 박탈되고 불안이 치유되지 않은 채 어른이 되면, 마음은 스스로를 오지도 않은 미래로 유배 보내버린다.

오늘을 온전히 살지 못한 자아는 늘 '내일 벌어질지도 모를 일'을 먼저 상상하며, 일어나지도 않은 사건에 대비하느라 지쳐버린다. 아직 열리지도 않은 문 앞에서 한참을 떨고, 울리지도 않은 종소리에 심장을 조이며 산다. 그렇게 자아는 언제나 현재를 비껴가며, 미래라는 불확실한 환상 속을 끝없이 맴돈다.

잊지 마라. 진실은 'Here and Now', 즉 지금 여기, 바로 이 순간에만 깃들 수 있음을. 과거의 절망도, 미래의 걱정도 결코 나를 구원하지 못하며, 오직 지금 이 순간, 나와 함께 머무는 이 자리에만 치유의 빛이 스며든다는 것을 잊지 말자. 불안의 독에서 벗어난다는 것은 결국 삶의 리듬을 지금 이 순간에 맞추는 일이다. 진정한 나의 존재가 지금 이 순간에 숨 쉬고 있어야 그 숨결이 결국 내 자아를 다시 살아 있게 하는 것이다.

여기 그리고 지금.

우리는 매일 스스로에게 질문하고 점검해야 한다. 지금 이 순간, 내 자아는 어디에 머무르고 있는가? 혹시 오지도 않은 미래의 허상에 집착하고 있는 것은 아닌가? 혹은 이미 지나가버린 과거의 후회와 절망 속을 여전히 헤매고 있지는 않은가?

우리의 자아가 지금 이 순간, 이곳을 벗어나 살아가기 시작하는 순간부터 삶은 왜곡된다. 감정은 균열되고, 관계는 조용히 무너져 내린다는 사실을 잊지 말자.

치유는 멀리 있는 것이 아니다.
내 안의 아이를 다시 만나는 것에서 시작된다.
"아가야, 너는 왜 거기에 있니?"

이 한 가지 질문으로 치유의 문이 열린다. 그리고 과거 어느 시점, 외롭고 아팠던 그 시절에 멈춰 선 내 안의 자아가 말할 것이다.

"나는 여기서 길을 잃었어."
"나는 내가 버려진 줄 알았어. 그래서 여기에 남아 있었어."

만약 우리가 상실의 독으로 과거를 붙잡고, 불만족의 독으로 현재를 조율하며, 불안의 독으로 내 자아를 미래로 유배 보냈다면, 나의 삶은 하루하루 고통과 불안, 불만족이라는 축 위에서 흔들릴 것이다. 그 고통은 후회의 그늘로, 비교의 그림자로, 공상의 안개로 점점 확장될 것이다. 그러니 이제는 결코 당신의 자아를 오지 않을 미래에 맡기지도 말고, 절망적인 과거에도 머무르게 하지 마라.

지금, 여기, 바로 이 순간과 함께 살아가자.
그곳에만 회복의 숨결이 있다.
그곳에만 사랑의 손길이 있다.
그곳에야말로 진정한 나의 집이 있다.

아픈 사연의 치유

아픈 사연은 시간이 흐른다고 저절로 희미해지지 않는다. 오히려 돌보지 않은 감정은 마음 깊은 곳에 쌓여, 때로는 더욱 예리한 고통으로 되돌아온다. 상처는 부메랑과 같아서 외면할수록 더 강하게 되돌아오는 법이다. 그래서 아픈 기억은 회피할 것이 아니라 마주하고 '나의 찬란한 역사'로 껴안으려는 태도가 매우 중요하다. 우리가 애써 감추고 외면했던 감정의 파편들을 정면으로 바라보려는 자세를 먼저 갖추어야 한다.

치유란 단순히 겉으로 드러난 아픔을 덮어버리는 것이 아니다. 오히려 과거 속으로 천천히 내려가 깊이 묻혀 있던 아픈 사연을 찾아내어 하나하나 품어 주어야 한다. 마치 단단했던 방어벽에 작은 문을 내고, 그 문을 통과해 다시 세상과 빛으로 연결되는 것과 같다. 그래서 힘들지만, 하나하나 아픈 사연을 마주하고 이해하는 과정이 내 삶을 회복하는 첫걸음이며, 내가 깨어나는 일이다.

많은 사람들이 마음의 고통을 호소하면서도 그 원인을 찾지 못한다. 그 이유는 바로 그 고통의 뿌리를 외부에서만 찾기 때문이다. 고통은 외부에서 비롯된 것처럼 보이지만, 언제나 시작점은 내부에 있다. 따라서 치유를 원한다면 반드시 외부에 시선을 멈추고 자신의 내면을 들여다봐야 한다. 내 안에 아픈 사연이 어떤 상처로 자리 잡고 있는지, 그 상처들이 어떤 과정을 거쳐 지금의 현실에 투영되어 내 삶을 흔들고 있는지 하나하나 살펴보고 마주해야 한다. 많은 사람들이 마음에 상처를 품고 어찌할 바를 몰라 살아가고 있다. 자신을 어둡고 부정적인 이야기의 틀 안에 가두며 말이다.

사실 대부분의 아픈 기억은 일정한 틀에 갇혀 있다. '내가 무능해서, 내가 사랑받을 자격이 없어서, 운이 나빠서…'와 같은 단정적인 해석들이 그 자리를 차지하며, 오랜 세월 스스로를 고통의 가해자로 만들어 놓고 살아왔다. 하지만 어느 순간부터라도 내 안의 상처를 자세히 들여다보고 '나의 찬란한 역사'로 껴안으려는 마음가짐과 그 상처를 새롭게 해석하려는 결심을 한다면, 상황은 완전히 달라진다.

그렇다. 중요한 것은 해석이다.

우리는 누구도 인생의 아픈 서사를 완전히 지울 수 없다. 그러나 그 사연을 어떤 이야기로, 어떤 구조로 내 안에 새겨 넣을지는 온전히 나에게 달려 있다. 상처를 삶의 결함으로만 해석하는 순간, 우리는 성장할 기회마저 잃게 된다. 하지만 그 아픔에 담긴 그림자를 새로운 시선으로 해석하고 재구조화하려 노력한다면, 내 안의 상처는 더 이상 부끄러운 흔적이 아니라 나 자신을 길러내는 성장의 자원이 된다. 결국, 그것이 성장하는 삶으로 이끈다. 고통을 단순히 피해의 기억으로만 머무르게 하지 않고, 그것을 당당히 이해하고 껴안음으로써 다시 일어서는 극복의 경험을 만들어낸다.

덴마크의 실존주의 철학자 키에르케고르는 인간 존재의 근원을 '불안'이라고 보았다. 그 불안은 선택의 자유에서 비롯된 실존적 어지러움이며, 그 안에는 피할 수 없는 상처의 기억이 함께 깃들어 있다고 했다. 치유란 단순히 '기억을 지우는 일'이 아니라, 그 불안과 상처를 정면으로 직시하고 그것을 나의 서사 속 일부로 재통합해 나가는 노력을 해야 한다는 것이다. 결국 인생에서 중요한 것은 "무엇이 나를 아프게 했는가"가 아니라, "나는 그 아픔을 어떻게 받아들이고 해석했는가"이다. 우리가 자기 안의 상처를 외면하지 않고 치유와 성장의 방향으로 해석할 때, 그 순간부터 삶은 더 깊고 단단해진다. 그러니 스스로 묻자. 내가 가진 상처의 자리는 방치된 흉터인가, 아니면 너를 키워낼 또 하나의 내적 자산인가.

　같은 사건을 경험하더라도 어떤 사람은 그것을 자신의 한계와 불행으로만 기록하며 자기 연민에 빠지기도 한다. 반면, 다른 사람은 그 사건이 남긴 상처를 삶의 중요한 이정표이자 새로운 성숙의 발판으로 삼는다. 이러한 차이가 바로 해석의 힘이다. 이 해석 능력은 우리가 내면의 상처를 대하는 태도와 직접적으로 연결되어 있다. 이 능력은 타고나는 것이 아니라 경험, 성찰, 그리고 의식적인 노력을 통해 형성되고 다듬어진다. 그렇다면, 이 해석의 힘은 어떻게 만들어질 수 있을까?

　우선, 해석의 첫걸음은 '자기 인식'이다. 내면의 아픔과 마주할 용기를 내는 순간, 우리는 자신과 깊은 대화를 시작한다. 그 대화에서 중요한 것은 그 아픔을 부정하거나 회피하지 않고 있는 그대로 인정하는 것이다. 자신의 상처를 숨기고 외면하는 순간, 그 아픔은 그림자처럼 더 깊고 짙게 자리 잡는다. 반면, 스스로 그 상처의 존재를 인정할 때 비로소 그 상처는 새롭게 옷을 갈아입을 준비를 한다. 바로 그때 치유의 문이 열린다.

　또 한 가지 중요한 요소는 '재해석의 과정'이다. 이는 아픔을 바라보는 새로운 시선을 의도적으로 만들어 내는 것이다. 예를 들어, 과거의 실패를 '나의 무가치함을 증명하는 증거'로 보는 대신 '더 나은 나를 향한 성장의 발판'으로 전환하는 태도다. 이 과정은 결코 쉽지 않다. 우리 뇌는 부정적인 경험을 더 강하게 기억하도록 설계되어 있기 때문에 처음부터 긍정적으로 재구성하는 것은 자연스러운 일이 아니다. 따라서 꾸준한 연습과 인내가 필요하다. 심리학에서는 이를 '인지 재구조화'라고 부르는데, 이는 사고의 틀을 바꾸어 부정적인 신념을 긍정적이고 현실적인 믿음으로 전환하는 것을 의미한다.

우리가 해석 능력을 키우기 위해 할 수 있는 구체적인 방법이 있다. 먼저 한 가지를 추천하자면, 자신의 감정을 글로 표현하는 '감정 일기'가 매우 효과적이다. 감정을 언어로 옮기는 순간, 그것은 추상적인 감정 덩어리에서 구체적인 이야기로 변모한다. 이 과정을 통해 우리는 감정을 더 명확히 이해하고, 왜 그런 감정을 느끼는지 깊이 성찰할 수 있다. 나머지 방법들은 4장 '치유론'에서 다뤘으니 참고하면 좋겠다.

무엇보다 자신의 감정을 객관적으로 바라보며 판단 없이 내면을 관찰하는 훈련을 쌓고, 점차 조율과 성장의 과정으로 발전시킨다면, 반드시 아픈 사연으로 인해 소란스러웠던 마음의 소음은 줄어들고 왜곡된 생각은 바로잡히며, 통합적으로 인지하는 능력이 길러질 것이다.

아픈 상처에서 새로운 성숙의 서사로

그렇다면 아픈 상처가 새로운 성숙의 서사로 전환된다면, 어떤 삶이 우리를 기다리고 있을까? 그 순간부터 상처는 더 이상 과거의 어두운 흔적으로만 남지 않고, 한 인간의 내면을 이해하며 깊은 성찰과 성장을 가능하게 하는 토양이 된다. 아파 본 사람만이 손을 내밀 수 있고, 흔들려 본 마음만이 더 깊이 어루만질 수 있다. 그렇기에 상처를 겪은 사람은 타인의 고통을 더 섬세하게 헤아리고, 더 진실하게 공감할 수 있는 존재로 거듭난다. 상처는 그를 더욱 인간답게 만들며, 타인과 연결하는 다리로 작용한다. 더 이상 과거의 그림자가 아니라, 성숙의 빛으로 나아가 나의 새로운 삶의 길을 밝혀주는 등불이 되는 것이다.

상처는 그 자체로 고통이지만
그것을 새롭게 바라보는 순간
그것은 나를 무너뜨린 흔적이 아니다

나를 변화시키고 성장하게 하는 자원이 된다

 잊지 말아라! 삶은 어쩌면 결국 '상처와 어울려 피는 꽃'인지도 모른다. 아픈 사연은 결코 지운다고 해서 사라지는 것이 아니다. 인생의 아픔은 피할 수 없지만, 그 고통에 매여 있느냐, 아니면 그것을 자양분 삼아 성장하느냐는 전적으로 '해석하는 내 자신'의 몫이다. 내가 어떤 이야기로 아픔을 기억하느냐에 따라 내 삶의 방향과 무게가 달라진다는 사실을 기억하라. 내면의 상처를 마주하는 용기와 상처를 성장의 발판으로 재해석하는 능력, 이 두 가지를 함께 가질 때 비로소 우리는 자신의 삶의 주인이 되며, 그 순간부터 고통은 더 이상 짐이 아니라 우리 내면을 단단하게 지탱하는 힘이 될 것이다. 해석의 힘, 그것이 바로 나의 성장의 출발점임을 결코 잊어서는 안 된다.

제 3장

관계論

가족은 더 이상 아픔이 아니다.

원가족은 내 상처를 비추는 거울이기도 하면서
동시에 나의 상처를 치유하는 공간이기도 하다.
내 원가족의 아픈 사연을 온전히 받아들이기까지는
시간이 걸리겠지만, "가족은 더 이상 아픔이 아니다."라는
이 문장이 당신의 마음이 고요히 안착되는 시기에는
당신의 삶도 기꺼이 변화할 것이다.
지금보다 덜 흔들리고, 덜 무너지며 더 이상 가족의 과거는
아픔이 아닌, 현재의 당신 이야기가 되어 재구성될 것이다.

관계 論

가족은 더 이상 아픔이 아니다

우리가 살아가는 방식과 사람을 대하는 태도, 그리고 세상을 바라보는 기본적인 시각은 대부분 유년기의 경험에서 비롯된다. 그중에서도 원가족, 즉 내가 태어나 처음으로 소속된 가족은 한 사람의 자아상을 형성하는 최초의 무대이자 평생 동안 경험하게 될 모든 인간관계의 거울이 된다. 우리는 바로 이 '가족'이라는 삶의 첫 무대 위에서 '나는 누구인가'를 배우기 시작하며, 타인을 어떻게 바라볼지와 세상의 현상을 어떻게 해석할지에 대한 토대를 쌓아간다.

부모와 양육자가 제공하는 최초의 환경은 단순히 생존을 보장하는 깃을 넘어, 한 개인의 정체성과 세계관이 형성되는 토양이 된다. 어린 시절 어떤 돌봄과 관심을 받았는지, 자신이 가족 안에서 어떤 존재로 환영받았는지에 따라 인생의 방향이 달라지고, 삶을 대하는 태도 역시 크게 좌우된다. 건강한 양육 환경에서 자란 아이는 마음 깊은 곳에 "나는 소중하다"라는 확신을 품으며, 성인이 된 후에도 자기 존재의 가치를 믿고 타인과의 관계에서도 서로를 존중할 수 있다. 반면, 출생에 대해 제대로 환영받지 못했거나 무관심, 학대, 거부 등의 환경에서 자란 아이는 "나는 충분하지 않다"라는 결핍을 품게 되며, 자신과 타인에 대한 불신, 이유 없는 불안과 불안정, 필요 이상의 분노 표출이나 감정 회피, 타인에게 집착하는 행동 등으로 나타난다.

 이처럼 양육 환경에서 받은 메시지와 경험은 한 개인의 내면을 형성하며, 일생 동안 다양한 신념과 태도로 나타난다. 우리는 흔히 누군가의 예민한 반응이나 특이한 행동을 보면 "성격이 이상하다"라고 단정하기 쉽다. 그러나 조금 더 깊이 분석해보면, 그것은 단순한 성격적 결함이 아니라 어린 시절 원가족 내에서 살아남기 위해 선택한 생존 방식이 상당 부분 스며들어 있음을 알 수 있다.

 그래서 원가족을 이해한다는 것은 곧 자기 자신을 이해하는 일이자, 타인을 분석하거나 평가하기보다는 내가 왜 특정한 상황에서 상처를 받고 반복적으로 비슷한 행동을 하는지 그 뿌리를 찾을 수 있는 배경이 된다. 나 자신의 아픔을 인식하고, 그로부터 비롯된 감정과 행동 양식을 이해할 수 있게 되며, 내 안에 남아 있는 불안과 두려움이 어디에서 비롯되었는지도 깨닫게 되는 놀라운 과정이 된다.

<blockquote>
대부분 어린 시절에 뿌리내린 생존 방식은
무의식적으로 언어와 행동 속에 스며들어 있다가
성인이 된 이후에도 일상의 많은 순간들을 지배하고 만다
</blockquote>

원가족의 상처를 극복하기 시작하면 자아에 대한 시선도 점차 달라지기 시작한다. 상대방의 상처나 아픔을 이해하지 못하는 행동이 아니라, 가슴 아픈 생존 전략으로 바라볼 수 있게 된다. 이로 인해 오해와 비난으로 흐르기 쉬운 인간관계도 이해와 공감으로 전환할 수 있으며, 불신과 단절의 벽 또한 새로운 소통의 창으로 바꿀 수 있다. 비로소 오늘의 관계와 내일의 삶을 새롭게 빚어내는 근본적인 성장의 길로 나아갈 수 있다.

원가족 치유가 이루어지지 않을 때 나타나는 생각들

우리는 종종 삶의 문제를 '현재의 나'와만 연결하려 한다. 하지만 깊이 들여다보면 그 뿌리는 어린 시절의 경험, 즉 원가족에서 비롯된 경우가 많다. 원가족 치유가 이루어지지 않은 채 성인이 되면, 우리는 알게 모르게 왜곡된 자아 인식을 품고 살아간다. 그 인식은 무의식적으로 우리 삶의 해석 틀을 형성하며, 관계와 선택을 지배하게 된다.

첫 번째, 희생자 인식
"나는 어쩔 수 없이 이렇게 될 수밖에 없었다."라는 말은 자신을 끊임없이 피해자의 위치에 머무르게 만든다. 원가족이 남긴 상처에 갇혀 모든 불행의 원인을 타인에게 돌리며, 스스로를 무력한 존재로 규정하는 것이다.

두 번째, 운명론적 인식
"가족 때문에 내 인생은 이미 정해져 있다"는 생각은 자신을 낙인찍는 자기 규정이 된다. 과거의 상처가 현재의 가능성을 지워버리고, 새로운 길을 향한 발걸음을 주저하게 만든다. 결국 스스로 인생의 주인이 되기를 포기한 채, 운명의 수레바퀴에 끌려가는 듯한 삶을 살게 된다.

세 번째, 회피적 인식

가족 이야기는 건드리지 말아야 할 금기처럼 남아 있다. 그래서 지금 겪는 고통조차 가족과는 무관한 일인 양 단절시키려 한다. 그러나 뿌리를 외면한 채 현재만 붙들고 살아가려 하면, 문제는 사라지지 않고 다른 모습으로 반복된다.

네 번째, 투사적 인식

해결되지 않은 감정은 현재의 타인에게 전이된다. 배우자, 자녀, 동료에게 그대로 투사되어 다시 갈등을 일으킨다. 원가족에서 미처 치유되지 못한 상처가 또 다른 인간관계 속에서 반복되는 것이다.

이처럼 원가족 치유가 이루어지지 않으면 우리의 인식은 왜곡된 틀에 갇히게 된다. 이는 단순히 과거의 그림자가 아니라, 현재 이 순간에도 삶을 해석하는 렌즈가 되어 우리를 무력하게 만들고 관계를 왜곡시킨다. 따라서 원가족과 직면하는 일은 고통스러운 과정이지만, 동시에 자유와 치유로 나아가는 첫걸음이 된다.

원가족 치유가 이루어지면

첫 번째, 자신의 왜곡된 인식에서 벗어난다.
원가족의 상처는 종종 우리 눈에 보이지 않는 렌즈가 되어 세상을 왜곡시킨다. "나는 충분하지 않다", "나는 사랑받을 자격이 없다"라는 무언의 확신은 자아를 갉아먹으며 삶을 왜소하게 만든다. 그러나 치유가 일어나면 그 왜곡된 인식에서 벗어나기 시작한다. 더 이상 상처가 나의 전부를 규정하지 못한다는 사실을 깨닫게 되고, 삶을 해석하는 시선이 바뀐다. 현실을 그대로 보되, 그 안에서 새로운 의미를 선택할 수 있는 힘이 자라난다.

두 번째, 과거의 나와 현재의 나를 분리하기 시작한다.
치유의 과정은 곧 과거의 나와 현재의 나를 구분하는 작업이다. 아픈 기억에 사로잡혀 살아가면, 현재의 나는 언제나 과거의 그림자 속에 갇히게 된다. 그러나 치유는 "그때의 나는 아팠다"라는 사실을 인정하면서도 "지금의 나는 다르다"라고 선언할 수 있게 한다. 이 분리는 망각이 아니라 성숙이다. 과거를 지우는 것이 아니라, 과거를 제자리에 두고 현재를 온전히 살아낼 수 있는 자유를 회복하는 일이다.

세 번째, 관계의 악순환을 끊는다.

치유되지 않은 상처는 투사되어 관계 속에서 반복된다. 배우자에게, 자녀에게, 동료에게 여전히 원가족의 그림자가 옮겨간다. 그러나 치유가 이루어지면 이 반복의 고리를 인식하고 끊을 수 있다. 더 이상 부모에게 받지 못한 사랑을 자녀에게 강요하지 않고, 과거의 결핍을 채우기 위해 배우자에게 매달리지 않게 된다. 관계는 얽힘과 억압이 아니라 자유와 나눔의 장으로 회복된다.

네 번째, 진정한 독립과 성숙한 자아가 확립된다.
마지막으로, 원가족 치유는 '진짜 나'로 서는 힘을 길러준다. 더 이상 과거의 상처에 끌려 다니지 않고, 외부의 평가에 흔들리지 않는 중심이 확립된다. 이는 단순한 독립이 아니라 내적 성숙을 의미한다. 원가족의 그림자를 넘어 나 자신을 인정하고 받아들일 수 있을 때 비로소 우리는 누군가와 건강하게 연결될 수 있다. 자율성과 친밀성이 동시에 자라나는 자리, 그곳에서 진정한 자아가 꽃핀다.

원가족 성찰 질문지

이 질문지는 원가족 내에서의 경험을 되돌아보며, 현재의 자아와 감정, 그리고 관계 패턴이 어디에서 비롯되었는지를 탐색하는 질문이다. 각 질문 앞에서 삼시 눈을 감고 어린 시절의 자신을 떠올려 보자. 중요한 것은 솔직하게 한 번 적어보고, 충분한 시간을 두고 천천히 생각하며 작성하자.

[원가족 자가 성찰 체크리스트 (5점 척도)]

아래 질문에 대해 자신의 경험과 느낌을 떠올리며 1점부터 5점까지 평가해 보세요.
(1 = 전혀 그렇지 않다, 2 = 그렇지 않은 편이다, 3 = 보통이다, 4 = 그렇다, 5 = 매우 그렇다)

- ☐ 나는 태어날 때 부모님께서 나를 진심으로 환영해 주셨다고 느낀다.
- ☐ 부모님은 나에게 자주 사랑한다고 말씀해 주셨다.
- ☐ 부모님은 행동과 스킨십을 통해 애정을 표현해 주셨다.
- ☐ 부모님은 나를 안전하게 보호해 주셨다.
- ☐ 부모님은 정서적으로도 저를 지켜주셨다.
- ☐ 부모님은 나를 소중한 존재로 대해 주셨다.
- ☐ 부모님은 나의 의견과 감정을 존중해 주셨다.
- ☐ 부모님은 나의 장점을 자주 인정해 주셨다.
- ☐ 부모님은 나의 가능성을 믿어 주셨다.
- ☐ 아버지는 나를 긍정적으로 바라보셨다.
- ☐ 어머니는 나를 긍정적으로 바라보셨다.
- ☐ 어린 시절, 나는 주로 행복하고 안정감을 느꼈다.
- ☐ 부모님뿐만 아니라 친척, 교사, 친구 등 다른 사람들로부터도 좋은 돌봄을 받은 경험이 있다.
- ☐ 합(   )점

[원가족 경험 점수 해석]

① 양호 (건강한 가정 환경 경험)
총점: 전체 점수의 45점 이상

부모의 양육 태도와 정서적 돌봄이 충분히 제공된 경우이다.
"나는 소중하다"는 무언의 확신이 뿌리내려 성인기에도 안정감과 자기 수용, 타인에 대한 신뢰가 높은 편이다.

② 보통 (부분적 결핍 경험)
총점: 30점 ~ 40점
애정과 보호를 경험했지만, 동시에 결핍과 상처도 함께 존재했다.
성인이 되면 관계 속에서 불안, 의존, 회피가 교차할 수 있다.
치유적 성찰과 회복 훈련을 통해 충분히 보완할 수 있다.

③ 주의 (역기능 경험이 강함)
총점: 25점 이하이다.
원가족 환경에서 정서적 돌봄과 지지가 부족하거나 상처를 주는 경험이 반복되는 경우이다.
성인기 관계에서는 불신, 자기비난, 충동적 행동 및 회피가 빈번하게 나타난다.

적극적인 자기 성찰과 상담, 그리고 치유가 필요하다.

그럼 지금부터 각자의 원가족을 향해 여행을 떠나 보자. 나의 원가족을 찾아가는 일은 단순한 과거 회상이 아니라, 현재의 나를 이해하고 미래의 관계를 새롭게 열어가기 위한 특별한 과정이 될 것이다. 그러나 이 여정은 결코 쉽지 않다. 때로는 오래된 상처와 마주해야 하고, 외면해왔던 기억을 다시 바라보아야 하기 때문이다. 앞서 2장에서 상처론을 통해 아픈 상처와 마주했듯이, 이 과정 또한 용기를 내어 직면해 나가길 바란다. 다소 힘들 수 있겠지만, 이 책에 담긴 치유의 여정과 끝까지 함께한다면 반드시 당신은 성숙한 자아로 성장할 것이라 확신한다.

가족: 빛과 그림자의 두 얼굴

 우리가 태어나 가장 먼저 발을 딛는 곳은 가정이다. 가정은 단순히 한 지붕 아래 모여 사는 공간이 아니라, 서로 다른 성격과 기질을 지닌 사람들이 질서를 이루며 살아가는 작은 세계이자 원초적인 공동체다. 하지만 모든 가정이 같은 색깔을 지니는 것은 아니다. 어떤 집은 서로를 북돋우며 성장하는 따뜻한 터전이 되지만, 또 어떤 집은 말하지 못한 고통을 품은 상처의 터전이 되기도 한다.

 가정에는 크게 두 가지 유형이 있다. 하나는 건강한 가정을 유지해 나가는 순기능 가정이고, 다른 하나는 건강하지 못해 오히려 내면에 균열을 남기는 역기능 가정이다. 순기능 가정은 마치 잘 정돈된 정원과 같다. 그 안에서는 사랑과 이해가 햇살처럼 스며들고, 서로를 존중하는 분위기가 흐른다. 각자의 개성이 존중받으며, 실패와 좌절 속에서도 "괜찮다"는 격려와 "넌 소중하다"는 믿음을 서로 주고받으며 살아간다. 이런 가정에서 자란 아이는 자연스럽게 신뢰를 배우며 성장한다. 세상에 대한 믿음, 타인에 대한 신뢰, 그리고 자기 자신에 대한 자존감이 싹튼다. 결국 이는 살아가면서 맞닥뜨릴 수많은 세상의 환경과 인간관계에 맞설 수 있는 중요한 힘이 된다.

반면, 역기능 가정에서는 겉보기에는 평범해 보일지 몰라도, 기본적으로 누려야 할 신체적·정서적 욕구가 외면당하는 경우가 많다. 부모의 불안과 갈등이 아이에게 투사되면서, 아이는 이유를 알 수 없는 혼란 속에서 자신을 탓하기 시작한다. 점차 자라면서 아이는 "내가 부족해서 그렇다"라는 잘못된 자기 인식을 내면화하고, 그 안에서 수치심이라는 감정이 가장 먼저 움튼다. 수치심은 아이를 더욱 침묵하게 만들며, 말로 표현되지 못한 고통 속에서 '가족 비밀'이라는 벽을 형성하며 자라나게 된다. 이런 가정에서 자란 아이는 성인이 되어서도 상처를 완전히 드러내지 못한다. 겉으로는 멀쩡히 웃으며 사회적 역할을 수행하지만, 마음속에서는 여전히 불안과 우울함이 파도처럼 밀려온다. 결국, 삶의 중요한 순간마다 "나를 믿어도 괜찮을까?"라는 질문 앞에서 움츠러들게 된다.

우리는 이 두 가지 가정을 통해 중요한 사실을 깨달아야 한다. 가정은 단순히 밥을 먹고 잠을 자는 공간이 아니라, 인간의 영혼이 처음 뿌리를 내리는 토양이라는 점이다. 그 토양의 상태에 따라 한 아이는 내면이 따뜻한 숲처럼 자랄 수 있고, 다른 아이는 메마른 사막처럼 살아갈 수도 있음을 의미한다.

 그러나 여기서 중요한 점은 우리가 태어난 환경이 삶의 전부를 결정짓는 것이 아니라는 사실이다. 비록 어린 시절의 경험과 가정에서 받은 영향이 우리의 생각과 감정에 깊은 흔적을 남기지만, 그것이 곧 우리의 삶을 영원히 규정하는 절대적인 운명은 아니라는 것이다. 우리는 언제든지 자신이 물려받은 가정의 그림자를 의식적으로 인식하고, 그 안에 담긴 의미를 차분히 이해하며, 필요하다면 새로운 방식으로 더 건강한 관계로 발전시킬 수 있는 능력을 지닌 존재이다. 따라서 가정이 남긴 흔적은 결코 지워지지 않겠지만, 그 이야기를 내가 어떠한 시선으로 바라보고 어떤 태도로 살아가느냐에 따라 결국 운명도 달라질 수 있음을 알았으면 좋겠다.

가족 역할 게임

 역기능 가정에서는 겉으로 드러나는 가족의 모습 이면에 보이지 않는 '역할 게임(Role Game)'이 존재한다. 이 게임은 가족 구성원들이 무의식적으로 서로의 균형을 맞추기 위해 떠맡은 특정 역할을 의미한다. 아이들은 성장하면서 주어진 역할을 수행하며, 그것이 마치 자신의 성격인 것처럼 믿게 된다. 그러나 이 역할은 본래의 자아가 아니라 생존을 위해 만들어진 '가면'이다. 그 가면은 어린 시절에는 보호막이 되지만, 성인이 된 이후에는 오히려 진짜 나를 가두는 무서운 틀이 된다.

우리는 태어나는 순간부터 가족 내에서 특정한 역할을 부여받는다. 장남으로서 책임을 져야 하는 역할, 막내로서 귀여움을 받아야 하는 역할, 늘 웃음을 주어 분위기를 부드럽게 만드는 역할, 또는 문제를 일으켜 온 가족의 관심을 한 몸에 받는 역할 등이 그것이다. 이러한 역할은 처음에는 단지 가족의 질서를 유지하기 위한 작은 규칙에 불과했지만, 시간이 흐르면서 그 사람의 대인관계 대처 방식과 정체성의 일부가 되어버린다. 심리학에서는 이를 '가족 역할 게임'이라고 부른다.

이 게임의 무서운 점은 각자가 맡은 역할이 단지 가정 안에서만 수행되는 것이 아니라, 어른이 되어 사회 속에서 살아갈 때에도 같은 역할을 반복한다는 것이다. 가족의 기대에 맞추어 조용히 순응하는 역할로 사진 아이는 성인이 되어서도 직장에서 자신의 의견을 숨기고 갈등을 피하며 살아간다. 반면, 어렸을 때 문제를 일으키던

이이는 성인이 되어 사회에서 무의식적으로 갈등과 충돌을 만들어 낸다. 이렇게 가족 안에서의 역할은 세상을 살아가는 방식이 되며, 한 사람의 자아에 깊이 각인된다.

특히 역기능 가정에서는 이러한 역할이 더욱 강하게 작용한다. 술에 취한 부모를 대신해 동생을 돌보던 아이는 '작은 엄마'가 되고, 늘 싸우는 부모 사이에서 중재자가 된 아이는 '평화유지자'가 된다. 겉으로 보기에는 훌륭한 책임감과 배려심처럼 보이지만, 그 이면에는 어린 시절 감당하기에는 너무 무거운 짐을 짊어진 채 살아온 상처의 흔적이 숨어 있다. 이 아이들은 성인이 되어서도 '내가 해야만 한다'는 강박이나 '나는 사랑받을 자격이 없다'는 결핍감으로 나타난다.

원가족 속에서 우리는 언제나 특정한 역할을 맡아 살아왔다. 그것은 단순한 놀이가 아니라 생존을 위한 전략이었다. 다시 말해, 사랑받기 위해, 버려지지 않기 위해 자신에게 주어진 역할을 충실히 수행했던 것이다. '착한 아이', '문제아', '중재자'와 같은 역할 속에서 하루하루를 버티며, 자신이 원하는 모습보다 가족이 필요로 하는 모습을 선택하며 살아갔지만, 그렇게 완벽한 역할에 몰두할수록 진짜 나의 욕구와 감정은 점점 뒤로 밀려남을 알게 되었다. 무대 뒤편, 어둠에 가려져 있던 '본래의 나'는 조금씩 희미해졌고, 결국 어느 순간에는 그 존재조차 희미해지고 말았다.

역기능 역할 놀이를 중단해야 한다.

 이 게임을 멈추는 첫걸음은 내가 어떤 역할을 해왔는지 돌아보는 것이다. 그것이 여전히 나를 지켜주는 보호막인지, 아니면 더 이상 필요 없는 오래된 껍질인지 끊임없이 묻는 것이다. 그래서 우리가 오래 입어온 무거운 외투를 벗어내듯, 그 무거운 역할 또한 내려놓아야 한다. 여기서 알아야 할 점은, 그 역할을 멈춘다고 해서 가족에 대한 사랑이 단절되는 것이 아니라는 것이다. 오히려 내가 무거운 역할을 내려놓을 때 비로소 가족 안에서도, 세상 속에서도 내가 나로서 진정 살아갈 수 있게 된다.

 그래서 가족 역할 게임에서 벗어난다는 것은 가족을 거부하거나 단절한다는 의미가 아니라, 오히려 성숙한 방식으로 관계를 새롭게 정비하고 구축하는 회복의 여정이다. 이는 서로가 가면을 쓰지 않고도 마주할 수 있으며, 진실되고 일치된 나로서 존재할 수 있는 관계를 의미한다.

이 여정은 결국 나 자신에게로의 귀환이다. 살아남기 위해 배운 가짜 역할을 내려놓고, 나만의 대본으로 삶을 써 내려가는 것. 더 이상 정해진 대사에 얽매이지 않고, 나라는 존재의 고유한 목소리로 살아가는 것. 그것이 바로 진정한 자유이다.

그럼 이제부터 원가족 내에서의 역할에 대해 살펴보며, 각각의 구성원을 만나보자. 부모님과 형제자매 사이에서 각자가 어떤 위치와 역할을 맡았는지, 그리고 내가 어떤 환경에서 성장했는지 함께 알아보자.

먼저 역기능 가정 내에서 부모님의 역할을 살펴보자. 가족 시스템 안에서 부모님 중 한 분은 종종 역기능의 주범자로 자리 잡는다. 이 '주범자'는 가족 내 갈등이나 심리적 상처의 주요 원인을 제공하는 인물로, 가족 전체의 분위기와 감정 흐름에 큰 영향을 미친다. 반면, 다른 한 분은 이 주범자를 보조하는 역할을 맡는다. 이 사람은 자신을 마치 '전능자'처럼 여기며 모든 문제를 통제하거나 해결하려 하거나, 혹은 주범자의 행동을 정당화하며 가족 질서를 유지하는 데 힘쓴다.

이처럼 두 부모의 서로 다른 역할이 가족 내에서 고착화되면서 자녀를 비롯한 다른 가족 구성원들에게도 각자의 자리와 역할이 부여된다. 이러한 역할 구조를 세심하게 살펴보는 과정은 원가족을 더 깊이 이해하고, 나의 성장 배경과 현재의 삶을 해석하는 중요한 단서가 되기 때문이다.

역기능 주범자, 자칭 전능자

가정이라는 무대 위에는 다양한 배역이 존재한다. 그중에서도 부모의 자리는 가장 강력하면서도 동시에 가장 큰 영향을 끼친다. 이 중 한 사람은 역기능의 주범으로 가족의 질서를 흔들고 관계 속에 불균형을 초래한다. 그들의 언행은 종종 통제적이거나 무책임하며 파괴적이다. 가족 구성원이 자유롭게 숨 쉴 수 있어야 할 공간에서 두려움과 끊임없는 긴장을 만들어낸다. 그의 존재는 단순한 개인의 결핍이나 실수가 아니라 가족이라는 체계 전체를 억누르고 왜곡시킨다.

그 곁에는 언제나 또 다른 인물이 존재한다. 바로 자칭 전능자, 즉 그 역기능을 가능하게 만드는 또 다른 부모이다. 그는 파괴적이지 않고 보호자이자 중재자처럼 보인다. 갈등을 최소화하려는 태도, 표면적인 평화 유지, 그리고 때로는 "가족을 위해서"라는 명분 아래 불편한 신실을 덮으려 한다. 그러나 아이러니하게도 바로 이 방어와 합리화가 역기능을 더욱 견고히 만든다. 주범자의 행동을 정당화하거나 상황을 모른 척하거나 심지어 간접적으로 지지하는 것이 그의 역할이다. 스스로를 '전능한 보호자'라 여기지만, 사실은 가족 시스템을 왜곡된 채로 유지하는 숨은 동조자이다.

역기능의 주범자와 자칭 전능자의 역할은 상호 보완적으로 작용한다. 주범자가 파괴적인 행동을 할 때, 전능자는 그 균열을 메우는 척하면서 오히려 그 힘을 은밀히 강화한다. 이로 인해 가족 구조의 불균형이 심화되고, 자녀들은 진실과 왜곡 사이에서 혼란을 겪게 된다. 어떤 부모의 모습을 기준으로 삼아야 할지 알 수 없어 정서적 기준점이 흐려진다.

사실 성장 과정에서 자녀들은 '건강한 사랑'과 '자율적인 관계'의 모습을 자연스럽게 배워야 한다. 그러나 많은 가정에서는 침묵과 타협, 그리고 억압된 생존 방식을 먼저 배우게 된다. 결혼 초기에 누구도 자신의 배우자가 역기능의 주범이 될 것이라고 상상하지 못했을 것이다. 하지만 무심코 반복된 내 행동 패턴으로 인해 어느새 '스스로 전능자'의 역할을 하게 되기도 한다.

이러한 이유로 우리는 반드시 배우자의 마음에서 울리는 미세한 떨림과 작은 신호에도 귀를 기울이는 습관을 길러야 한다. 아주 작은 불편함이나 미묘한 감정의 변화까지 섬세하게 감지하고, 서로의 경계와 아픔을 존중할 때에만 그 관계가 건강하게 성장할 수 있다. 소소한 신호들을 외면하지 않는 태도가 '주범자'와 '전능자'의 악순환을 끊고 새로운 관계 패턴을 만드는 핵심임을 잊지 말아야 한다.

스스로 전능자라 여기는 사람들은 역기능적인 가족 내에서 배우자의 문제를 해결하며 자기 정체감을 형성하는 경우가 많다. 이러한 모습은 겉으로 보기에는 헌신적이고 희생적인 사랑처럼 보일 수 있지만, 실제로는 관계가 끊어질까 두려워 안간힘을 쓰는 가슴 아픈 몸짓임을 이해해야 한다. 누구보다도 힘겨운 역할을 맡으면서도 그 짐을 스스로 내려놓지 못하고 부서진 마음을 꿰매며 살아가는 것이 바로 이른바 전능자의 운명이다. 결국 이 역할은 시간이 지날수록 자신을 더욱 깊은 감정의 굴레에 가두고 만다.

무엇보다 '자칭 전능자'의 사이클에 갇히지 않으려면, 초기에 건강한 제동장치가 필요하다. 자신이 감당할 수 없는 일과 한계를 미리 명확히 인식하고, 작은 신호에도 민감하게 반응하며 경계를 지키는 감각을 길러야 한다. 이러한 자기 인식과 경계 설정이야말로 점점 무거워지는 감정적 부담으로부터 자신을 보호하고, 현실적인 관계로 돌아올 수 있게 한다.

핵심은 바로 역할 분담에 있다.

 부부는 각자 자신의 자리에서 고유한 역할과 기능을 수행하며 살아가야 한다. 남편은 남편의 자리에서, 아내는 아내의 자리에서 서로를 지켜보고 존중하는 것이 건강한 관계의 기본이다. 물론 '사랑'이라는 이름으로 상대방의 몫까지 대신해주고 싶은 마음 자체는 고마운 일이지만, 그것이 진정한 사랑의 방식이 되지는 않는다. 만약 남편이 아내의 몫까지 감당해버린다면, 아내는 자신의 역할 안에서 성취하거나 실패할 권리를 잃게 된다. 다시 말해, 자신의 정체성과 자존감을 회복할 수 있는 중요한 기회를 놓치게 되는 것이다. 이러한 행동을 우리는 '역할 침범'이라 부른다.

 진정한 사랑은 상대가 자신의 삶을 온전히 살아갈 수 있도록 자리를 내어주고 옆에서 지지해주는 것이다. 그리고 그 자리를 충실히 살아낸 배우자에게 늘 "수고했어요", "참 대견해요"라며 진심으로 격려하는 것이다. 실패했을 때에도 "괜찮아요, 다시 해봐요", "당신은 언제든 다시 시작할 수 있어요"라고 다독여줄 때, 부부는 서로의 역할을 침범하는 것이 아니라 서로의 성장을 지지하며 더 건강한 동반자가 되어간다.

그래서 결국 건강한 부부란 함께 목적지를 향해 나아가며 서로의 보폭을 존중하는 동반자이다. 한 사람이 앞서 끌고, 뒤에서 따라가는 관계는 언젠가 지치기 마련이다. 함께 간다는 것은 곧 순기능 가정의 질서를 인정하면서도 배우자의 작고 미세한 감정 하나하나에 민감하게 귀 기울이며 살아가는 삶이다. 사랑은 때로 기다림이다. 그리고 그 기다림은 조급함 없이 천천히 나아가는 신뢰의 또 다른 이름이다. 부부는 그렇게 함께 걸어가야 한다.

가족 영웅 (Hero)

이제부터는 역기능 가정에서 자녀들이 떠맡게 되는 역할 게임'에 대해 이야기해보자. 그 첫 번째가 바로 '가족 영웅'이다. 이름만 들으면 찬란해 보이지만, 사실 가장 가슴 아픈 역할이다. 이 아이는 자기도 모르게 어른의 가면을 쓰고, 상실과 혼란이 뒤엉킨 집안 분위기를 완화하기 위해 자신의 아픔을 돌보지 않은 채 동생을 챙기고 부모의 부정적인 감정까지 묵묵히 감당해낸다. 표출할 수 없는 분노와 억압된 감정은 내면 깊숙이 뭉개지며, 그 아이는 그렇게 '좋은 아이'로 길들여진다.

성인이 된 아이는 점차 회유형 성격으로 굳어져, 언제나 '상황'과 '타인'에 초점을 맞춘 순응형 인간이 된다. 현실의 문제 앞에서도 자신의 감정을 드러내기보다 스스로를 탓하는 내사(內射)라는 방어기제를 자주 사용한다. "내가 부족했지", "내가 잘못했을 거야"라는 말로 자신을 달래지만, 실제로는 공허함과 우울함이 내면을 지배하는 경우가 많다. 또한 타인의 시선을 지나치게 의식하며, 타인의 칭찬과 인정에 취약한 채 살아가는 경우가 많다.

이들에게 가장 취약한 부분은 바로 감정과 인정이다. 특히 분노라는 감정을 적절히 표현하지 못한다. 누군가가 자신을 침범하거나 고통을 주어도 방어하지 못한 채 그저 상처를 끌어안고 아파할 뿐이다. 부모에게 느끼는 부정적인 감정도 입 밖에 내지 못하고, 결국 평생 억눌린 분노와 죄책감 속에서 살아가는 경우가 많다. 이러한 역할을 감싸 도는 가장 강력한 뿌리는 바로 '초책임'이다. 사랑받기 위해, 인정받기 위해 그들은 종종 완벽을 추구하는 강박에 사로잡혀 끝없이 스스로에게 짐을 지운다. 그리고 '인정 중독'에 서서히 빠지게 된다. 자신의 내면은 언제나 빈약한데, 외부의 인정과 찬사에는 더욱 민감하게 반응하며 본래의 자아는 흐릿하고 희미한 채 '해결사'라는 역할 속에서 자신을 유지하려 애쓴다. 가족보다 친구, 친구보다 세상, 세상보다 타인의 평가에 더 목말라하며, 그 허기를 채우기 위해 더욱 초인적인 역할을 감당하며 살아간다. 그렇다면 이 영웅 역할에서 벗어나기 위해서는 무엇을 해야 할까? 먼저, 타인의 감정과 상황에만 집중하는 삶에서 벗어나 온전히 자신을 바라보는 삶을 살아야 한다. 무엇보다도 나의 삶이 누구보다도 최우선임을 기억하며, 내 주변 환경과 감정을 가장 우선적으로 돌보고 내 결정을 존중하며 내 존재를 늘 인정하는 삶의 방식으로 전환해 나가야 한다.

반항아 (Scapegoat / Rebel)

영웅이 가정 내에서 긍정적인 역할을 했다면, 그 반대편에는 '반항아'라는 역할이 존재한다. 이 역할은 대개 자녀 중 한 명에게 고정된다. 문제아, 말썽꾸러기, 탈선하는 아이로 불리지만, 그 아이의 행동은 단순한 회피나 무책임에서 비롯된 것이 아니다. 본능적으로 감지한 긴장 속에서 부모의 갈등을 희석하고 덮으려는 왜곡된 해결 방식이며, 자신을 희생함으로써 가정 내 부정적인 감정의 온도를 낮추고자 선택한 비명이다. 상담실 문을 두드리는 부모들 대부분은 "우리 아이를 도무지 이해할 수 없어요."라고 말한다. 그러나 진실은 종종 다르다. 그 아이가 문제가 아니라, 아이를 그 역할로 몰아간 부모의 잘못이 크다.

반항아는 종종 의도적으로 문제를 일으킨다. 몸을 혹사하여 병을 만들기도 하고, 경찰서에 갈 만큼의 탈선을 저지르며 자신을 위기로 몰아넣는 방식으로 '긴장 해소'를 꾀한다. 이는 비정상적인 상황에서 아이가 선택한 가장 절박한 생존 방식이다. 그리고 이러한 방식은 성인이 되어 '비난형'이라는 심리적 대처 유형으로 고착된다. 이들은 자기 위주의 삶을 살아가다 보니 타인의 입장과 상황을 무시하는 경우가 많다. 문제의 원인을 언제나 외부에서 찾으며, 갈등 앞에서는 책임을 회피하고 남 탓을 한다. 분노 조절이 잘 되지 않아 사소한 갈등에도 쉽게 불신과 반목이 싹트고, 자신을 방어하려다 공격적인 언행으로까지 이어진다. 특히 기대치가 과도하여 조금만 마음이 어긋나도 내면의 파도가 거세게 일어난다. "이 정도는 해줘야지"라는 내면의 기준과 기대가 너무 높아 관계가 어려워지고, 주변 사람들은 늘 피로해진다. 틀린 말을 하지는 않지만, 말하는 방식이 언제나 잔소리나 훈계가 되며 때로는 비수가 되어 상대에게 꽂힌다.

이 역할이 회복되기 위한 첫걸음 역시 결국 뼈아픈 직면이다. 왜 나는 끊임없이 비난하고 통제하려 하는지, 왜 내가 그토록 타인의 실수를 못 견디는지, 내 감정의 뿌리에 어떤 사연이 숨어 있는지를 깊이 들여다보는 시간이 필요하다. 그래서 그 아이를 꺼내 안아주고, 그의 눈물을 닦아주며, 무언가를 꽉 쥐고 있는 주먹을 천천히 풀어내야 한다. 그렇게 직면과 훈련을 반복하다 보면 지나치게 팽팽하던 기대의 수준도 점차 낮아지고, 더 이상 타인을 비난하거나 조정하지 않게 된다. '반항아'라는 이름은 고통으로 지어진 가면이지만, 직면을 통한 사연 돌봄은 그 가면을 벗기고 온전한 자아로 회복되게 하는 유일한 통로가 된다.

잃어버린 아이 (Lost Child)

　가족 안에는 늘 소리 지르는 사람이 있고, 책임을 지겠다는 아이도 있으며, 반대로 모든 것에 불만을 품고 문제를 일으키는 아이도 있다. 그리고 그 사이에는 말없이 생존하는 조용한 아이가 있다. 그 아이가 바로 잃어버린 아이다. 그는 초책임감 있는 가족 영웅도 아니고, 무책임한 희생양도 아니다. 단지 조용히 자신을 지우며 살아가는 초독립자의 역할을 선택한 아이이다.

　　　　　　　"나는 조용히 살아야 한다."
　　　　　　　"나는 누구에게도 방해가 되어서는 안 된다."

　그렇게 마음을 다잡고 존재감을 감추는 쪽으로 자신을 단련하며 살아간다. 부모의 눈에도 보이지 않는 존재. 많은 말을 하지 않고 문제를 일으키지도 않으며, 혼자만의 시간도 아주 잘 견디는 아이. 어른들 눈에는 그저 '손 안 가는 아이'로 보이지만, 사실 그는 가족 내 가장 깊은 침묵 속에서 살아낸 아이이다. 관심도 요구하지 않고, 애정도 기대하지 않는다. 그렇게 혼자 있는 것이 익숙해져 버린 아이. 누구에게도 부담이 되지 않는 존재로, 그저 '투명인간'처럼 살아간다.

이 역할로 자란 아이는 성인이 되어서도 여전히 감정보다 상황에 반응하며 살아간다. 변화보다는 안정, 모험보다는 예측 가능한 일상을 선호한다. 감정에 휘둘리기보다는 이성과 거리를 두고, 인간관계에서도 깊이 있는 교감보다는 조심스러운 기능적 관계를 유지하려 한다. 그는 감정의 결보다 생각의 구조 안에서 이성이 더 발달하여 살아간다. 이렇게 형성된 대처 방식을 '초이성형'이라 부른다. 이들은 삶의 기능적인 면에서는 안정적이고 책임감이 강하며, 현실적인 문제 앞에서는 강인하다. 하지만 배우자와 자녀의 감정에는 공감이 부족하고, 정서적 소통에도 어색하고 둔감한 경우가 많다.

이 역할의 회복은 가슴 속 보일러를 지펴야 한다. 냉정하게 얼어붙었던 감정의 층을 하나씩 펼치고, 말하지 못했던 속마음을 꺼내어 함께 웃고 함께 울 수 있는 환경을 만들어야 한다. "지금 네 마음은 어때?"라는 질문을 반복하며 감정이 흐를 수 있는 시간과 여백을 제공하고, 그 안에서 서서히 신뢰를 쌓아가며 내면의 온도를 높여야 한다. 이는 머리로 하는 대화가 아니라 가슴으로 하는 대화로 살아가는 훈련이다. 정서 인지 치료, 명상, 자아 성찰과 같은 치유 방식을 통해 내가 왜 그렇게 그림자처럼 살아야 했는지를 직면하고, 다시 스스로를 양육하며 살아가야 한다.

마스코트 (Clown / Mascot)

말 그대로 광대의 역할이다. 지금 집안 상황이 어떻든, 어떤 일이 벌어지든 상관없다. 분위기가 무겁거나 냉랭하더라도 내가 재미있게 사는 것이 가장 중요하다. 모든 흐름과 정서를 가로지르며 오로지 유쾌함을 선택하는 아이. 그것이 그의 방식이자 삶의 철학이며, 살아남기 위한 최선의 기술이다. 어쩌면 그에게 웃는 것만이 유일한 생존 언어였을지도 모른다. 이 아이는 성인이 되어서도 여전히 스포트라이트를 원한다. 계속해서 웃기고, 끊임없이 주목받으며, 항상 드러나고 싶어 한다. 자신도 없고 타인도 없으며 상황도 없는 공허한 내면을 유지한 채 표류하는 자아로 살아가기 일쑤다. 오직 "지금 이 순간, 내가 주인공이어야 한다"는 의식이 강하다. 그래서 무엇보다 겉으로는 웃지만 속은 허전한 경우가 많다. 진중함과는 거리가 먼 조용한 대화, 감정의 깊이, 적막의 온도를 견디지 못한다. 밝고 경쾌한 삶의 방식으로 무리한 활동이나 과도한 관계 형성을 반복한다. 쉼 없이 움직이기를 좋아하며 탈진을 자주 경험한다. 결국 혼자가 되면 외로움과 고독이라는 감정의 짐을 짊어진 채 싸워야 하는 경우가 많다.

치유는 어떻게 해야 할까? 먼저, 작은 행동 하나하나를 차분한 마음으로 느껴야 한다. 손끝의 움직임, 몸의 온도, 마음의 미세한 떨림에 귀 기울이는 훈련이 필요하다. 정착한다는 마음가짐으로 스스로 안정감을 부여해야 한다. 마치 나무늘보가 된 것처럼, 항상 어제나 내일이 아닌 '지금, 여기'에 머무르는 법을 배워야 한다. 명상, 걷기 치료, 숲 치유는 이 과정에서 탁월한 회복 수단이 된다. 점차 회복되면서 "왜 나는 이런 삐에로가 되어야 했는가"라는 비극의 근원을 정면으로 직면하고, 가슴이 무너질 정도로 애도하며 슬퍼하는 과정을 거쳐 점차 일치된 기쁨과 만족을 찾아가야 한다. 그러므로 더 이상 과거에도 미래에도 살지 않고, 언제나 '지금, 여기'에 살아가는 훈련을 통해 감정과 행동, 생각을 통합해 나가는 노력을 해야 한다.

내면화된 '역기능적 규칙'

과거에는 상상조차 할 수 없었던 건축 공법들이 오늘날 매일같이 등장하고 있다. 수십 년이 걸릴 법한 건물도 몇 년 만에 뚝딱 지어지며, 구조는 더욱 견고해지고 외관은 더욱 예술 적이다. 서울 동대문에 위치한 디자인 플라자, 일명 DDP(Dream, Design, Play)는 '꿈꾸고, 만들고, 누리는 도시'의 상징적 플랫폼으로, 세계적인 매체들이 '반드시 가봐야 할 장소'로 꼽는 명소이다. 지금도 가끔 방문하면 정말 많은 외국인들이 찾아오는 모습을 볼 수 있다. 이러한 건물의 독특한 외관을 가능하게 하는 비밀은 어디에 있을까? 바로 내부에 숨어 있는 철골 구조(Steel Structure)에 있다. 눈에 보이지 않지만, 건물의 외형을 지탱하는 숨은 뼈대인 것이다.

이와 비슷하게 우리 가정에도 눈에 보이지 않는 뼈대, 즉 가족 관계를 지탱하고 움직이게 하는 정서적 철골이 존재한다. 그것이 바로 '가족 규칙'이다. 가족은 겉으로는 평온해 보이지만, 그 이면에는 부모의 무의식적인 신념과 반복되는 다양한 감정 습관이 세대를 넘어 전수되고 있다. 이러한 가족 규칙은 자녀의 내면에 깊이 박혀 하나의 '삶의 설계도'로 작용한다.

　이 규칙들은 주로 구체적인 '메시지'의 형태로 전달된다. 예를 들어, "그런 말 하면 안 돼," "그런 감정은 부끄러운 거야," "다른 사람은 믿지 마," "엄마 아빠가 시키는 것만 하는 착한 아이였으면 좋겠어"와 같은 말들이 그것이다. 이러한 반복된 메시지들은 때로 성인이 되어서도 그 영향력이 변하지 않으며, 인생 전반에 걸쳐 개인의 사고와 행동 양식을 지배하는 프레임이 된다.

　이처럼 가족 규칙은 보이지 않는 힘으로 우리의 정서적 기반과 삶의 방향을 형성하며, 그 영향력은 매우 깊고 광범위하다. 가족 내에서 주고받는 말과 태도 하나하나가 내면의 설계도를 어떻게 만들어 내며, 결국 우리 삶의 모습까지 좌우하는지를 이해하는 것은 성장의 중요한 출발점이라 할 수 있다.

　가족 규칙은 두 가지 얼굴을 가지고 있다. 하나는 가족 구성원 간의 신뢰와 책임감을 키우고 정서적 표현을 가능하게 하여 건강한 관계를 형성하는 순기능적인 규칙이며, 다른 하나는 자아를 병들게 하고 병리적인 삶의 패턴을 강화하는 역기능적인 악성 규칙이다. 문제는 이러한 역기능적 규칙이 오랜 시간 무방비 상태로 내면화될 때 발생한다. 이 규칙들은 '가족의 법'이라는 이름으로 각인되어 개인의 신념과 가치관이 되며, 강력한 통제 장치로 작동하여 사고의 폭을 제한하고 감정의 흐름을 막아 결국 자아의 자유로운 숨결마저 옥죄게 된다.

더욱 무서운 점은 이러한 규칙들이 너무 익숙해져서 스스로 문제로 인식하지 못한다는 사실이다. 마치 오래된 집에서 삐걱거리는 문 소리를 '원래 그런 것'이라 여기듯, 그 불편함과 고통을 '정상'이라 착각하며 살아가는 것이다. 특히 깊은 신념으로 자리 잡은 네 가지 역기능 규칙인 '말하지 마라', '느끼지 마라', '믿지 마라', '착한 아이가 되라'는 지구상에 많은 가족 갈등을 만들어 내는 이들의 마음속에 흐르고 있는 대표적인 아픈 신념이다.

대부분의 가족 갈등 배후에는 이러한 규칙들이 자리 잡고 있으며, 이 규칙들은 원가족 내에서 부모의 표정, 무언의 침묵, 반복되는 상황 속에서 무의식적으로 전달되어 내면 깊숙이 스며든 무서운 악성 코드와 같다. 이 규칙들이 내면에 존재하게 되면 자기 표현을 억제하고, 감정의 흐름을 차단하며, 신뢰와 관계 형성을 회피하게 만들고, 결국 타인의 기대에 얽매여 살아가게 하는 무서운 족쇄가 된다. 어쩌면 우리가 진정으로 변화시켜야 할 것은 눈에 보이는 행동이나 결과가 아니라, 바로 이 깊고 오래된 역기능적 규칙들일지도 모른다. 이제부터는 이러한 역기능적 가족 규칙들을 하나씩 살펴보고, 그것들이 우리 삶에 미친 영향과 변화시킬 방법에 대해 깊이 있게 탐구해보자.

말하지 마라

"말하지 마라"라는 규칙은 가족 내에서 마치 무언의 명령처럼 자리 잡고 있다. 말없이 조용히 있는 것이 가족 안에서 미덕이자 안전한 생존 방식으로 착각되기 쉽다. 집안에 숨겨진 문제들, 어두운 감정들, 그리고 드러내기 어려운 사연들이 마음속에 쌓여 있지만, 아무도 먼저 그것을 꺼내지 못한다. 오히려 누군가 이를 드러내려 하면 "괜히 분위기 흐리지 마", "그런 말 해서 뭐 하겠어"라는 반응으로 쉽게 묵살당한다.

그 집에서 말을 할 수 있는 사람은 극히 제한적이며, 나머지 사람들은 단순히 듣기만 하고 조용히 지켜볼 뿐이다. 감정이나 질문을 입 밖에 꺼내지 못한 채 침묵으로 대신하는 상태가 지속된다. 이러한 침묵은 시간이 흐르면서 가족의 비밀이 되고, 그 비밀은 곧 수치심이라는 이름으로 마음 깊은 곳에 뿌리내린다.

이러한 분위기 속에서 성장한 사람은 성인이 되어서도 '말하지 마라'라는 규칙을 내면화하여 어떤 관계에서도 자신의 속마음을 쉽게 드러내지 못한다. 불편한 감정이나 의견을 조심스럽게 표현하는 것조차 주저하며, 속으로 참아내는 일을 반복하게 된다. 설령 용기를 내어 말을 꺼내더라도 자신의 존재가 노출될까 두려워 움츠러들고 만다. 이처럼 '말하지 마라'라는 규칙은 개인의 삶과 관계 형성에 깊은 제약과 고통을 남긴다.

말하지 못한 말들과 삼킨 감정들은
서서히 자신을 갉아먹는다.

그렇다면 이 규칙을 해체하려면 어떻게 해야 할까? 그 방법은 단 하나, '드러냄의 훈련'이다. 그러나 이 훈련은 아무 곳에서나 이루어져서는 안 된다. 반드시 안전한 울타리, 즉 신뢰가 형성된 공간 안에서만 가능하다. 말할 때 조롱당하지 않고, 눈빛이 식지 않으며, 감정이 외면당하지 않는 곳이어야 한다. 그 공간이 가정이라면 더할 나위 없이 좋다. 바로 그런 환경에서만 조금씩 조심스럽게 마음의 문을 열어 갈 수 있다.

그 시작이 작고 미미할지라도, 어렵게 내딛은 작은 한마디에서 기적이 열린다. 그 한마디로부터 지지와 신뢰를 얻으며, 점차 말의 근육이 만들어지고 굳어 있던 침묵도 서서히 깨어나기 시작한다. 만약 가정에서 일주일에 단 한 번이라도 식탁에 가족들이 마주 앉아 "오늘은 마음을 꺼내는 날"로 정해놓고 이러한 건강한 소통을 진행한다면, 그 가정에는 놀라운 변화가 생길 것이다. 그 자리에서 원칙은 어떤 말도 무비판적으로 받아들이며, 무조건적인 수용과 사랑으로 감싸주고, 탓하거나 비교하거나 고치려 들지 않고 오직 "들어주는 자리"로만 함께 만들어 간다면, 반드시 이 규칙은 사라지고 그 자리는 빛으로 물들 것이다.

그리고 말을 꺼낸 가족 구성원에게는 "수고했어" 또는 "용기 내줘서 고마워"라는 말과 함께 포옹으로 마무리해 준다면, 조금씩 서로에 대한 신뢰와 지지가 쌓일 것이다. 동시에 원가족으로부터 전해 내려온 수치심의 뿌리도 함께 잘려 나가며, 놀라운 치유와 회복을 경험하게 될 것이다.

느끼지 마라

　이번에는 '느끼지 마라'라는 가족 규칙에 대해 알아보자. 역기능 가정에서 자란 아이는 이 규칙을 마치 숨을 들이마시듯 자연스럽게 학습한다. 슬픔을 참는 것에서 시작해 다양한 감정을 드러내지 않는 것이 '어른스러움'이라고 여기며, 감정은 불편하고 말하면 짐이 되며, 무엇보다도 '약해 보이는 것'이라는 무언의 메시지가 아이의 내면에 깊이 각인된다.

　예를 들어, "우리 집안이 어떤 집안인데 네가 울어?", "이까짓 일로 남자아이가 울어?", "뚝! 그만, 안 울래?", "보기 싫다고 했잖아?"와 같은 말들이 반복되면, 아이는 점차 이러한 규칙을 무의식 깊은 곳에 뿌리내리게 되고, 감정을 억누르는 방법을 배우며, 성인이 되어서도 감정을 제대로 인식하고 표현하는 데 어려움을 겪게 된다.

　어린 시절부터 '느끼지 마라'라는 규칙 속에서 자란 사람은 성인이 되어서도 마음이라는 하수관에 감정이 제대로 순환하지 못하고, 그 통로가 막힌 채 살아가게 된다. 이로 인해 자신의 감정을 건강하게 인식하거나 자연스럽게 표현하는 능력이 제한되며, 감정은 쌓여 언젠가는 '우울'이라는 모습으로, 또 다른 날에는 설명하기 어려운 '불안'이라는 형태로 나타나 삶을 흔들게 된다.

결국 감정의 흐름이 막히면 감정 시스템이 제대로 작동하지 못하게 되고, 그 억압과 왜곡은 정신적·신체적 삶 전반에 고통으로 남는다. 어릴 때부터 감정을 차단하며 살아온 시간이 쌓이면, 나중에는 스스로도 자신의 감정을 이해하지 못하고 삶의 생동감을 잃으며 온전한 자아로 성장하는 데 큰 어려움을 겪을 수 있다.

감정의 신비

여기서 기억해야 할 점은 감정이 단순한 반응이 아니라는 것이다. 감정은 자아를 형성하고 상처를 치유하며 생명을 순환시키는 내면의 에너지이다. 물리학에서 물체와 물체가 부딪히면 열이 발생하듯, 우리의 자아도 외부 사건과 내면의 사연이 부딪힐 때마다 강렬한 에너지를 만들어낸다. 그 에너지가 바로 감정이다. 심리학자 도슨 처치(Dawson Church)의 연구에 따르면, 감정을 충분히 느끼는 사람의 뇌에서는 도파민이 분비된다고 한다. 이 도파민은 단순히 기분을 좋게 하는 화학물질이 아니라, 질병을 예방하고 면역 체계를 활성화하며 신체와 정신의 회복력을 높여주는 생리적 연료가 된다. 결국 감정은 우리 몸을 살리는 호르몬이자, 자아가 스스로를 돌보고 회복할 수 있도록 돕는 내면의 연료인 셈이다. 그렇기에 감정을 억누르고 부정하는 것은 단순한 자기 통제가 아니라, 생명을 유지하는 근본적인 순환을 막아버리는 일이며 스스로를 병들게 만드는 길이다. 따라서 우리는 '느끼지 말라'는 규칙으로 내면의 감정 흐름을 막아서는 안 된다. 감정은 우리 삶의 가장 본질적인 에너지이자, 나를 매일 살게 하는 호흡이다.

인간은 대부분 부정적인 감정을 싫어한다. 분노, 슬픔, 두려움, 불안과 같은 감정들이 태풍이나 거센 파도처럼 몰려오면 본능적으로 이를 통제하거나 피하려는 경향이 있다. 감정을 마치 우리와 싸워야 할 적인 양 느껴 이를 억누르고 지우려 안간힘을 쓰기도 한다. 그러나 감정은 결코 우리가 제압하거나 없애야 할 대상이 아니다. 감정은 단지 불편하고 힘든 자연스러운 내면의 흐름일 뿐이며, 부정적이든 긍정적이든 내 안에서 생겨난 감정은 반드시 소멸되고 흘러간다. 자연현상과 매우 닮아 있다. 부정적인 감정들은 대기압 변화처럼 우리 안에서 일어나는 현상이다. 태풍이 몰려올 때 그 세력이 잦아들기를 기다리는 것처럼, 감정도 억지로 없애거나 눌러버리면 반드시 후유증만 남긴다.

시간이 흐르면 감정의 힘은 점차 약해지고 우리는 다시 평온을 회복한다. 하지만 많은 사람들이 이 단순한 진리를 잊은 채 어리석게도 감정과 싸우려 한다. 그 싸움 속에서 이성을 잃고 순간의 선택으로 오랫동안 후회하는 삶을 살기도 한다. 그러므로 반드시 기억해야 할 것은 감정은 싸워야 할 대상이 아니라 잠시 머물다 사라질 바람과 같다는 점이다. 그래서 감정을 억누르거나 도망치는 것이 아니라, 안전한 내면의 공간에 감정을 머물게 하며 그 세력이 자연스럽게 사그라지도록 기다리는 연습이야말로 우리가 감정을 대하는 가장 현명한 태도이다. 이처럼 감정을 받아들이고 존중할 때, 우리는 더 이상 감정의 노예가 아니라 그 주인이 될 수 있다. 감정을 다스리며 내면의 평화를 유지하는 힘을 회복함으로써 성장의 길로 나아갈 수 있게 된다.

한 번 생각해보자. 만약 바다에 파도가 없고, 하늘에 바람과 비가 없다면 지구상의 생명체는 생존할 수 없을 것이다. 태풍이 바다를 뒤흔들고 대기를 정화하는 것처럼, 감정 역시 끊임없이 살아 움직이며 우리 내면 곳곳에 생동감을 불어넣는다. 감정은 마음 깊이 가라앉아 있던 아픈 사연들을 정화하고, 어떠한 역경이 닥쳐도 넘어지지 않고 새롭게 다시 시작할 수 있도록 돕는 가장 소중한 에너지원이다. 이처럼 감정은 우리 삶의 역동성을 유지하는 근본적인 힘이며, 그것과 평화롭게 공존할 때 진정한 내면의 힘과 성장, 그리고 치유가 가능해진다. 하지만 '느끼지 마라'라는 이 작은 메시지가 에너지의 흐름을 막아버리면, 작은 모기 한 마리의 물림에 황소가 죽어나가는 것처럼 우리도 쉽게 무너지고 몸과 마음이 병들게 된다.

어떤 일이 있어도 이제는 감정을 피하지 말고 자연스럽게 흘려보내는 훈련을 해야 한다. 내면 깊숙이 잠들어 있던 감정들을 세심하게 감지하고, 그 감정들이 원활히 흘러가도록 마음의 하수를 점검해야 한다. 감정(Emotion)의 어원적 의미는 Energy(에너지)와 Motion(움직임)의 합성어로, 움직이는 에너지이자 우리 내면의 흐름을 뜻한다. 마치 혈액이 몸을 타고 흐르듯, 감정도 마음의 물줄기를 따라 역동적으로 흐른다.

마음이 치유된다는 것은 이 흐름이 막힘없이 이어지며, 그에 따라 마음속 깊이 가라앉아 있던 오래된 상실과 아픔의 잔재들이 순환하며 정화되는 과정이라 할 수 있다. 감정은 언제나 형성되면 흘러갈 통로를 찾게 되어 있다. 그런데 그 물길을 막으면 마음은 탁해지고 숨이 막혀버린다. 하지만 많은 사람들이 마음이라는 하수구에 '억압'이라는 돌멩이를 던져댄다. 그 돌멩이로 인해 자아는 느끼지 않기로 결심하고, 애써 마음까지도 짓눌러 버리는데도 말이다.

자아가 정서의 물길을 열어주고 안전하게 흐를 수 있도록 공간을 마련해 주면, 마음은 서서히 비워지고 그 빈자리에 빛이 들어 새로운 생명이 돋아난다. 그것이 성장이고 치유이다. 그래서 감정의 물길을 열어 주는 것이야말로 억압하지 않고 자유롭게 감정을 흐르게 하는 길이다. 반드시 아픈 사연은 물처럼 흘러야 한다. 그래야 그 흐름 속에서 자아는 더욱 깊어지고 단단히 자리 잡는다. 감정은 단순한 느낌이나 반응을 넘어 드넓은 의식이라는 바다로 나아가야 하며, 그 과정에서 더 넓은 자각과 깊은 통찰을 만들어 낸다.

통찰이 생기면 감정을 단순한 형태로만 해석하지 않는다. 단편적인 감정 뒤에 숨겨진 깊은 의미를 정확히 알아차린다. 슬픔의 본질을 기쁨으로 해석하고, 절망의 본질을 희망으로 재해석하는 힘이 생긴다. 이 밖에도 긍정과 부정, 빛과 그림자, 낮과 밤이 서로 어우러져 감정의 새로운 빛으로, 삶의 또 다른 언어로 물들어 간다. 이처럼 감정을 올바르게 인식하고 자연스럽게 흐르게 할 때, 우리는 내면의 균형과 성장을 이루며 진정한 자아를 만나 삶의 깊이를 더할 수 있다.

분노라는 선물

분노는 신이 허락한 선물과 같은 감정이다. 많은 이들이 분노를 불편하게 여기지만, 우리가 알아야 할 것은 이 감정이 자기 보호의 가장 근원적인 감정이라는 점이다. 누군가 몸, 마음, 영혼 혹은 내면의 경계선을 무단으로 침범할 때, 분노는 말없이 일어난다. 그것은 가장 원초적인 방어이자, 자기 자신을 지켜내기 위한 생존의 울림이다. 그래서 심리학에서는 이 감정을 자기 보존의 감정이라 부른다.

그런데 많은 사람들이 너무 자주 이 경계선을 허물고 침묵하곤 한다. 참고 또 참으며 괜찮은 척, 아무 일 없다는 듯 거짓 웃음으로 메워가며 살아간다. 그 배경에는 분노를 제대로 표현하는 방법을 모르거나, '느끼지 마라'라는 규칙 때문에 스스로 감정을 억압한 이유가 있다 할 수 있다. 하지만 반드시 알아야 한다. 분노가 건강하게 표현되지 못하면 마음에 병이 된다는 것을.

여기서 '대놓고 화내라'는 말이 아니다. 제대로 직면하라는 뜻이다. 분노가 태풍처럼 몰아치게 해서는 안 된다. 그렇게 되면 자칫 공격성으로 돌변할 수 있으므로 반드시 잘 다스리는 법을 배워야 한다. 그래서 분노는 타이밍이 중요하다. 어떤 이유에서든 분노라는 감정이 생기면, 먼저 가라앉히는 호흡이나 걷기 등 일정 부분 '화재 진압'을 먼저 해야 한다. 그리고 어느 정도 차분해지면 그때 후속으로 나의 정서적 경계를 세워야 한다. 반드시 분노가 유발된 이유와 근원을 찾아 적어 보고, 지혜로운 대처를 위해 용기와 힘을 모아 대응해야 한다. 그것이 자아를 온전히 지켜내는 방법이다.

슬픔

장례식장에서 가끔 목격하는 장면이 있다. 그것은 가장 슬퍼해야 할 사람이 울지 않는 모습이다. 억눌린 감정이 마음 깊은 곳에 울음을 가둬버린 것이다. 이것이 바로 '느끼지 마라'라는 규칙의 무서운 힘이다. 슬픔은 제때 흘려보내지 않으면 뒤늦게 범람하고 만다. 억눌린 슬픔이 통한이 되어 한꺼번에 터져버리는 것이다. 슬픔은 수시로 흘려보내야 하는 감정인데, 슬픔을 담아내는 댐의 수문이 고장 난 셈이다. 오래된 억압이 고착화되어 슬픔을 미뤄둔 채 살아온 삶의 후유증은 모두 원가족의 '느끼지 마라'라는 규칙에서 시작된 것이다.

필자가 이끄는 치유 캠프에서는 '애도의 과정'이라는 시간을 갖는나. 그 시간 동안 많은 이들이 태어나 처음으로 애도를 경험한다. 억눌린 감정의 실타래가 풀리며, 말로 표현할 수 없던 아픔이 울음으로 흘러나온다. 어떤 이들은 처음에는 낯설어하지만, 이내 마음 깊숙이 자리 잡고 있던 오래된 울음이 천천히 얼굴을 드러낸다. 그것은 단순한 감정의 방출이 아니다. 살아 있는 존재의 가장 순수한 정화이자, 고통의 뿌리를 뽑아내는 애도의 길이다.

그렇다, 우리는 충분히 울어야 한다. 슬픔은 그렇게 흘러야만 비로소 그 자리에 기쁨의 싹을 틔운다. 심리학자들이 이를 카타르시스(catharsis)라 부르는 이유도 바로 여기에 있다. 정화의 눈물, 존재를 회복하는 눈물, 자아를 다시 씻어내는 눈물이다. 분노와 슬픔은 모두 자아가 온전하게 살아 있음을 증명하는 증거이다. 그것을 외면하는 삶은 겉으로는 평온해 보여도 속은 언제나 부글거린다. 마그마를 품은 활화산처럼, 언제 어느 때 터질지 모르는 화산처럼 늘 불안하다.

우리는 반드시 배워야 한다. 다른 것은 몰라도 감정을 흘려보내고 자아를 순환시키는 방법을 말이다. 분노는 억제하는 법이 아니라 지혜롭게 다스리고 활용하는 법을, 슬픔은 감추는 법이 아니라 마음껏 흘려보내고 울 수 있는 용기를 말이다. 분노가 본능적인 감정으로 적절히 표현되지 않으면, 그 감정은 언젠가 화(火)로 변해 심장을 태우고 내면 깊숙한 곳에서 암세포처럼 자라난다. "남자는 울면 안 돼."라는 한마디가 얼마나 많은 남성의 수명을 단축시켰는지 모른다. 슬픔조차 숨기게 만든 사회의 금기, 그 금기가 결국 이 시대를 병들게 하지는 않았을까?

"느끼지 말라"는 규칙을 치유하는 방법

자기 내면에서 규칙을 다시 정립해야 한다.
"너는 화내면 안 돼."
"슬픔은 약한 것이야."
이와 같은 문장들을 다음과 같이 바꿔 보자.
"넌 때때로 화를 낼 수도 있어."
"가끔은 슬퍼질 수도 있어. 그건 자연스러운 일이야."

이처럼 '반드시', '절대로'와 같은 극단적인 신념을 '가끔은', '때로는'과 같이 여지를 주는 표현으로 바꿔보자. 그것이 바로 규칙 해제의 첫걸음이다. 감정은 안전한 울타리 안에서 풀어야 한다. 신뢰할 수 있는 공간, 무조건적인 수용이 허용되는 관계 속에서 감정을 천천히, 그리고 있는 그대로 표현하는 훈련이 필요하다.

믿지 마라.

"믿지 마라"라는 말은 믿음이 배신당한 자리에서 태어난다. 이 규칙이 존재하는 내면에는 늘 어딘가 어긋난 현실에 대한 불만이 자리 잡고 있다. 그들은 끊임없이 외부를 탓하며, 인간관계에서 신뢰를 쌓기보다 상처를 만들기 쉽다. 말은 쉽게 바뀌고 약속은 허공에 흩어지며, 감정은 하루에도 수차례 얼굴을 바꾼다. 이런 어른 곁에서 자란 아이는 어느새 불신의 씨앗을 품게 되어 "아무도 믿지 마. 사람은 믿을 게 못 돼. 세상도, 누구도, 절대 믿지 마."라는 신념이 동시에 자라난다.

이러한 메시지는 직접적인 언어로 전달되지 않더라도, 양육자의 눈빛과 어조, 그리고 반복되는 좌절의 그림자를 통해 아이의 마음 깊숙이 각인된다. 특히 현실을 쉽게 왜곡하거나 포기하는 그림자(Shadow Level)가 높은 부모 밑에서 자란 아이일수록 미래에 대한 믿음을 갖기 어려워진다. 꿈을 꿔본 적도, 누군가에게 바람을 말해본 적도 없는 환경에서 자란 아이는 결국 대부분 혼자 문제를 해결하는 데 익숙해지며, 문제 해결 능력이 부족한 아이로 성장하게 된다. 어른이 된 후에도 그는 누구와도 상의하지 않는 습관을 지니며, 배우자나 가장 가까운 가족과도 말없이 모든 일을 처리한 뒤 결과만 통보하는 삶을 살아간다. 이 아이는 누구보다 외롭고 고단하지만, 그것만이 안전하다고 믿고 있다. 스스로 "기대는 곧 실망이고, 믿음은 곧 배신"이라는 신념을 품고 평생을 살아가게 된다.

"믿지 마라"라는 규칙은 보통 반복된 실망과 상처에서 비롯된다. 수없이 어겨진 약속들, 예고 없이 사라진 사람들, 어릴 적 겪었던 슬픔을 제대로 위로해주지 못했던 가족, 그리고 기대를 짓밟았던 어른들. 특히 부모가 감정적으로 일관되지 않거나 항상 부정적인 말로 상황을 단정 지을 때, 아이의 마음에는 이러한 신념이 자라난다.

"믿으면 다친다."
"바라면 상처받는다."
"차라리 기대하지 않는 편이 낫다."

이 믿음은 '포기의 철학'처럼 마음에 뿌리내려, 결국 누구도 아무것도, 심지어 미래조차 믿지 않게 만든다. "믿지 마라"라는 규칙을 내면화하며 자란 아이는 겉으로는 독립적이고 강해 보이지만, 지나치게 초독립적인 삶을 살아가는 경우가 많다. 이들은 모든 일을 혼자 결정하고 책임지며, 누구에게도 쉽게 의지하지 않는다. 그 결과, 심각한 고립을 자주 경험하게 된다.

"기댈 곳이 없어서,

"기대해 봐야 소용없으니"

스스로 다 감당하려는 것이다. 이 규칙을 치유하기 위한 첫걸음은 누군가를 무조건 믿는 것이 아니라, '믿어도 되는 경험'을 쌓아가는 것이다. 누군가가 내 말을 끝까지 들어주었을 때, 한 번의 약속이 지켜졌을 때, 작은 바람이 받아들여졌을 때. 그 작은 순간들이 모여 마음속 불신이라는 철문에 작은 균열을 내기 시작한다. 그리고 그런 경험이 반복되면 마침내 이렇게 말할 수 있는 날이 온다. "세상에 믿을 수 있는 사람이 하나쯤은 있을지도 몰라."라고 말이다.

착한 아이가 되라

"착한 아이가 되라"라는 말 이면에는 부모의 관심과 인정, 사랑을 받고 싶어 하는 아이의 눈물이 숨어 있다. 사람들은 흔히 "착한 아이가 되라"는 말을 좋은 훈육으로 여기지만, 역기능 가정에서는 이 말이 '실수하지 말 것', '문제를 일으키지 말 것', 나아가 '부모를 돌보는 사람이 될 것'을 강요하는 암묵적인 압박으로 작용한다. 이는 곧 아이로서의 삶을 포기하고 어른처럼 살아가라는 무서운 요구인 셈이다.

그래서 '착한 아이'는 대부분 성인아이인 경우가 많다. 여기서 '성인아이'라는 개념은 두 가지 방향으로 나뉜다. 하나는 몸은 성인이지만 감정이 미숙한 아이이고, 다른 하나는 몸은 아이지만 감정이 조숙한 어른이다. 착한 아이는 대부분 두 번째 유형으로 시작된다.

착한 아이는 어릴 적부터 부모님의 걱정과 가족의 생계 문제를 염려한다. 학교에서는 늘 집안 걱정에 시달리고, 집에 돌아오면 집안일과 동생 돌보기에 매진한다. 자신이 실수를 해도 혼나지만, 남이 실수를 해도 대신 혼나는 아이이다. 이렇게 이 아이는 자신의 마음을 돌볼 여유 없이 어른들을 돌보며 성장한다. 시간이 흘러 몸은 어느덧 성인이 되었지만, 감정은 아직 어른이 되지 못한 아이로 남아 있다. 즐거움도, 꿈도, 사랑도 모두 미숙하다.

"착한 아이"는 건강한 규칙이 아니다. 그것은 역기능 가정에서 생존하기 위해 감정을 포기한 아이가 만들어낸 자기희생의 얼굴이다. 자신을 돌보는 법보다 다른 사람을 먼저 챙기는 법만 익힌 아이. 자신의 마음속 눈물을 숨기고, 부모의 마음을 닦아주는 아이. 이 규칙은 가슴 아픈 자화상이자, 아이에게 부여된 감정 없는 역할극의 또 다른 이름이다. 그리고 성인이 되어서도 여전히 그 아이는 삶이라는 무대 위에서 "괜찮은 척", "기쁜 척", "안 슬픈 척"하며 연기하며 살아간다.

착한 아이 치유

자신의 감정보다 타인의 안녕을 먼저 생각하는 자신에게 이렇게 말해줘야 한다. "이제 괜찮아. 너는 더 이상 어른을 책임지지 않아도 돼." 성장과 치유는 이러한 역기능적인 역할을 내려놓는 것에서 시작된다.

'착한 아이'라는 역할은 사실 하나의 '역할'일 뿐이다. 그 역할은 네가 어릴 때 살아남기 위해 만들어낸 감정의 방어막이었다. 그 안에 머무는 한 진짜 감정은 드러날 수 없기 때문에, 그 역할을 조심스럽고 천천히 벗어내는 연습을 해야 한다." 그 첫걸음은 '나를 돌보는 일'이다. 타인을 먼저 생각하기 전에 "내가 지금 어떤 감정을 느끼고 있는지" 스스로에게 묻는 것이다. "나는 지금 울고 싶은가, 쉬고 싶은가, 아니면 안기고 싶은가?" 자신의 감정을 소리 내어 표현하는 것이다. 그리고 누군가에게 "나는 지금 외로워요"라고 내면의 감정을 솔직하게 말하는 것이다.

눈을 감고 마음속에 울고 있는 한 아이를 떠올려 보자. 늘 가족을 위해 참고 또 참았고, 엄마 대신 살림을 하며 동생 대신 혼났던, 한 번도 "힘들다"고 말하지 못했던 당신 안의 그 아이 말이다. 그 아이에게 다가가 이렇게 말해보자.

"미안해. 네가 그렇게 혼자서 버텨왔는지 몰랐어."
이제부터 내가 네 편이 되어줄게. 울고 싶으면 울어도 괜찮아. 기쁘면 기뻐해도 괜찮아."너는 더 이상 그 누구의 리듬이 아닌 너의 고유한 리듬으로 너답게 살아도 돼."

이 짧은 대화 하나가 그 아이에게는 생애 처음으로 받는 정서적 허락일지 모른다. 이러한 내면아이 치료에 대해서는 4장 '치유론'에서 자세히 다루었으니 참고하기 바란다.

그리고 기쁨의 감각을 다시 회복해야 한다. 착한 아이는 슬픔을 외면한 만큼 기쁨도 외면하기 때문에, 그들의 표정에는 웃음이 있어도 삶에는 진정한 기쁨이 없다. 이제는 기쁨을 '배우는' 시간이 필요하다. 아주 작은 즐거움부터 시작하자. 햇살을 받으며 눈을 감고 미소를 지어 보자.

좋아하는 노래에 맞춰 따라 불러 보기.
아무 이유 없이 케이크 한 조각을 사서 먹어보기.
"이건 나를 위한 작은 기쁨이야"라고
마음속으로 속삭여 보기.

이 작은 행위들은 마음속에 깊이 새겨질 것이다. "기쁨은 죄가 아니다"라고 알려주는 정서적 재학습의 시간이 될것이다.

마지막으로, 완벽함에 대한 집착을 내려놓아야 한다. 착한 아이는 실수를 두려워하며, 항상 완벽해야만 사랑받을 수 있다고 믿는다. 그러나 진정한 사랑은 완벽함이 아니라 진실함에서 비롯된다. 서툴게 말해도 괜찮고, 울다가 웃어도 괜찮으며, 가끔은 이기적이어도 괜찮다. 이제 당신에게 필요한 말은 이것이다.

"나는 실수를 해도 괜찮은 사람이다."
"나는 나를 먼저 돌봐도 괜찮은 사람이다."
"나는 착하지 않아도 사랑받을 수 있는 사람이다."

"착한 아이"는 위대한 생존자이다. 그 시절을 기어이 버텨내며 여기까지 온 사람이다. 하지만 이제는 생존의 방식이 아니라 치유와 존재의 방식으로 살아야 할 때다. 역할이 아닌 감정으로, 책임이 아닌 기쁨으로. 그러니 내면의 아이에게 따뜻하게 속삭여 주어야 한다. "이제 괜찮아. 이젠 내가 너를 살아가게 해줄게."라고 말이다.

아동의 5가지 자유

- 역기능 가족 규칙을 넘어 회복으로 가는 길

가족 규칙은 보이지 않는 뿌리와 같다. 그 뿌리는 가정을 지탱하는 영양분이 되기도 하고, 때로는 뿌리 깊은 병으로 나무를 시들게 하기도 한다. 순기능적인 규칙은 신뢰와 안전을 심어 주지만, 역기능적인 규칙은 마음을 질식시킨다. '말하지 마라, 느끼지 마라, 필요를 드러내지 마라…' 이러한 규칙은 아이의 내면에서 자유를 갉아먹는다. 그 결과 자아는 점점 움츠러들고, 스스로를 표현하는 법을 잊게 된다. 치유는 바로 이 지점에서 시작되어야 한다. 잃어버린 자유를 되찾는 일이 곧 역기능 규칙을 건강하게 변형시키는 첫걸음이다. 미국의 심리치료사 버지니아 사티어(Virginia Satir)는 이를 위해 '아동의 5가지 자유'를 제안했다. 이 다섯 가지 자유는 단순한 권리가 아니라, 건강한 자아로 살아 숨 쉬기 위한 인간의 본질적인 호흡이다.

첫 번째, 내가 보고 있는 것을 있는 그대로 볼 자유가 있다.
역기능적인 규칙 속에서 자란 아이는 종종 '네가 본 것은 잘못된 것이다'라는 메시지를 듣는다. 있는 그대로 바라보는 눈은 부정당하고, 부모의 시선이 '진짜 현실'이 된다. 그러나 치유의 여정에서 가장 먼저 회복해야 할 것은 나 자신의 시선이다. 내가 본 것을 그대로 인정하고 그 경험을 사실로 받아들일 권리. "나는 이렇게 보았다"라는 선언이 바로 자아의 첫 울음이며, 외부의 왜곡에 휘둘리지 않는 힘의 시작이다.

두 번째, 내가 느끼는 감정을 자유롭게 표현할 권리
많은 아이들이 "그건 화낼 일이 아니야", "그건 슬퍼할 일이 아니야"라는 말을 듣는다. 이러한 말들은 마음의 온도를 느끼는 감각을 무디게 만든다. 하지만 진정한 치유는 감정을 느끼는 것을 허락하는 순간부터 시작된다. 불안하면 불안하다고, 화가 나면 화가 났다고, 슬프면 슬프다고 말할 자유가 필요하다. 감정을 느끼는 것은 약함이 아니라 살아 있음을 증명하는 것이며, 감정을 제대로 느껴야 건강하게 흘려보낼 수 있다.

세 번째, 내가 생각하는 바를 자유롭게 표현할 권리
역기능적인 규칙은 사고의 자유마저 억압한다. '네가 뭘 알아', '그건 틀린 생각이야'라는 말은 아이의 사고를 갇힌 방에 가둔다. 그러나 생각은 자아의 나침반이다. 생각할 자유가 없으면 평생 타인의 생각 속에서 길을 잃고 살아가게 된다. "나는 이렇게 생각한다"라는 말은 자기 존재를 존중하는 시작이며, 동시에 다른 사람의 생각과 건강하게 구분 짓는 힘이다.

네 번째, 내가 원하는 것을 선택할 자유가 있다.
많은 아이들은 선택의 자유를 '이기심'으로 오해하도록 배운다. 그러나 원하는 것을 선택하는 행위는 자아의 주권을 회복하는 길이다. 사소한 것부터 시작하면 된다. 오늘 입고 싶은 옷, 먹고 싶은 음식, 하고 싶은 놀이. 그 작은 선택들이 모여 '내 인생의 방향'을 결정하는 더 큰 선택으로 성장한다. 선택할 자유가 회복될 때, 자아는 다시 삶의 조타수를 잡게 된다.

다섯 번째, 내가 원하는 것을 추구할 자유
역기능적인 규칙은 종종 아이에게 '꿈꾸지 마라'고 속삭인다. 기대를 품으면 실망할 뿐이라는 이유로 열망 자체를 꺾어버린다. 하지만 꿈꾸고 추구하는 자유야말로 자아 성장의 원동력이다. 원하는 것을 향해 한 걸음 내딛는 순간, 아이는 '살아 있음을' 느낀다. 비록 그 걸음이 더디다 할지라도, 추구하는 과정에서 자아는 날개를 단다.

아동의 5가시 자유는 단순히 어린 시절에만 필요한 것이 아니다. 어른이 된 지금도 우리는 여전히 이 자유들을 되찾고 회복해야 한다. 역기능 가족 규칙이 만든 굳어진 틀을 깨뜨리고, 내 안의 '보는 눈, 느끼는 마음, 생각하는 머리, 선택하는 손, 추구하는 발'을 다시 일깨워야 한다. 그 자유들이 살아날 때, 자아는 비로소 제 목소리로 세상에 말할 수 있다. 그리고 바로 그때, 역기능의 그림자 속에서도 우리는 나답게 살아가는 법을 배우게 된다.

자아 생존을 위한 처절한 몸부림

인간의 마음은 본능적으로 평정심을 지향한다. 안정된 감정, 조화로운 관계, 내면의 고요함. 그러나 실제 삶 속의 마음은 그리 평온하지 않다. 어느 순간 불쑥 떠오르는 오래된 기억들, 예기치 못한 위협적인 충동, 불안, 성적 욕망, 공격성, 미움, 원한 같은 감정들이 그 균형을 가차 없이 깨뜨린다. 이럴 때 자아는 재빨리 평정을 되찾기 위해 고군분투한다. 그리고 그 분투가 반복되면서 자아는 점차 생존을 위한 심리적 전략을 형성하게 된다. 이 전략을 정신분석학에서는 '타협 형성(Compromise Formation)'이라 부른다. 자아는 무의식과 현실 사이, 혹은 충동과 도덕 사이에서 끊임없이 조율하며, 어느 쪽도 완전히 무너뜨리지 않는 방식으로 절충을 시도한다. 이 절충은 처음에는 일시적인 해결책에 불과하지만, 반복되면서 내면에 구조화되고 고정된 틀로 자리 잡기 시작한다. 그렇게 자아는 살아남기 위해 일종의 생존 기제를 만들어 낸다. 이것은 다른 말로 '방어기제(defense mechanism)'라고도 불린다.

빙어기세는 난순한 부정적 도피 수단이 아니다. 그것은 자아가 무너지지 않기 위해 필사적으로 세운 마지막 장벽이자, 위태로운 현실 속에서 자신을 보호하기 위한 심리적 방어선이다. 그러나 이 방어선이 지나치게 견고해지면 자아는 더 이상 유연하게 감정을 조절하지 못하고 오히려 고립되어 굳어지기 시작한다. 생존을 위한 몸부림이 결국 자기 자신을 옥죄는 벽이 되는 아이러니, 이것이 바로 자아가 겪는 참혹한 생존의 과정이다.

예컨대, 연인과의 이별을 겪은 사람이 실연의 아픔을 잊기 위해 여행을 떠나거나, 고통을 망각하려 또 다른 대상을 끌어들여 분노와 불안을 투사하거나, 화학물질에 의존하거나 스포츠, 게임, 낚시, 도박, 섹스 등에 몰입하는 경우가 있다. 이 모든 행동은 자아가 내면의 고통을 견디기 위한 생존 본능이자, 때로는 비참한 몸부림이다. 자아는 고통을 피하려는 과정에서 이러한 다양한 심리적 기제를 만들어내는 것이다.

여기서 말하는 '심리적 기제'란 인간 행동에 영향을 미치는 내면의 작용으로, 개인의 선호와 대처 방식 사이에서 구조화된다. 처음에는 하나의 선택처럼 보이는 이 기제들이 반복을 통해 특정한 생존 방식으로 강화되면, 자아는 점점 내면의 요구와 외적 현실 사이의 압력에 지속적으로 노출된다. 그 압박 속에서 자아는 한편으로는 불안을 피하고, 다른 한편으로는 본능적 욕구를 충족시키며 갈등과 충돌을 해소하여 마음의 평정을 유지하려 애쓴다.

　결국 이 절충의 끝에서 본능과 이성이 서로 조금씩 양보하며 '타협 형성(Compromise Formation)'을 이룬다. 이는 욕구를 일정 부분 충족시키면서도 마음의 평화를 일정 수준에서 회복하려는 자아의 심리적 전략이다. 이 타협은 단순한 순간적 감정 조율이 아니라 자아의 생존을 위한 하나의 패턴이 된다. 그리고 이때 나타나는 행동의 결과가 미국의 심리학자 고든 올포트(Gordon Allport)가 말한 '성격의 개인차'로 나타난다. 다양한 자극에 대해 유사한 방식으로 반응하고, 특정 상황을 반복적으로 기능적으로 동등하게 인식하며, 유사한 행동 유형을 되풀이하는 것이다. 이것이 바로 자아 생존 기제의 구조화된 결과이며, 성격이라는 형태로 드러나는 심리적 경로다. 우리는 이를 '성격'이라 부르지만, 실상은 오랜 시간 반복된 방어 기제의 작동이 굳어진 결과일 뿐이다.

　여기서 문제는 유년기나 초기 생애 경험에서 잘못 형성된 생존 기제에 있다. 이러한 기제는 성인이 되어서도 여전히 영향을 미치며, 병리적인 상태뿐만 아니라 정상적인 삶의 영역에서도 반복적으로 나타난다. 우리가 흔히 말하는 '성격상의 결함'이나 '버릇'이라는 표현은 사실상 어떤 방어 기제를 주로 사용하는지와 깊이 연결되어 있다.

　방어 기제는 양날의 칼과 같다. 적절히 사용하면 자아를 보호하고 생존을 돕지만, 균형이 깨져 과도하게 사용되면 자아를 고립시키고 스스로를 공격하는 무기로 변질된다. 타인을 향하던 방어는 결국 자신을 향하게 되며, 스스로 세운 방벽 안에 갇힌 채 내면은 점점 위축된다. 그러므로 자아의 진정한 회복은 '무엇을 방어하느냐'보다 '어떻게 방어하는가'를 인식하고 조율하는 데서부터 시작된다.

유년기에 형성된 생존 방식

　성장하는 아이들은 사랑과 은혜, 그리고 보호를 충분히 경험하지 못할 때, 서서히 자신만의 방식으로 '가정 안에서 살아남는 법'을 터득하게 된다. 부모의 관심을 얻기 위한 과장된 웃음, 혼나지 않기 위한 과묵함, 형제보다 눈에 띄기 위한 성취 강박, 혹은 존재 자체를 지우는 투명한 침묵. 이러한 행동들은 단순한 버릇이나 성격이 아니라, 아이가 감정과 현실 사이에서 만들어낸 심리적 생존법이다. 이처럼 형성된 생존 기제는 대개 어린 시절에 시작되어 어른이 되어서도 무의식 속에서 그대로 작동하며 일생을 함께한다. 그 방식은 때로 삶의 위기를 넘기는 데 도움을 주기도 하며, 적절히 다듬고 변형하여 사용하면 오히려 내면의 자산이 되기도 한다. 그러나 문제는 그 방식이 그대로 고착되어 성인기의 삶 전체에 반복되는 패턴으로 자리 잡는다는 점이다.

새로운 관계와 변화하는 환경 속에서도 자아는 여전히 유년기의 생존 방식에만 반응한다. 아무리 상황이 달라졌어도 마음은 여전히 어린 시절의 감각을 기준으로 삼는다. 그러다 보니 삶의 위기 앞에서도 그 방식 외에는 다른 길을 찾지 못해 결국 스스로를 더 힘들게 만드는 결과를 초래한다. 선택이 아니라 반응처럼, 자유가 아니라 반복처럼. 이렇게 자아는 한 번 형성된 생존 방식에 갇혀 진정한 자신의 삶의 가능성을 좁혀 가며 살아가게 된다.

어릴 적 형성된 생존 기제는 한때 도움이 되었을지 모른다. 부모의 기분을 살피고 눈치를 보며 침묵하거나 반항함으로써 위기를 피했던 방식이다. 그 방식은 당시 아이에게 최선의 전략이었고, 실제로 자신을 보호하는 데 유용했을 수도 있다. 그러나 그 전략이 성인의 대인관계와 감정 표현 방식에 그대로 영향을 미친다면, 그 결과는 친밀감 난설이나 관계 갈등으로 이어질 가능성이 크다. 예를 들어, 어린 시절 조용히 침묵하거나 반항을 선택해 야단을 피했던 경험이 있다고 하자. 그 전략은 당시 환경에서 유일한 자구책이었을 것이다. 하지만 성인이 되어서도 똑같이 침묵이나 반항으로 관계를 풀어가려 한다면, 그것은 더 이상 유효한 방식이 아니다. 오히려 타인과의 소통을 가로막고 오해와 감정의 골을 깊게 만들며, 자아 표현력을 점점 위축시킨다.

생존기제는 본능적으로 형성되지만, 이에 대한 인식이 없으면 평생 반복된다. 자아는 여전히 어린 시절의 감정 방식에 머물러 있으며, 상황이 바뀌었음에도 반응은 과거에 머물러 있다. 결국, 생존의 틀은 어린 시절의 심리 게임에서 벗어날 때 비로소 성숙을 이루는 내적 자원이 된다. 그때부터 우리는 반응이 아닌 선택으로 관계를 맺고, 방어가 아닌 소통으로 삶을 살아가게 된다.

그렇다면 왜 사람들은 유년기의 생존 방식을 쉽게 버리지 못할까? 그 이유는 명확하다. 그 생존 방식을 버리는 순간, 유년기에 회피했던 불안이나 고통에 직면해야 한다는 두려움 때문이다. 한때 나를 살리고 지켜준 유일한 안전망이었기에, 그것을 내려놓는다는 것은 마치 자신의 과거 전체를 부정하거나 알 수 없는 혼돈 속으로

들어가는 것처럼 느껴진다. 그래서 사람들은 무의식적으로 그 방식에 더욱 집착하게 되는 것이다. 아이러니한 점은, 지금의 우리는 그때보다 훨씬 더 많은 내적 자원과 회복력을 가지고 있음에도 불구하고, 여전히 어린 시절의 방식 안에서만 안정감을 느끼며 자신을 지키려 한다는 것이다. 안전하다고 느끼는 것은 익숙함 때문이지, 그것이 옳거나 효과적이기 때문이 아니다.

자아는 이미 충분히 성장했으며, 그 불안을 돌볼 수 있는 내적 힘도 갖추고 있다. 그러나 무의식은 여전히 오래된 기억에 의지한다. 그것이 익숙하고 덜 아프기 때문이다. 이런 점에서 '불안'은 단순한 감정이 아니라, 유년기에 형성된 미성숙한 감정체라고 할 수 있다. 제대로 표현되지 못한 두려움, 소외된 기억, 받아들여지지 못한 감정이 덩어리처럼 남아 지금도 우리 안에서 말을 걸어오는 것이다.

"그때처럼 다시 아프면 어떡하지?"
하지만 이제는 그 질문에 다정하게 대답할 수 있어야 한다.
"그때는 내가 어렸지만, 지금은 다르잖아."

대구에서는 코끼리 공연이 매우 유명하다. 관광객들은 코끼리의 재주에 환호하며 감탄을 금치 못한다. 그러나 정작 가장 놀라운 것은 코끼리 사제가 아니라 그것을 다루는 조련사의 방식이다. 5톤이 넘는 거대한 코끼리가 조련사의 손짓 하나에 움직이고, 심지어 사람을 마사지하는 모습까지 보면, 어떻게 그 압도적인 힘을 지닌 존재가 그렇게 순종적으로 행동할 수 있는지 의문이 든다. 그 무게에도 불구하고 사람이 압사당하지 않는 것이 오히려 더 신기할 정도다.

그 배경에는 조련사의 훈련 방식이 있다. 한 다큐멘터리에서 알게 된 사실인데, 어린 코끼리를 조련할 때 조련사들은 그들을 아주 작은 말뚝에 묶어 놓고 먹이를 주며 훈련시킨다고 한다. 말뚝은 작고 연약하여 조금만 힘을 써도 뽑힐 수 있을 정도지만, 아직 힘이 약한 아기 코끼리는 그 말뚝을 벗어날 수 없다고 믿게 된다. 그런데 놀라운 점은, 그렇게 자란 코끼리가 성체가 된 이후에도 여전히 그 작은 말뚝에 묶여 있다는 사실이다. 툭 치면 날아갈 정도로 연약한 그 말뚝이 이제는 5톤에 달하는 몸집을 가진 코끼리를 얽매고 있는 것이다. 자신이 벗어날 수 있다는 사실조차 모른 채, 그 말뚝 앞에 조용히 앉아 있을 뿐이다.

이 장면은 우리 마음의 구조와 놀라울 정도로 닮아 있다. 어릴 때 길들여지고 강화된 생존의 틀이 성인이 된 이후에도 여전히 작용하고 있는 것이다. 나를 지켜주기 위한 생존기제는 어린 시절에는 분명 필요했고, 마음의 평정을 위한 방패가 되어주었다. 그러나 성인이 된 지금에도 여전히 유년기의 생존법을 떼어내지 못한 채 살아간다는 것은 얼마나 어리석은 일인가. 이미 풍부한 힘과 가능성을 지니고 자유롭게 자신의 기량을 펼치며 살아가도 될 삶임에도 불구하고, 여전히 어린 시절의 심리적 말뚝에 자신을 묶어둔다면 참으로 안타까운 일이 아닐 수 없다.

뽑아내야 한다.

우리 내면에 어린 시절 묶여 있던 말뚝을 발견하고, 이제 쓸모를 다한 그 말뚝을 뽑아내야 한다. 우리는 이미 충분히 그 말뚝을 뽑아낼 힘을 가지고 있다. 성숙한 이성, 회복된 감정, 훈련된 인식이 모두 준비되어 있다. 용기를 내자. 아직도 어린 시절의 불안과 맞닥뜨리는 것이 두려운가? 어쩌면 이것은 유통기한이 지난 우유를 계속 마시면서 왜 배가 아픈지 이유를 묻는 것과 같은 일일지도 모른다. 과거에는 필요했지만 지금은 유효하지 않은 감정 표현, 관계 방식, 반응 패턴 등의 생존법이다.

마음을 회복한다는 것은 거창한 수련이 아니라, 결국 나를 묶고 있는 작은 말뚝의 끈을 푸는 일이며, 지금도 계속 마시고 있는 상한 우유를 끊는 일이다. 어떤 방식이 나를 지켜주고, 어떤 방식이 나를 해치고 있는지를 구별해내는 힘, 그것이 자아 성숙의 첫걸음이다.

그렇다면 이제 우리가 해야 할 일은 분명하다. 지금 내 자아를 묶고 있는 작은 말뚝들이 무엇인지, 그리고 나를 자꾸 배 아프게 만드는 상한 우유 같은 생존법들이 무엇인지 하나씩 들여다보아야 한다. 손가락으로 가리키기보다 내 안을 돌아보고 천천히 물어야 한다. "지금의 나는 여전히 어릴 적 그 방식으로 반응하고 있는 건 아닐까?" 이 질문이야말로 회복의 가장 강력한 시작이 될 것이다.

반동 형성(Reaction Formation) ― 미소 뒤에 숨겨진 감정

첫 번째, '반동 형성(Reaction Formation)'이라는 방어기제가 있다. 이는 말 그대로 예상되는 감정이나 충동과 정반대의 반응을 발달시키는 방식을 의미한다. 겉으로는 밝고 긍정적인 모습을 보이지만, 그 안에는 억눌린 슬픔이나 분노가 뒤엉켜 있는 경우가 많다. 예를 들어, 고통스러운 환경에서 자란 아이가 있다. 그는 분명 내면에 깊은 상처와 불안을 안고 자랐지만, 의외로 늘 환한 미소로 주변을 대한다. 누구보다 잘 웃고, 누구보다 따뜻한 말을 전한다. 겉으로

보기에는 긍정적인 아이처럼 보이지만, 그 이면에는 아직 마주하지 못한 고통의 그림자가 숨어 있다.

 이러한 모습은 자신의 진짜 감정을 억누르고 반대되는 감정으로 위장하는 전형적인 반동 형성의 양상이라 할 수 있다. 때로는 이러한 기제가 삶에서 '영웅화된 역할'로 나타나기도 한다. 가정 내의 고통을 잊기 위해 '가족의 영웅'이 되어 살아가는 사람, 어린 시절 심한 체벌을 받으며 자란 사람이 성인이 되어서는 아이를 절대 때리지 않지만, 그 대신 정서적으로 아이를 통제하거나 억압하는 방식으로 아이에게 고통을 주는 사람. 또 어떤 이는 아버지가 술을 마시며 가정을 파괴하는 모습을 보며 자랐고, 그래서 성인이 되어서는 술을 입에도 대지 않지만, 아이러니하게도 자신도 모르게 아버지의 말투와 잔소리를 반복하고 있는 사람이다.

 이처럼 반동 형성은 누군가의 모습을 싫어하여 자신을 다르게 표현하며 살아보지만, 결국 그 누군가의 반복되는 모습 속에서 살아가게 되는 현상을 의미한다. 내면의 성숙은 반드시 일치된 감정에서 출발하지만, 내가 느끼는 것과 표현하는 것, 그리고 내가 말하는 것과 행동하는 것이 일치하지 않을 때 내면 어딘가에서 부조화를 경험하게 된다. 이러한 부조화는 삶을 불안하게 만들고, 대인

관계를 혼란스럽게 하며, 나 자신과의 거리를 점점 멀어지게 한다.

치환/대치(Displacement) — 감정을 엉뚱한 대상으로 전이하기

두 번째, '치환(Displacement)' 또는 '대치'라는 생존 기제가 있다. 이는 말 그대로 감정을 일으킨 당사자에게 직접 표현하지 못하고 전혀 무관한 대상에게 감정을 옮겨버리는 방식을 말한다. 흔히 '종로에서 뺨 맞고 한강에서 화풀이한다'는 속담이 이 기제를 정확히 설명해준다. 예를 들어, 남편이 직장에서 스트레스를 받고 집에 돌아와 아내와 아이에게 불필요하게 화를 내는 경우나, 엄마에게 꾸지람을 들은 아이가 자신의 방에 들어가 인형을 부러뜨리거나 강아지를 괴롭히는 행동은 모두 치환의 전형적인 사례다. 감정을 일으킨 원인에게는 직접 표현하지 못한 채, 자신보다 약한 존재에게 그것을 쏟아붓는 방식이다. 체벌이나 수치심을 반복적으로 경험한 사람이 정작 그 원인과는 감정적으로 대면하지 못하고 전혀 상관없는 대상에게 공격성을 표출할 때, 우리는 그것을 치환이라 부른다.

이 과정은 감정을 우회적으로 발산하는 방식이면서 동시에 자아를 지키기 위한 방어 전략이기도 하다. 그러나 이 방식은 자칫하면 매우 비겁하고 파괴적인 결과를 초래할 수 있다. 사회 중범죄의 많

은 유형이 바로 이러한 치환적 생존에서 비롯된다. 감정 조절 능력이 미숙한 사람들은 갈등이나 불쾌한 감정을 경험했을 때 그것을 성숙하게 다룰 방법을 몰라 수단과 방법을 가리지 않고 타인에게 분출하는 비겁한 행위를 저지른다. 결국, 자아가 충분히 단단하지 못해 당사자에게 맞설 용기가 없고, 자신보다 약한 존재를 향해 감정의 화살을 돌리는 행위가 바로 치환이다.

 그 결과는 대개 고통스럽다. 감정을 유발한 당사자는 여전히 내면에 남아 있고, 감정은 왜곡된 방식으로 흐르며, 상관없는 제삼자는 깊은 상처를 입는다. 그리고 그 감정은 해소되지 않은 채 또 다른 형태의 왜곡과 불균형을 만들어낸다. 물론, 감정이 상했다면 그것을 억누르지 않고 제때 건강하게 표현하는 일은 매우 중요하다. 감정의 환기는 인간 심리에서 지극히 자연스럽고 필요한 작용이다. 그러나 성숙의 척도는 그 감정을 '어떻게', '누구에게', '어떤 방식으로' 표현하느냐에 있다. 감정을 다룰 줄 아는 기술, 표현의 언어, 갈등을 대면하는 용기와 태도는 어른으로서 성숙한 삶에서 가장 갖추어야 할 역량이다.

 어릴 적 형성된 생존 기제가 성인이 된 후에도 변형 없이 지속된다면, 그것은 자아 성장을 가로막는 족쇄가 된다. 상처받은 기억은 피할 수 없는 인간의 일부이기에, 언젠가는 반드시 그 감정을 유발한 당사자와 마주해야 할 때가 온다. 그러나 그 대면은 무작정 분노에 휩싸인 채 이루어져서는 안 된다. 앞서 언급했듯이, 내 감정이 폭풍처럼 일어날 때는 한 걸음 물러서서 숨을 고르고 내면의 안정감을 회복한 후에야 진심을 전할 수 있다. 감정과 이성이 균형을 이루는 지점에서, 안전한 공간과 시간 안에서 이루어지는 대화만이 관계를 해치지 않으면서 자신을 표현할 수 있는 방법이다.

그리고 기억해야 할 점은, 건강하게 감정을 표현했다고 해서 곧바로 모든 관계가 회복될 것이라고 기대하지 말아야 한다는 것이다. 그것은 단지 책임 있는 나의 표현이자, 어른으로서 감정을 다루는 첫걸음에 불과하다. 왜곡된 감정의 화살을 거두고 진정으로 마주해야 할 대상을 향해 정직하게 서는 것, 그것이 바로 자아 회복의 시작이다.

투사(Projection) — 너는 나의 그림자이다.

그리고 '투사(Projection)'라는 심리적 방어기제가 있다. 이는 자신의 잘못이 분명함에도 불구하고 그 책임을 다른 사람에게 전가하는 미성숙한 생존 전략이다. 자신 안에 숨겨진 공격적 욕망과 충동, 실패에 대한 두려움조차도 자연스럽게 '남 탓'으로 돌리는 방식이다. 자기 내부의 어둠을 마주할 수 없기에 그 어둠을 타인의 얼굴에 덧씌우려는 무의식적 기제다. 표현은 타인을 향하지만, 그 실체는 자신 안의 미해결 감정에 뿌리를 두고 있다. 이러한 기제를 사용하는 사람은 대체로 자기 분화 지수(Differentiation of Self)가 낮으며, 내면의 부정적 이미지를 걸러내지 못한 채 가장 가까운 사람에게 그대로 감정을 투사한다. 예컨대, 직장에서 분노를 조절하지 못한 상사가 부하 직원에게 "얼굴 펴! 왜 인상 쓰냐?"고 퍼붓는 장면이나, 바쁜 일정으로 자주 연락하지 못한 남자친구에게 "맘이 식었지? 딴 여자 있는 거 아냐?"라고 추궁하는 상황이 그렇다. 그 감정은 실제 상대방의 것이 아니라, 자기 안의 불안과 불신이 반사된 거울일 뿐이다.

이러한 투사의 뿌리는 대부분 유년기의 정서적 결핍과 양육의 부재에 있다. 특정 시기에 부모로부터 적절한 보호와 사랑을 받지 못한 아이는 내면의 상처를 외부 대상에 덧씌우는 방식으로 자아를 방어한다. 예를 들어, 어린 시절 부모의 방임을 경험한 여자아이는 성인이 되어서도 그 부재의 흔적을 마음 깊이 간직한다. 그 고통스러운 기억은 종종 현실에서 만나는 연인에게 전이되며, 아무리 다정하고 성실한 사람이라 해도 무의식 속 '떠난 부모'의 이미지가 덧씌워진다. "언제든지 이 사람도 떠날 거야." "다른 여자를 만나 결국 나를 버릴 거야." 이러한 투사된 불안은 관계를 병들게 하고 반복되는 상처로 이끈다. 결혼 후에도 이러한 투사는 배우자에게로 이어진다. 과거의 상처가 현재의 사람에게 그림자처럼 덧입혀지고, 투사된 불안은 오해와 단절의 씨앗이 된다. 사랑의 이름으로 시작한 관계 안에서 결국 우리는 자신의 상한 감정과 부정적 이미지를 이식하며 또 다른 상처를 만들어간다. 그러므로 자신 안에 남아 있는 감정을 돌보고 분리해내지 않는 한, 우리는 사랑이라는 이름으로 고통을 되풀이하게 된다. '투사'는 생존을 위한 슬픈 몸부림에서 비롯된 참혹한 심리적 전략이다. 그러나 그 전략은 자아를 보호하기보다 관계를 병들게 하고 진정한 사랑과 신뢰의 길을 가로막는다. 이제 우리는 스스로에게 묻고 또 물어야 한다. "이 감정은 정말 당신의 것인가, 아니면 내 안의 오래된 그림자인가?" 이 질문 앞에 정직하게 서는 순간, 당신은 비로소 분리되고 회복되기 시작할 것이다.

내사(Introjection) — 타인의 고통을 나의 몫처럼 느끼기

그리고 '내사(Introjection)'라는 심리 기제가 있다. 이것은 타인의 감정이나 책임, 기대를 마치 자신의 몫인 것처럼 내면으로 흡수

하여 살아가는 무의식적인 생존 전략이다. 내사는 다른 사람의 요구와 감정에 무방비로 열려 있는 상태로, 스스로를 돌보는 능력을 상실한 채 타인의 감정에 종속되는 현상이다. 이 기제가 심화되면 실제로 잘못이 없는데도 스스로를 탓하게 되는 거짓된 죄책감이 생겨난다. 타인의 패턴이나 감정을 비판 없이 수용하고 순응하다 보면 자아는 점점 자신을 잃어간다.

예를 들어, 어린 시절 엄마가 제 역할을 하지 못하거나 가정이 무너진 환경에서 자란 아이는 '착한 아이'가 되어야만 했다. 병든 엄마를 대신해 돌보고, 동생을 보살피며 너무 어린 나이에 어른이 되는 생존의 기억, 그것이 바로 내사의 뿌리다. 이러한 내사는 겉으로 보기에는 헌신과 섬김처럼 보일 수 있지만, 자아 인식의 관점에서는 시리도록 아름다운 희생일 수도, 혹은 자신을 철저히 지우는 자기 부정일 수도 있다. 타인을 위한 삶이 아니라, 타인을 위해 자신을 잃어가는 삶인 것이다. 내사가 '가슴 아픈 심리 기제'라 불리는 이유가 바로 여기에 있다.

진정한 헌신은 자신의 자아를 먼저 돌보고 그 힘으로 타인을 대면하는 것이다. 하지만 내면에 고착된 사람은 자신보다 타인을 먼저 생각한다. 그들은 늘 주변의 눈치를 살피고 타인의 감정에 과도하게 몰입한다. 누군가 기분이 나빠 보이면 자신이 잘못한 것처럼 느끼고, 누군가 아프면 자신도 함께 아파야만 하는 것처럼 여긴다. 그들은 마치 세상의 모든 고통을 자기 몫처럼 짊어져야만 사랑받을 수 있는 존재라고 믿으며 살아간다.

끊임없이 누군가를 챙기고 돌보며 고통을 감내하는 삶. 그것은 신이 부여한 사명이 아니라, 스스로를 소진시키는 심리적 자기 해체일 뿐이다. 내면의 생존 본능이 만들어낸, 자기 존재를 증명하기 위한 비극적인 역할에 불과하다. 그렇게 살아가는 사람은 결국 '도움을 줘야만 존재할 수 있는 사람'으로 자신을 고정시키는 것이다. 그 삶은 결코 평화롭지도, 온전하지도 않다. 잊지 말아야 한다. 내가 나를 먼저 세우고 돌본 후에야 타인과 상황을 살펴야 한다는 것을. 그 과정에서 때로는 '이기적이다', '냉정하다'는 말을 듣게 되더라도, 그래야만 이 질긴 생존의 말뚝을 뽑아낼 수 있다. 그렇지 않으면 평생 타인의 고통을 나의 몫처럼 짊어진 채, 스스로도 돌보지 못하는 왜곡된 역할극 속에서 벗어나지 못하게 된다. 내 삶을 타인의 서사로 살아내는 일이야말로 삶에서 가장 깊은 공허임을 잊지 않았으면 좋겠다.

억압(Repression) — 마음속 깊은 바닥에 눌러둔 기억들

억압(Repression)은 불안에 대한 가장 원초적인 방어기제이다. 고통스러운 생각이나 도저히 견딜 수 없을 것 같은 기억들이 의식의 문턱을 넘으려 할 때, 우리는 마치 생존 자체가 위협받는 듯한 감정에 사로잡히게 된다. 그러한 위협 앞에서 마음은 본능적으로 반응한다. 자아는 그 기억들을 의식의 가장 깊은 바닥으로 밀어 넣어 철저히 봉인해버린다. 용납할 수 없는 생각, 부끄러운 욕망, 충동적인 감정은 그렇게 무의식 속으로 추방되고, 자아는 그것들이 다시 떠오르지 않도록 그 문을 굳게 닫아 봉인한다. 죄책감, 수치심, 자존감 손상을 유발할 수 있는 경험은 현재의 나에게 불편함만을 야기하므로, 우리는 그것들을 모조리 억누르며 살아가려 한다.

특히 어릴 적 은연중에 억압이라는 심리 기제를 사용하며 성장한 사람들은 유년기의 기억에 공백이 있는 경우가 많다. 몇 살 때의 일은 또렷하게 기억나지만, 특정 시기만큼은 마치 블랙홀처럼 기억이 통째로 사라져 있는 것이다. 분명 살아 있었고 매일 숨 쉬며 살아낸 시간이었는데도 그 시절의 장면이 거의 떠오르지 않는다. 이러한 현상은 단순한 건망증이 아니다. 그것은 무의식이 작동시킨 하나의 심리적 방어 기제, 즉 억압이다. 감당할 수 없었던 기억, 받

아들이기엔 너무 아팠던 감정, 그리고 설명할 수 없는 수치심과 두려움이 하나의 상처 입은 사연으로 저장된 채 기억의 표면에서 사라진 것이다. 이것이 억압의 전형적인 작동 양상이다.

우리는 종종 어떤 기억이 남아 있음에도 불구하고 당시의 감정을 느끼지 못하거나, 감정은 생생한데 그 감정이 어떤 사건에서 비롯된 것인지조차 알지 못하는 경우가 있다. 억압된 기억과 감정은 완전히 사라지지 않는다. 오히려 더 깊은 차원에서 자아를 흔들며, 삶의 다양한 국면에서 낯선 방식으로 모습을 드러낸다.

심각한 학대를 경험한 이들의 경우, 기억은 의식에서 지워졌지만 몸은 여전히 그 고통을 간직하고 있다. 특정한 외모나 말투, 향기를 지닌 사람 앞에서 몸이 떨리고 숨이 가빠지며, 설명할 수 없는 두려움이 솟구치기도 한다. 이를 우리는 '몸의 기억(Body Memory)'이라 부른다. 마음이 감당할 수 없어 억눌렀던 기억과 감정이 말이 아닌 몸의 언어로 되살아나는 것이다. 무의식에 저장된 상처는 자아가 의식에서 외면해도 결코 사라지지 않는다. 몸은 기억하고 있으며, 그것은 언젠가 반드시 모습을 드러낸다. 억압은 자아를 보호하기 위해 선택된 본능적인 전략이다. 그러나 억압이 지속될수록 자아는 현실과 감정 사이에서 분열되고, 고통에 사로잡히는 모순된 상태에 빠지게 된다. 그러므로 우리가 건강해지기 위해서는 반드시 그 기억을 되찾아야 한다. 자아가 충분히 힘을 길러 억압된 감정을 감당할 준비가 되었을 때 비로소 그 기억을 다시 품고, 고통을 해석하며 삶의 주도권을 회복해 나가야 한다.

마음의 성찰과 훈련을 통해 내면을 들여다보다 보면, 억눌렸던 기억들이 불쑥 떠오르는 때가 있다. 문득 떠오른 장면이 감정을 깊이 흔들기도 한다. 그럴 때 우리는 이 사연들을 온전히 품어주어야 한다. 그 기억은 과거의 나이지만, 지금의 내가 품을 수 있는 성숙함으로 아픈 사연을 독립시켜 주어야 한다. 그렇지 않으면 이 사연들은 언제 터질지 모르는 감정의 블랙홀로 남아, 예기치 못한 순간에 폭발하듯 튀어나와 상상하기 어려운 상황을 만들기도 한다. 때로는 그것이 타인에게까지 향해 돌이킬 수 없는 상처를 입히는 결과를 초래하기도 한다.

우리는 가끔 언론을 통해 믿기 어려운 비보를 접한다. 전과 하나 없이 평범하게 살아온 이가 어느 날 갑작스레 치명적인 범죄를 저질렀다는 보도다. 많은 사람들은 이를 반사회적 인격장애의 문제로 단정 짓지만, 실제로는 그렇지 않다. 오히려 정신질환을 가진 사람들 중 다수는 타인에게 해를 끼치지 않고 자신을 해치는 방식으로 고통을 드러내는 경우가 더 많다. 그러나 억압을 품고 살아가는 사람은 겉보기에는 멀쩡하고 사회적으로도 잘 적응하는 듯 보이지만, 내면 어딘가에는 언제, 어느 때 터질지 모르는 폭탄을 품고 있는 경우가 많다.

전혀 예측하지 못한 말 한마디, 사소한 표정 하나가 억눌린 감정을 자극하며 전혀 새로운 형태의 폭력으로 터져 나온다. 우리가 절대 잊어서는 안 되는 것은 억압된 기억이 사라지는 것이 아니라, 숨어 있다가 다시 돌아온다는 점이다. 눈앞에 보이지 않는다고 해서 그 상처가 치유된 것이 아니며, 그 상처는 언제, 어떻게, 누구에게 드러날지 모른다는 사실을 반드시 기억해야 한다.

우리는 성인이 되어서도 어린 시절에 형성된 왜곡된 생존 방식을 여전히 반복하며 살아간다. 그러나 그 반복은 결코 우리를 성숙으로 이끌지 않는다. 오히려 자아는 점점 성장을 멈추고, 시간이 흐를수록 내면은 시들고 황폐해진다. 따라서 반드시 이러한 생존 기제들을 다루어야 한다. 내면 깊이 새겨진 방어의 흔적들을 하나씩 끄집어내어 직면하고, 필요한 경우 새로운 방식으로 변형하고 다듬어야 한다. 그렇게 할 때 비로소 우리는 감정을 건강하게 사용할 수 있게 되며, 진정한 성숙과 회복의 길로 나아갈 수 있다.

문제는 많은 사람들이 이 방어의 틀이 무너질까 두려워 죽기 살기로 그 구조를 지키며 살아간다는 점이다. 그 방어가 자신을 보호해 주었다고 믿기 때문이다. 그러나 정작 그 방어는 오래전 상처 위에 세워진 불완전한 벽에 불과하다. 더욱 안타까운 것은 그들이 지키고 있는 것이 실은 '허무한 자존심'이라는 사실조차 인식하지 못한 채, 삶의 중심을 점점 더 멀리 잃어가고 있다는 점이다. 방어는 자아를 보호하는 울타리가 될 수 있지만, 그 울타리 안에 갇혀 있는 한 우리는 자유도 성장도 결코 경험할 수 없다는 것을 알아야 한다.

결국 진정한 성숙이란 방어의 벽을 마주하고 그것을 해체하려는 용기에서 시작된다. 그 용기를 통해 자아는 다시 중심에 설 수 있으며, 억눌렸던 감정들은 더 이상 폭발할 위험 요소가 아니라 성장의 재료로 변형되어 우리 삶을 단단히 지지하는 내면의 자산이 된다.

제 4장

치유
論

내면의 사연을 품고 비로소 나로 피어나다

치유는 거창한 변화가 아니다
조용히 수용하는 움직임이다
치유는 고통을 없애는 것이 아니다
그 고통을 다른 방식으로 받아들이는 것이다
그래서 치유는 '변화'가 아니라 '수용'이다
미워했던 나와 부끄러웠던 과거를
아직 불완전한 오늘을 있는 그대로 받아들이는 일이다
조용히 내면의 파도를 바라보자
감정을 조절하는 언어를 배우고 마음을 비우는 연습을 하며
용서와 수용이 남긴 자리에서
새로운 삶의 결이 스며드는 순간이다

치유論

치유, 그 오묘한 세계

 그동안 나는 치유 현장에서 마음이 마음답지 못한 이들을 다양하게 만나왔다. 그들로 인해 가슴이 저리도록 아파하기도 했고, 함께 울며 밤을 꼬박 새우기도 했다. 세파에 물든 차가운 바람이든, 온기 어린 바람이든 그 바람을 맞는 누군가는 나다움을 만들어내며 희망찬 삶을 살아갔고, 또 어떤 이는 비교의식 속에 자학하며 하루하루를 견뎌내고 있었다. 중요한 것은 불어오는 바람의 성질이 아니라, 그 바람을 마주하는 자아 인식의 척도에 따라 달라진다는 점이었다. 나는 이 깨달음을 통해 수년에 걸쳐 위로와 심리학의 심미를 누릴 수 있었다. 그래서일까, 이제는 누군가와 마주할 때면 먼저 그 사람의 아린 자흔이 마음 깊이 다가온다.

마음이 치유의 길을 찾아갈 때는 특별한 방식이나 정해진 왕도가 없다. 인과론적 틀로 체계화하여 몰아가려 해도 그 근접성에서 늘 한계에 부딪힌다. 그래서 언제나 치유는 논리와 분석으로 접근하는 순간, 그 사이클이 멈춰 버린다. 내가 바라본 내적 세계는 그야말로 다양하고 변화무쌍하며, 인간의 관념으로는 가늠할 수 없는 깊고 오묘한 세계였다.

 마음의 증상이 나타났을 때, 약국에서 약을 사 먹고 병증을 다스릴 수 있다면 얼마나 좋을까. 그러나 마음의 회복은 결코 그렇게 단순하지 않다. 각 개인의 고유한 특질 속에서 조각난 사연을 하나씩 찾아가 만나 주고, 달래 주며, 그 안에 숨어 있는 치유의 코드를 읽어내지 않으면, 결코 한 개인의 심연은 열리지 않는다.

 마음의 입구에는 본인조차 알 수 없는 자물쇠가 채워져 있다. 그래서 수많은 심리학 이론들은 저마다 그 자물쇠를 겨냥해 다양한 시도를 해왔다. 분석심리학, 인지심리학, 신경심리학, 긍정심리학에 이르기까지, 인간의 마음을 여는 비밀을 풀기 위한 도전은 경이로울 만큼 치열했다. 마치 어느 순간에는, 그 모든 이론들이 획일화된 하나의 마스터키를 던져줄 듯한 착각을 불러일으키기도 했다. 그러나 정작 마음은 그렇게 단순히 열리지 않았다. 이론마다 각자의 독특한 애착이 있었고, 결국 마음의 문을 여는 길은 '보편적 답'이 아닌, '고유한 나의 방식' 속에서만 발견될 수 있음을 깨닫게 된다.

치유(治癒), 그 오묘한 세계

　마음 치유의 여정은 오묘하면서도 늘 조심스럽다. 자칫 조급함과 혼돈이 앞서면 마음은 금세 우왕좌왕하며 그 고유한 자태를 감춰 버리고 만다. 그러기에 신묘막측한 인간의 마음을 얄팍한 기교로 다루기에는 언제나 무리가 따른다. 여기 컵에 물이 담겨 있다고 상상해 보자. 수려한 지식은 어쩌면 가공할 만한 위세로 저마다 컵을 빚어내고, 더욱 그 기세를 몰아 컵 속에 담긴 물까지도 쪼개고 분석하며 창조해낼 기염을 토한다. 그러나 지식은 언제든 컵의 외형과 외피의 상(像)까지는 흉내 낼 수 있어도, 그 속에 담긴 물의 본질은 빚어낼 수 없다. 왜냐하면 이 생명 살림의 영역은 고유한 신의 영역이기 때문이다.

　이처럼 인간은 지식과 삶(living)의 경계에서 언제나 혼란을 겪는다. 지식의 역할이 인간의 외형을 잘 정돈하는 일, 즉 알아차림의 소임이라면, 지혜와 삶은 지식 본연을 뛰어넘는 통찰로서 인간의 내면을 소생시키고, 살아 움직이는 감성적 에너지와 영성 에너지의 주된 공급원이라 할 수 있다. 따라서 지혜를 통해 각각의 찰기 서린 생기와 살아 있는 생동을 공급받느냐 받지 못하느냐는 철저히 내적 척도에 따른 자아의 몫으로 봐야 한다. 앞서 말했듯이, 인간은 언제든지 내적 흐름과 내적 작동을 인식하지 못하면, 언제 어느 때 터질지 모르는 폭탄을 품고 사는 것처럼 일시적인 회피나 억압을 감추며 살아가야 한다. 더 이상 아픈 내면을 안아 줄 수도 없고, 수려하게 형성된 생존의 가면도 구별할 힘 없이 두려움, 분노, 수치심, 불안, 절망의 압력에 매일매일 시달리며 살아간다.

갈증이 난다고 해서 아무 물이나 마실 수는 없는 법이다. 눈에 보이는 물조차 분별하여 골라 마시듯, 나를 양육하고 치유하는 내적 양식도 더욱 신중하게 선택해야 한다. 하지만 현실에서는 그 내적 양식을 찾기가 결코 쉽지 않다. 이 세상은 화려한 지식이 언제든지 모습을 바꿔가며 우리를 현혹시키기 때문이다. 그래서 나의 자아를 진정으로 소생시키는 메시지, 곧 나만의 고유한 치유 코드를 발견하는 일은 언제나, 그리고 무엇보다 중요한 일이다.

이제,

마지막으로 치유론에 대해 이야기하고자 한다. 그동안 자아 인식과 상처, 원가족에 대해 살펴보면서 자아 시선의 구조가 상당 부분 형성되었을 것이라 생각한다. 이번 장에서 정리된 내용을 하나하나 끝까지 잘 흡수하여, 부디 깊고 아름다운 내적 구조로 형상화되길 바란다.

삶의 의미
/ 새빛

삶의 의미를 찾느라
애쓰지 마라

삶은 의미를 찾는 것이 아니라
스스로 부여하는 것이다

 이미 넌, 너 자체로
충분하다

너의 태어남은 축복이고
너의 결핍은 선물이다

그러니
애쓰지 마라

의문에 머물지 말고
생각에 갇히지 말고
오직 행동으로
삶을 지어가라

자아 길들이기

자아는 정신역동 관점에서 존재하는 심리적 '나'로서, 우리의 의식 중심에서 생각을 조율하고 결정을 내리는 핵심 존재이다. 외부 세계와 내면 세계 사이를 중재하는 다리 역할을 하며, 마음의 작동을 책임지는 중심축이자 총사령관이다. 자아는 외부 자극을 받아들이고 해석하는 동시에 내면에서 일어나는 감정, 욕망, 판단, 기억 등을 조율하여 하나의 방향을 설정한다. 이처럼 자아는 단순한 기능에 그치지 않고, 우리의 삶을 이끌어가는 심리적 중심이자 나를 구성하는 가장 깊은 심리 구조의 일부이다.

흔히 '나'와 '자아'를 같은 의미로 혼용하지만, 자세히 들여다보면 뚜렷한 차이가 있다. '나'는 주로 외부 세계와의 관계 속에서 드러나는 외적인 정체성, 즉 사회적 얼굴로서의 외적 자아(外的自我)를 의미한다. 반면 '자아'는 마음 깊은 곳에서 작동하는 내면의 존재, 즉 내적 자아(內的自我)로서, 내가 나 자신을 느끼고 경험하는 본질적인 자아다.

'나'는 타인의 시선과 사회적 역할에 의해 형성되고 표현되는 반면, '자아'는 끊임없이 생각하고 감정을 다루며 삶을 주체적으로 이끌어가는 정신적 중심이다. 결국 삶의 균형과 건강은 이 내적 자아가 얼마나 탄력적이고 유연하게 작동하는가에 달려 있다. 따라서 '자아'는 단순히 존재하는 상태가 아니라, 끊임없이 자기 자신과 세계를 이해하고 조화시키면서 '길들여져야 하는' 심리적 성장 과정의 주체이다.

사람들에게 "당신은 누구입니까?"라고 물으면 대부분은 주저 없이 대답한다. "나는 ○○이고, ○○의 부모이며, ○○를 좋아하고, ○○한 일을 하고 있다"고 말이다. 그러나 같은 질문을 조금 바꾸어 "당신의 자아는 누구입니까?"라고 물으면 대부분은 잠시 멈칫한다. 이는 익숙하지 않기 때문이다.

우리는 자신에 대해 말할 줄은 알지만, 정작 '자아'에 대해 말하는 법은 배우지 못했다. 자아는 생김새나 직업으로 정의할 수 있는 것이 아니라, 지금 여기에서 느끼고 있는 나의 감정, 생각, 신념, 가치, 그리고 고통과 희망을 모두 아우르는 내면의 중심이다. 눈에 보이지 않지만, 나의 의식과 삶의 흐름 속에서 끊임없이 작동하는 정체성의 뿌리이기도 하다. 그렇기에 자아를 안다는 것은 단순히 정보를 아는 것이 아니라, 나를 살아낸 시간과 경험, 그리고 그 속에서 형성된 내면의 구조를 깊이 들여다보는 일이다.

자아의 균형 ― 자존감과 자존심

 '나'와 '자아', 이 둘의 균형은 자아의 건강에 있어 무엇보다 중요하다. 눈에 보이는 '나'가 세상 속에서 존중받을 때, 내면의 '자아' 역시 상처받지 않고 자신을 잃지 않는다. 사회적 관계 속에서 경험하는 존재감과 존중감은 마르지 않는 샘물처럼 자아를 지탱해 주며, 그 결과 자존감은 자연스럽게 충만해진다. 더 이상 위축되지 않고 삶의 흐름 속에서 주도성을 갖게 된다. 그러나 자아가 제대로 존중과 사랑을 받지 못하면, 더 이상 스스로를 지탱하지 못하고 외부로부터의 인정과 칭찬에만 의존하게 된다. 이때 자아는 자기 본질로부터 멀어지고, 대신 허무한 자존심만 키우게 된다. 겉으로는 강해 보이지만 실제로는 가장 약한 상태가 되고 만다. '자존감'과 '자존심'은 비슷해 보이지만 본질적으로 다르다. 자존감은 자신의 있는 그대로를 받아들이고 사랑하며 존중하는 내적인 태도다. 이는 스스로에 대한 긍정과 안정된 자기 인식을 바탕으로 성장과 치유를 가능하게 한다. 반면 자존심은 타인의 평가와 시선 속에서 자신을 보호하기 위해 세우는 외적인 방어막이다. 자존심은 인정받지 못할 때 쉽게 흔들리며, 상처를 숨기고 회피하는 심리적 기제로 작동한다. 결국 자존감이 건강한 뿌리라면, 자존심은 불안정한 가지에 불과하여 쉽게 휘청일 수밖에 없다.

  이 차이를 이해하는 것은 자신과 타인과의 관계에서 건강한 마음가짐을 형성하는 데 매우 중요한 열쇠가 된다. 미국의 심리학자 로버트 J. 스턴버그(Robert J. Sternberg) 박사는 양육에서 가장 귀중한 유산이 '자존감'이라고 말한다. 부모가 자녀에게 남겨줄 수 있는 최고의 선물은 물질도 명예도 아닌, 삶의 폭풍 속에서도 중심을 잃지 않게 하는 단단한 뿌리, 즉 자존감이라고 강조한다. 자존감을 지닌 아이는 어떤 상황에서도 자신의 가치를 잃지 않는다.

  그러나 자존심만을 가진 아이는 다르다. 그는 타인의 시선에 휘둘리며 끊임없이 비교하고, 외면과 인정 사이에서 자신을 놓아버린다. 자존심의 도구들은 대개 눈에 보이는 것들이다. 사회적 지위, 지식의 양, 출신 배경, 재산, 자동차, 집, 외모…. 이런 것들은 삶의 겉을 화려하게 치장해 주지만, 삶의 중심이 되어주지는 못한다. 우리의 삶은 자존심만으로는 살아갈 수 없다. 처음에는 나를 보호하는 장치였으나 시간이 지날수록 나를 지켜주지 않는다. 이 모든 것이 '가면'이라는 삶의 껍질이었음을 깨닫게 된다. 그래서 자존감은 내면의 중심을 지키는 힘이며, 자존심은 그것을 덮는 겉옷일 뿐이다. 그러므로 우리는 가면을 벗고 중심을 세우는 내면의 힘, 자존감을 길러야 한다. 그 힘이야말로 어떤 폭풍 속에서도 우리를 무너지지 않게 하는 진정한 힘이다.

자아 길들이기 — 내면의 조련술

자, 그렇다면 이렇게 중요한 자아를 우리는 어떻게 다루고 또 길들일 수 있을까? 자아는 태어날 때부터 단단하고 완성된 상태가 아니다. 성장하면서 세상과 부딪히고, 관계 속에서 반응하며, 힘든 경험과 수많은 선택을 거듭하면서 서서히 단련되고 성장한다. 그 과정에서 근육처럼 단련되기도 하고, 방치되면 세상에서 가장 연약한 모습을 띠기도 한다. 따라서 자아를 길들인다는 것은 단순히 성격을 다스리는 일이 아니다. 그것은 곧 '내가 나를 다루는 능력'을 갖추는 일이며, 외부의 소용돌이 속에서도 삶의 주도권을 잃지 않고 내적 힘을 기르는 과정이다. 다시 말해, 자기 자신을 온전히 책임지고 삶을 성숙하게 설계해 나가는 성장의 여정이다.

자아가 길들여진다는 것은 놀라운 일이다. 이 세상에 존재하는 모든 생명체는 반복과 훈련을 통해 변화하고 적응해 나간다. 훈련이란 익숙하지 않았던 행동을 익숙한 삶의 리듬으로 바꾸는 행위다. 그것은 자연스럽게 우리 몸과 마음이 제 기능을 발휘하도록 조율하는 과정이다. 인간의 신체가 운동의 방향에 따라 근육을 형성하고 길을 내듯, 자아 또한 방향성 있는 사고와 감정의 훈련을 통해 점점 더 강화된다. 이 과정에는 의식적인 선택과 부단한 노력이 필요하다. 자아는 기능상 가만히 두면 둘수록 약화되기 때문에, 끊임없이 자각하고 조율하는 노력이 중요하다. 자아를 길들이는 방법은 여러 가지가 있겠지만, 나는 심리학의 두 고전적 관점을 중심으로 구성해 보았다. 하나는 프로이트의 정신분석학을 기반으로 자아가 평생 동행해야 할 '두 친구'를 다루는 기술이고, 다른 하나는 융의 분석심리학을 바탕으로 한 원형들의 리듬 조율법이다. 두 이론은 출발점과 언어는 다르지만, 공통적으로 내면의 흐름을 인식하고 조율하는 핵심을 담고 있어 자아 강화와 내적 구조 완성에 큰 원동력이 될 것이다. 그럼 먼저 자아가 평생 동행해야 할 '두 친구'를 알아보자.

자아의 뗄 수 없는 친구 — 충동이, 감독이

이 친구들을 무시하거나 억누르면 안 된다. 이들은 언제나 방어적인 태도를 지니고 성장보다는 고립을 선택하는 아이들이기 때문에, 이 친구들을 이해하고 잘 다루어 나가면서 자아가 더 넓은 시야와 깊은 감수성 속에서 건강하게 자리 잡을 수 있도록 해야 한다. 우리의 마음속 자아는 결코 홀로 존재하지 않는다. 그 안에는 수많은 내면의 인격들이 함께 공존한다. 그러므로 그들과 맺는 상호 관계는 자아 건강의 질을 결정짓는 핵심이다. 언제나 감각을 열어두고 내면의 리듬을 읽고 조율할 줄 알아야 한다. 하루에도 수없이 올라오는 감정과 무의식 속 그림자들을 알아차리고 다스릴 수 있어야 한다. 그렇게 될 때 우리의 자아는 마치 숙련된 연주자가 악기를 다루듯 삶의 고유한 주파수에 자신을 맞출 수 있다. 이 과정은 단순한 내적 통제가 아니다. 그것은 훈련이며 동시에 성장의 길이다. 그 과정을 거치면서 자아는 단단해지고 고요해지며, 어떠한 외풍에도 쉽게 흔들리지 않는 뿌리를 갖게 된다.

이제 그 여정을 함께 시작해보자. 자아를 둘러싼 친구들은 자아와 떼려야 뗄 수 없는 존재들이다. 제대로 돌보고 이해하면 든든한 동지가 되지만, 무시하고 억압하면 내면의 힘을 갉아먹는 방해자가 되기도 한다. 이들을 먼저 이해하는 일이 곧 진짜 나를 이해하는 일이다. 이들은 바로 '충동이'와 '감독이'이다. 이름만 들어도 익숙하면서도 낯선 이 둘은 자아의 가장 가까운 벗이자, 동시에 가장 자주 자아를 흔드는 존재들이다.

　어떤 날에는 든든한 조력자가 되어 삶을 지탱해 주기도 하지만, 또 어떤 날에는 조용히 자아의 균형을 무너뜨리며 중심을 흔들기도 한다. 자아가 깨어 있는 한, 이들은 쉼 없이 말을 걸고 감정을 자극하며 우리의 의식을 지배하려 애쓴다. 중요한 것은 이들이 자아가 형성되는 순간부터 인생의 끝자락까지 결코 사라지지 않는다는 사실이다. 그러므로 이들을 인식하고 적절히 대응하는 능력, 그리고 그들과의 관계를 주체적으로 정립해 나가는 기술이야말로 자아의 건강을 결정짓는 핵심 열쇠가 된다.

충동이 — 자아를 밀어붙이는 원초적 에너지

　삶을 움직이는 원초적인 힘 중 가장 본질적인 것은 '충동이'다. 충동이는 우리의 무의식 깊은 곳에 자리한 본능과 욕망의 에너지를 품고 있는 자아의 친구로, 배고픔, 분노, 질투, 성적 욕망, 쾌락에 대한 갈망 등 다양한 감정을 포함한다. 이 충동은 우리에게 살아 있음을 강렬하게 느끼게 하며, 지금 이 순간에 몰입하게 만드는 힘을 지니고 있다. 때로는 삶의 추진력과 생명력을 부여하여 우리를 앞으로 나아가게 하는 원동력이 된다.

그러나 충동이가 온전히 원초적 에너지로만 존재할 때, 그것은 자아를 위협하는 거센 파도와 같다. 원하는 것을 즉각 얻지 못하고 고통과 불편함을 참지 못하는 우리의 모습이 바로 그 충동의 힘에 휘둘리는 순간이다. 충동이가 지배하는 상태에서는 분노가 터져 나와 관계를 깨뜨리고, 질투가 마음속 갈등을 증폭시키며, 욕망은 삶의 방향을 왜곡하여 자아를 끝내 흔들어 놓는다. 충동의 본능적 흐름을 자아가 제대로 인식하거나 제어하지 못하면, 우리는 마치 충동의 노예로 살아갈 수밖에 없다. 이러한 이유로 충동이를 단순히 억제하거나 외면하는 태도는 매우 위험하다. 억압은 결코 문제를 해결하지 못하며, 오히려 그 힘이 더 커져 반작용을 일으킬 뿐이다. 충동이를 막아내려고 애쓰는 대신, 자아는 그것을 부드럽게 조율하는 기술을 배워야 한다.

충동이를 다스리는 첫걸음은 그 존재를 부정하지 않고 인정하는 것이다. 내 안에 뜨거운 욕망과 감정이 흐르고 있음을 받아들이고, 그것이 어떤 형태인지 살피는 자세가 필요하다. 이어서 자아는 그 에너지가 어디에서 오는지 이해하고, 그것이 현재 상황과 나의 삶에 어떤 의미가 있는지 깊이 생각하는 것이 매우 중요하다.

두 번째는 충동이를 건강하게 표출하는 방법을 찾아야 한다. 충동이를 무작정 억압하면 마음속에 쌓인 감정이 폭발할 우려가 있으므로, 반드시 충동이가 내포한 본능 에너지를 승화시켜 글쓰기, 예술, 운동, 대화 등과 같은 활동을 통해 충동이를 파괴적이지 않고 창조적이며 생산적인 힘으로 전환시키는 노력이 중요하다.

마지막으로, 자아는 끊임없이 중심을 잡아야 한다. 충동이가 내면에서 충동이 목소리를 높여도, 자아는 그 목소리에 무조건 흔들리지 말고 균형을 잃지 않아야 한다. 자아는 언제나 충동이를 주의 깊게 관찰하여, 더 이상 자아를 위협하는 폭탄이 아니라 자아를 돕고 삶에 활력을 불어넣는 창조적인 에너지로 설득해 나가야 한다.

요컨대, 충동이를 다스리는 핵심은 '억압'이 아니라 '조율'이며, '부정'이 아니라 '존중과 이해'에 있음을 잊지 말아야 한다. 자아는 충동이의 거친 파도를 피하지 않고 그 물살 위에 자신만의 다리를 놓아 삶의 방향을 정하는 주체가 되어야 한다. 그렇게 될 때, 원초적인 충동이는 우리 삶 속에서 창조적이고 의미 있는 힘을 주는 귀한 친구가 될 것이다.

감독이 — 이상과 비판의 내면 감시자

감독이는 이성적이고 완벽한 나를 요구하며 끊임없이 자아를 감시하고 판단한다. 그 목소리에는 분명한 이유가 있다. 자아가 길을 잃지 않도록 도와주는 이정표 역할을 하기 때문이다. 충동적인 본능이 내면에서 치밀어 오르고 외부에서 다양한 유혹이 몰려올 때, 자아가 흔들리지 않도록 기준을 세워주고 도덕적 방향을 제시한다. 덕분에 자아는 사회 속에서 책임 있는 행동을 배우고, 절제를 통해 성숙에 이르게 된다. 그러나 이 목소리가 도를 넘으면 자아는 숨이 막히기 시작한다. 실수 하나에도 스스로를 용서하지 못하고, 쉬어야 할 순간에도 채찍질을 멈추지 않는다. 완벽함이라는 허상을 좇다 지치고, 끊임없는 자기비난 속에 고개를 들지 못한다. 모든 실수를 도덕적 실패로 규정하며 자신에게만 유난히 가혹한 기준을 들이댄다. 그 결과 자아는 위축되고, 창의성과 유연성은 사라진다. 따라서 자아는 감독이의 목소리를 잘 분별해야 한다. 그 기준이 정말 나를 세우는 기준인지, 아니면 내 자아의 힘을 꺾는 족쇄인지 인식하는 감각이 필요하다.

감독이는 자아가 성숙을 지향하는 데 결정적인 친구다. 시도 때도 없이 치밀어 오르는 충동이를 유일하게 달래고 단번에 잠재울 수 있는 힘이 그에게 있다. 그래서 감독이는 자아가 방향을 잃지 않도록 늘 곁에서 지켜보는 관찰자이다. 그러나 이 힘이 지나쳐 자아 전체를 잠식해 버리면, 자아의 중심부까지 밀려와 마치 내가 감독인지 감독이가 나인지 헷갈릴 만큼 경계가 흐려진다. 이때 필요한 것이 경계이다. 감독이의 목소리가 지나치게 깊숙이 들어오지 않도록 경계와 인식을 세워야 한다. 그리고 그를 대립 대상이 아니라 동반자로 인정하는 태도가 필요하다. 그렇게 감독이는 존중과 인정을 받을 때 비로소 그 역할을 온전히 발휘하며, 자아가 길을 잃지 않도록 정확한 방향을 제시해 준다.

'충동이', '감독이'. 이 두 친구는 우리의 자아 곁에 평생 머무는 존재들이다. 자아는 이들과 함께 살아가야 한다. 이 친구들을 어떻게 다루고 관리하느냐에 따라 자아의 상태는 놀라운 변화를 경험하게 된다. 마치 삶을 지탱하는 보이지 않는 기둥처럼, 이들은 자아의 방향성과 균형에 깊이 관여한다. 그리고 언제나 이 친구들과 조율하며 존재하고, 삶의 리듬을 결정짓는다.

자아는 충동이의 에너지를 완전히 제거할 수도 없으며, 또한 감독이의 기준도 부시할 수 없다. 자아는 이들과 함께 숨 쉬고 살아내며 견뎌야 한다. 중요한 것은 그들 사이에서 언제나 중심을 잃지 않는 것이다. 외부의 평가에도, 내면의 충동에도, 도덕적 압박에도 휘둘리지 않고 언제나 '나'를 지키는 힘. 그것이 바로 자아의 통합성과 성숙의 힘이다.

자아는 연습 없이는 단단해지지 않는다. 자신 안에서 피어나는 수많은 심리적 신호들을 알아차리고, 작은 것 하나도 무심코 지나치거나 방치해서는 안 된다. 어떤 것도 간과하는 순간 자아는 약해지고, 조용히 균형을 잃고 만다. 그러니 내가 나의 중심에 서 있지 않으면, 누구도 나를 대신해 살아줄 수 없다. 언제나 나의 자아를 인식하고 의식의 중심에 세우는 일을 게을리하지 말아야 한다.

잠시 나의 자아를 떠올려보자. 외부의 시선에 눌려 있고, 충동이의 목소리에 휘청이며, 감독이의 잣대에 스스로를 정죄하면서도 여전히 중심을 잡기 위해 애쓰고 있는 나.

얼마나 피곤하겠는가?
늘 긴장하고 끊임없이 조율하며 매일을 버텨내는 나의 자아
이토록 지친 자아를 매일 위로해 주어라.

격려하고 안아주며, 말없이 손을 잡아주듯
다정하게 말을 건네자

"오늘도 잘 버텼어."
"너라서 충분했어."
"너는 정말 특별하고 멋져. 아주 잘했어."라고

마음 조율

가슴 시리도록 감동적인 삶의 조각들을 악상으로 승화시켜 또렷한 하나의 음악적 어구로 형성하여 나열하면, 그야말로 아름다운 '선율'로 태어난다. 내면 깊은 곳에서 길어 올린 감정과 기억, 상처와 기쁨, 그 모든 파편들이 음표가 되어 오선지를 가득 채운다. 그 위에 '현실'이라는 음정이 얹히고, '타인'이라는 박자가 더해지면, 삶은 어느새 '행복'이라는 앙상블을 자아낸다. 이것이 바로 마음이라는 오케스트라다. 감정은 현악기가 되고, 사고는 관악기가 되며, 경험은 타악기가 되어 울리는, 결코 단독으로 연주되는 법이 없는 인생이라는 교향곡이다. 때로는 단조롭고, 때로는 불완전해 보일 수 있지만, 자아라는 지휘자의 손에 의해 연주되는 순간, 인생은 전율을 느끼게 할 만큼 아름다운 삶으로 피어난다.

자연도 마찬가지이다. 언제나 자연의 조화와 어울림은 단순한 아름다움을 넘어 경외심에 가까운 깊은 감동을 선사한다. 특히 일출의 찬란함이나 일몰의 장엄한 풍경 앞에서는 자연의 아름다움에 숨이 멎을 듯한 느낌을 받는다. 이 장면들은 단순히 빛과 그림자가 교차하는 현상이 아니라, 수많은 요소들이 서로를 존중하고 배려하며 조화롭게 어우러지는 순간이다. 바람의 속도, 구름의 흐름, 빛의 농도, 온도의 미묘한 변화, 그리고 시간과 공간의 변수들이 방해하지 않고 오히려 서로를 품으며 하나의 완성된 순간을 만들어낸다. 때로는 자신을 잠시 내려놓고 자연에 맡기기도 하고, 때로는 명확하게 자신의 존재를 드러내며 새로운 세계를 창조해 낸다. 그래서 우리가 마주하는 이 순간은 대자연이 만들어낸 가장 위대한 예술 작품이라 할 수 있다.

우리의 삶은 고통의 단편, 기쁨의 순간, 침묵의 시간, 그리고 뜨거운 환희와 고백, 외침들로 이루어져 있다. 그 모든 감정은 서로 스치고 겹치며, 때로는 충돌하면서도 삶이라는 거대한 진동을 만들어낸다. 슬픔과 환희는 서로의 그림자가 되어주고, 고백은 침묵 위에 떠오르며, 외침은 고통의 심연에서 피어오른다. 이질적인 것들이 서로 밀고 당기며, 불완전한 순간들이 서로를 껴안아 마침내 하나의 정서적 흐름을 만들어낸다. 그렇게 축적된 감정은 마치 오선지 위에 한 줄 한 줄 새겨진 악보처럼, 듣는 이의 마음을 울리는 하나의 선율이 된다. 삶은 어쩌면 음악일지도 모른다. 감정과 기억, 사연과 의미는 우리 내면에서 끊임없이 파동을 일으키며 저마다의 리듬으로 탄생하는 악보의 선율과 같다. 어느 날은 부드러운 아다지오처럼, 또 어느 날은 숨 가쁜 알레그로처럼 거칠게 몰아치고, 가끔은 불협화음이 삶의 문장을 비틀기도 하며, 예기치 못한 쉼표가 만들어져 관계와 일상을 멈추게도 한다.

삶의 선율, 그 중심에 '자아'가 있다

'자아'는 삶이라는 악보를 해석하는 유일한 지휘자이다. 내면 깊은 곳에서 울려 퍼지는 미세한 떨림을 감지하고, 그것이 세상이라는 무대 위에서 어떤 방식으로 연주될지 결정하는 중요한 존재이다. 감정에 휘둘리지 않으면서도 그 흐름을 허용하고, 불완전한 악장이라도 조화롭게 빚어내어 결국 삶의 모든 불협화음과 침묵의 단조, 절규의 장조를 하나의 웅장한 선율로 엮어낸다. 그래서 자아의 기능은 위대할 만큼 경이롭다. 단지 기술이 아니라 깊은 자각의 중심이며, 혼돈 속에서도 침묵할 줄 아는 경이로운 존재이다. 삶이 '자아'라는 지휘자의 손에 의해 연주될 때, 내면의 모든 소리들은 각각의 의미를 찾아가 아름다운 하나의 문장이 되어 인생이라는 음악으로 탄생한다.

그래서 언제나 스스로에게 물어야 할 것은, 나의 자아가 지금 인생이라는 음악을 아름답게 만들어 내고 있는지이다. 아니면 타인의 리듬에 휩쓸려 정작 자신의 곡조를 잃은 채, 서글픈 침묵 속에 멈춰 서 있는 것은 아닌지. 공명이 있는지, 울림이 있는지, 그리고 그 울림이 있다면 지금 어떤 음율로 세상에 울리고 있는지. 그 선율은 당신의 내면에서 시작된 고유한 떨림인지, 아니면 세상의 소음에 눌려 간신히 숨만 쉬고 있는 멜로디인지. 스스로 조용히 물어야 한다.

　　　　　　삶은 살아 있는 예술이다.

　삶은 결코 완벽하게 다듬어진 문장이 아니다. 그것은 매일 조금씩 써 내려가는 불완전한 문장들의 연속이다. 때로는 어눌하고 비틀거리는 문장도 있으며, 오늘 쓴 글이 내일 고쳐지기도 하고, 한 줄의 실패가 다음 문단의 시작이 되며, 오랜 침묵은 새로운 쉼표로 삶에 들어서기도 한다. 그 모든 과정 자체가 빛나는 작품인 것이다. 불현듯 찾아온 고통조차도 삶의 리듬이 되어 흐르고, 작고 사소한 기쁨 역시 희망찬 노래의 한 구절로 스며든다. 그렇게 삶은 매순간 불완전함 속에서 완성되어 간다. 나와 타인, 내면과 외면, 고통과 기쁨, 실수와 통찰. 이 모든 요소들이 아름답게 조율되고 어우러질 때, 우리는 비로소 하나의 살아 있는 예술을 마주하게 된다.

당신의 마음도 걸작이 되어야 한다. 심장이 타들어갈 듯하고, 숨이 멎을 정도로 감각을 사로잡는 내면의 예술. 그것은 멀리 있는 이상이 아니다. 충분히 실현 가능한 일이다. 지금까지 고수해 온 자아 의식의 감각을 잠시 내려놓고, 가볍고 빈 마음으로 당신의 내면을 조율해 보자. 얽히고설킨 마음의 조각들을 하나하나 들여다보고, 가장 적절한 위치에 다시 배치해 보자. 그렇게 정제되고 아름답게 조합된 마음은 반드시 시간이 지나면 모두가 인정하는 '걸작'으로 불릴 것이다.

잘 다듬어지고 정돈된 인격은 처음부터 존재하지 않았다. 예고 없이 들이닥치는 수많은 현실 속에서 쓰러지고 일어서며 흔들리고 다시 중심을 잡아가면서 터득한 통찰의 결과이다. 긍정과 자율성, 성취와 안정감을 만들어내기 위해 치열하게 씨름했던 매 순간의 땀방울과 눈물의 산물이다. 그것은 운명이 아니라 통합과 조율의 결정체인 것이다.

마음 조율, 그 중심에는 자아가 있다

앞서 언급했듯, 자아는 마음이라는 오케스트라의 지휘자이자 동시에 삶이라는 광활한 바다를 항해하는 선장이다. 이 자아를 통해 마음이 정교하게 조율되면 외부의 파도에 쉽게 흔들리지 않고, 아픔이 밀려와도 금세 중심을 잡아 회복해 나간다. 이는 단순한 감정의 회복이 아니라 내면 전체가 지닌 복원력의 힘이다. 이 힘은 자아 인식을 통해 내면을 깊이 들여다보고 끊임없이 자신을 성장시키기 위해 조율해 나갈 때 형성된다.

조율되지 않은 마음은 쉽게 고장 난 악기처럼 삶의 리듬을 어지럽히고, 감정을 제멋대로 쏟아내며 자신을 소진시키면서 생을 허비한다. 그러나 잘 조율된 마음은 자존감, 긍정, 자율성, 창조성 등 통합적인 내면의 자질을 꽃피운다. 고통이 몰아쳐도 방향을 잃지 않고, 위기가 닥쳐와도 판단력을 잃지 않으며, 갈등의 풍랑이 일어나도 중심을 잡고 헤쳐 나간다. 이것이 마음을 최상의 황금비율로 조율했을 때 품게 되는 회복의 리듬이다.

마음 조율의 심층 구조와 분석 심리학의 영감

나는 '마음 조율'이라는 개념을 연구하면서 스위스의 정신분석학자 칼 구스타프 융(Carl Gustav Jung)의 분석심리학에서 큰 영감을 받았다. 심리학의 두 거장 중 한 명인 지그문트 프로이트(Sigmund Freud)가 인간 내면 세계, 특히 무의식이라는 영역에 대한 탐구의 문을 열었다면, 융은 그 문을 지나 더욱 깊고 넓은 차원으로 우리를 이끌었다. 프로이트는 무의식을 억압의 결과로 형성된 부정적 에너지의 저장소로 보았다. 따라서 그의 관심은 억압된 무의식을 해방시켜 자아가 건강한 방향으로 나아가도록 하는 데 있었다. 그러나 융은 전혀 다른 길을 택했다. 그는 무의식을 단지 개인적인 차원에 한정하지 않고, 인류 전체가 공유하는 보편적이고 원형적인 심층 구조인 '집단 무의식'의 존재를 주장했다. 이러한 관점은 인간 마음을 이해하는 지평을 획기적으로 넓혔다. 프로이트가 '정신분석학'이라는 이름 아래 개인의 과거 경험과 억압된 본능을 분석하는 데 집중했다면, 융은 1913년 자신의 강연에서 이론을 '분석심리학'이라 명명하고, 인간 내면의 다양한 원형(Archetype)과 상징(symbol)을 통해 심리의 본질을 탐색하기 시작했다.

융에 따르면 무의식은 억압의 잔재가 아니라 창조의 가능성이며, 부정하거나 피해야 할 대상이 아니라 오히려 화해하고 소통해야 할 존재이다. 무의식을 억압의 결과로만 보는 태도는 오히려 인간의 심리적 성장 가능성을 제한하는 것이며, 무의식이야말로 개별성의 통합, 즉 진정한 자아(Self)로 향하는 여정의 동반자라고 여겨야 한다고 했다. 이러한 분석심리학의 관점은 마음 조율의 기반과 맞닿아 있다. 인간의 마음은 단일한 층으로 구성된 것이 아니라,

마치 지층처럼 다층적인 구조로 이루어져 있으며, 각 층은 고유한 재료와 파장을 지니고 있다. 이 다양한 층이 바로 내면의 층(Inner Side Level)이다.

이 층들은 무의식의 심연에서 출발하여 마음이라는 통로를 거치며 하나의 정서 흐름을 이루고, 결국 의식과 연결되어 외형을 형성한다. 다시 말해, 인간은 자신의 내면에서 흐르는 다양한 정서와 사고, 기억, 욕구 등 다층적인 요소들을 통합적으로 조율해야 성숙하고 건강한 행동으로 나타낼 수 있다. 따라서 '마음 조율'이란 이 모든 층위를 조화롭게 연결하고, 불협화음 없이 통합된 자아로 빚어내는 작업을 의미한다. 이는 분석심리학이 말하는 자기실현의 과정이며, 상처와 혼돈의 심연에서 하나의 온전한 음악으로 승화되는 과정이라 할 수 있다.

내면의 인격과 마음 조율의 구조

인간 의식의 중심에는 자신을 대변하는 자아가 존재한다. 이 자아는 모든 심리적 기능과 정서를 조율하고 판단하며, 내적 세계와 외적 세계를 연결하는 교량 역할을 한다. 그런데 이 자아 주변에는 마치 감정과 생각의 환기구처럼 내면의 흐름을 조절하는 '공개층

(Open Level)'과 '은폐층(Hidden Level)'이라는 동로들이 자리 집고 있다. 이 통로들은 의식의 환기 구조로 작용하여 무의식에서 올라오는 내적, 외적, 열등 인격들을 걸러내거나 표출하게 한다. 공개층은 타인에게 비교적 쉽게 드러나는 정서 반응의 통로이며, 은폐층은 자아의 깊은 욕구나 두려움, 혹은 외부에 숨기고 싶은 내면의 민낯을 감추는 층이다. 이 층들은 자아와 긴밀히 작동하며, 다음과 같은 여섯 가지 내면 인격체의 기제를 열고 닫는 데 중요한 역할을 한다.

- 양심체
- 기대체
- 가면체
- 왜곡체
- 욕구체
- 불안체

이 인격체들은 자아 곁에서 평생 살아 움직이며 작용한다. 이들은 서로 영향을 주고받으며 자아의 감정과 반응, 행동 양식, 삶의 태도를 형성한다. 융의 분석심리학 핵심 개념인 '개성화 과정'은 자아가 무의식의 여러 측면을 발견하고 통합하는 자기실현의 여정이다. 이에 비해 '마음 조율'은 이 개성화 과정을 보다 실천적이고 구체적인 작업으로 확장한 것이다. 즉, 내면의 층(Inner Side Level)과 그 속에서 작동하는 인격체들을 구체적으로 인식하고, 이들이 자아 의식을 어떻게 흔드는지 살피며 균형을 맞추어 건강한 의식을 만들어내는 훈련이라 할 수 있다. 이 과정은 특히 '아픈 사연화'로 인한 무의식의 억압 구조와 밀접한 관련이 있다. 아픈 사연으로 형성된 감정의 조각들은 억압 기제로 인해 무의식에 눌려 있는데, 이들을 만나고 돌보며 분리하는 일이 바로 조율이다. 다시 말해, 조율은 내면의 사연들과 인격들을 인식하고 다루어 성장과 회복을 이루어 가는 작업이라 할 수 있다.

자, 이제부터 이 인격체들이 내면에서 어떻게 기능하는지 이해하고, 하나하나 조율하는 기술을 익혀보자. 다시 말하지만, 이 층의 인격들을 이해하는 일은 곧 자아를 돌보는 일이자, 그 자체로 회복의 서사로 이끄는 성장하는 삶이다.

양심체 (Conscience Level)

양심체는 자아를 감시하고 조율하는 도덕적 관리자이다. 이 인격체는 '옳고 그름'이라는 판단 체계를 기순으로 삭동하며, 우리가 윤리적 기준을 지키고 사회적 책임을 다하도록 돕는다. 다시 말해, 양심체는 내면의 법과 같으며, 자아가 무의식의 충동에 함몰되지 않도록 끊임없이 경계하는 심리적 자율 신호등이라 할 수 있다.

 그러나 이 양심체가 건강한 범위를 넘어 지나치게 팽창하면, 오히려 자아의 기능을 마비시킬 정도로 과도한 자기 억제의 감시자가 되어 버린다. 본래 양심은 자아를 깨어 있게 하고 삶의 방향을 바로잡는 내면의 나침반이지만, 그 나침반이 지나치게 민감해질 경우 방향을 제시하기는커녕 자아 전체를 소진시키는 비판의 소용돌이로 변한다.

 양심체의 수치가 높아질수록 자아는 '초양심적 사고(hyper-conscientious thinking)'에 빠지게 된다. 이는 자기 자신에게 지나치게 엄격한 기준을 들이대고, 타인의 사소한 말과 행동조차 윤리의 잣대로 해석하는 상태를 의미한다. 그 결과 자아는 끊임없는 평가와 해석의 굴레에 갇히고, 타인과의 관계는 점점 경직되며 불안과 위축, 그리고 깊은 자기 비난의 목소리가 증폭된다. 이처럼 양심체는 건강하게 작동할 때 자아의 도덕적 등불이 되지만, 잘못 다루면 그 등불이 자아를 향한 비난의 횃불로 바뀔 수 있으니 항상 유념해야 한다. 따라서 우리는 양심을 '기준'으로 삼되, 그 기준이 삶 전체를 점령하지 않도록 때로는 자신에게도 온유한 법을 허용할 줄 아는 지혜를 배워야 한다. 자기 자신에게조차 관용을 허락하지 못하는 양심은 결국 성숙이 아닌 심리적 결박을 초래하기 때문이다.

양심체의 경고 신호

양심체는 자아의 중심에 질서를 세우고 삶을 올곧게 이끄는 내면의 나침반이다. 그러나 이 나침반이 지나치게 예민해지면 자아는 방향을 잃고 자기 인식의 소용돌이에 휘말리게 된다. 분명 양심은 인간으로 하여금 사회적 책임과 윤리적 기준을 견지하게 만드는 중요한 인격적 기능이지만, 그 작동이 과도해질 경우 오히려 삶의 자연스러움을 빼앗고 내면을 황폐하게 만든다. 그 대표적인 심리적 징후는 다섯 가지 패턴으로 자주 나타난다.

첫 번째, 지나친 자기 검열이다.
사소한 실수조차 용납하지 못하고 끊임없이 자신을 단죄한다. 마치 매일 마음속에 재판정을 열고 스스로를 증인과 피고로 동시에 소환하는 듯한 긴장감 속에서 살아간다. 그 판결은 언제나 가혹하며 쉽게 끝나지 않는다.

두 번째, 완벽주의적 사고가 삶을 지배한다.
"흠이 있어서는 안 돼", "틀려서는 안 돼"라는 내면의 명령이 자아를 옥죄어 온다. 흐름과 과정보다 결과의 정확성을 우선시하며, 그 기준은 대개 현실적으로 달성하기 어려운 수준이다. 결국 자아는 실패를 용납하지 못하는 불안과 강박에 시달리게 된다.

　세 번째, 도덕적 우월감과 위축감이 교차한다.
어떤 날은 자신이 더 옳다고 느끼며 타인을 쉽게 판단하고, 또 어떤 날은 스스로 도덕적으로 부족하다고 여겨 자괴감에 빠진다. 이 두 감정은 모두 자아를 긴장과 고립의 길로 이끈다. 사람들과의 관계는 점점 조심스러워지고 불편해지며, 마음은 불신과 분리감에 휩싸인다.

　네 번째, 타인에 대한 과민한 해석이 뒤따른다.
누군가의 말이나 행동 하나하나를 '의미 있는 신호'로 받아들이고 곧바로 '옳고 그름'의 기준으로 판단해 버린다. 상대방의 의도보다 자신의 해석이 앞서면서 관계는 조심스러운 거리감을 형성하게 된다. 이는 정서적 단절로 이어져 외로움을 더욱 심화시킨다.

　다섯 번째, 만성적인 피로와 긴장은 전반적인 삶의 에너지를 소진시킨다. 모든 상황을 판단하고 감시하려는 내면의 경계심은 자아를 쉽게 지치게 한다. 끊임없이 깨어 있으려는 의지는 결국 삶의 생기를 말라붙게 하며, 하루하루가 긴장 속에서 마감된다.

이처럼 양심이 과도하게 활성화되면 자아는 점차 자연스러움을 잃게 된다. 삶은 스스로 만든 엄격한 규범의 감옥이 되고, 자아는 그 안에서 끊임없이 지쳐간다. 균형을 잃은 양심은 바른 길이 아니라 자신을 옭아매는 가시덤불이 되며, 결국 삶은 '잘 살아야 한다'는 압박에 시달리는 고행이 된다.

우리가 반드시 기억해야 할 것은 양심이 나를 바르게 세우기 위한 것이지, 나를 무너뜨리는 잣대가 되어서는 안 된다는 점이다. 때로는 나 자신에게도 한 줄기 너그러움과 여백을 허락할 때, 자기 자신을 벌주는 이가 아니라 품어주는 이로 살아갈 수 있다.

양심체를 건강하게 조율하는 다섯 가지 길

자아는 깨어 있는 의식이며, 양심체는 그 깨어 있음의 윤리적 감각을 정돈해 주는 내면의 나침반이다. 그러나 나침반은 방향을 제시하는 도구일 뿐, 자아를 향해 휘두르는 도끼가 되어서는 안 된다.

따라서 우리는 양심이라는 내면의 기능을 따뜻하고 유연하게 나듬어야 한다. 다음으로 다섯 가지 조율의 길을 제시하려 한다. 이는 과도하게 활성화된 양심체로부터 자유로워지고, 언제나 건강하고 자연스러운 나로 살아가도록 도와줄 것이다.

첫 번째, '옳음'보다 '이해'를 우선하는 사고로 전환하라.
모든 상황에 정답이 있는 것은 아니다. 때로는 실수해도 괜찮으며, 틀리는 것도 삶의 일부다. 양심은 자아를 조율하는 도구이지, 자아를 처벌하는 무기가 아니다. 이해는 타인을 위한 것이기 이전에 나를 구하는 첫걸음임을 명심하라.

두 번째, 자신에게 허용과 자비를 베푸는 훈련을 하라.
양심이 강한 사람일수록 자신에게 가장 가혹한 사람이 되기 쉽다. 그러나 자아는 오히려 내면의 어린 자아를 품어줄 때, 그 자비로운 시선이 내면의 회복력을 불러일으킨다. 실수한 자신을 따뜻하게 안아주고, 회피하지 않고 마주하며 용기를 북돋우는 것이 회복의 시작이다.

세 번째, '도덕적 이상'보다 '인간적 진실'에 주목하라.
지나치게 이상적인 기준은 감정을 억압한다. 울고 싶어도 울 수 없고, 화가 나도 표현할 수 없다. 그러나 도덕성이란 감정을 지우는 것이 아니라, 감정을 존중하며 함께 나아가는 길이다. 진정한 나는 '인간다움' 속에서 깨어남을 잊지 말아야 한다.

네 번째, 나의 기준이 타인의 기준과 다를 수 있음을 인정하라. 양심이 강한 사람은 무의식중에 타인에게도 동일한 기준을 요구하게 된다. 그러나 인간은 모두 각기 다른 내면의 구조와 서사를 지닌 존재이다. 이해는 동일함을 강요하는 것이 아니라 차이를 포용하는 데서 시작된다.

다섯 번째, 마음의 다이얼을 '강박'에서 '균형'으로 돌려라. 강한 양심은 자아를 날카롭게 깎아내지만, 균형 잡힌 양심은 자아를 다듬고 성장시킨다. 어느 순간부터 삶이 피로하게 느껴진다면, 그 원인은 '잘 살아야 한다'는 강박일지도 모른다. 그러니 스스로에게 이렇게 물어보라.

"나는 지금 옳고 그름을 위해 살아가고 있는가, 아니면 나답게 살아가기 위해 애쓰고 있는가?"

기대체 (Expectation Level)

　우리 마음에는 '기대'라는 본능적인 감정이 깃들어 있다. 기대는 나를 내일로 이끄는 동력이자, 삶을 조금 더 나은 방향으로 이끄는 희망의 불씨이다. 건강한 기대는 자아를 성숙하게 이끌며, 자기 삶에 대한 주인의식을 키워준다. 그러나 이 기대의 수준이 지나치게 높아지면 자아는 서서히 뒤틀리기 시작한다.

　기대는 매서운 바람이 되고, 그 바람은 곧 요구로 변하며, 요구는 결국 실망이라는 어두운 그림자를 드리운다. 특히 이러한 기대가 타인에게 지나치게 요구될 때 자아는 흔들린다. 상대가 기대에 부응하지 못한다고 느끼면 분노와 서운함이 자아의 균형을 무너뜨린다. 그 파편은 실망, 절망, 분노, 자책으로 이어지며 자아를 소진시키는데, 이러한 심리적 상태는 다음과 같다.

　첫 번째, 타인에게 지나치게 기대한다.
'이 정도는 해줘야지', '나를 이만큼은 알아줘야지'라는 마음이 늘 마음속에 깔려 있어서, 관계는 점점 일방적인 요구로 변하고 실망이 반복되며 감정의 기복이 더욱 커진다.

두 번째, 인정과 칭찬에 지나치게 민감해진다.
나의 삶이 '인정받아야만 가치 있다'는 무의식적인 믿음 때문에, 칭찬을 받을 때는 기분이 고양되지만 무시당하거나 무관심을 느낄 때는 극심한 허탈감에 빠진다. 이러한 감정의 롤러코스터는 자아를 끊임없이 불안하게 만든다.

세 번째, 결과 중심의 삶으로 내몰리게 된다.
성과와 평가에 집착하며 스스로에게 '충분하다'는 마음을 허락하지 않는다. 언제나 '더 잘해야 해', '더 높이 올라가야 해'라는 강박에 사로잡혀 살아간다. 이로 인해 삶은 여유를 잃고, 자아는 무언가를 쫓아가느라 쉼 없이 달리게 된다.

네 번째, 감정의 투사와 왜곡된 해석이 빈번하게 나타난다.
누군가의 말 한마디나 표정 하나에도 자신의 기대가 반영되어 과잉 해석하게 된다. 상대가 '내가 원한 방식'으로 반응하지 않으면 곧바로 실망과 분노가 따라와 결국 관계가 조심스럽고 불편해진다.

다섯 번째, 무기력과 포기의 감정에 빠지게 된다.
기대가 실망으로 바뀌고, 실망이 누적되면 자아는 어느 순간 '포기'라는 감정에 빠져든다.

"어차피 안 될 거야", "또 나 혼자야"라는 생각은 자아를 움츠리게 하고 삶 전체에 회의감을 드리운다.

이처럼 기대는 분명 이중적인 성격을 지닌 감정이다. 적절한 기대는 성장을 촉진하는 원동력이 되지만, 조절되지 않은 기대는 자아를 고립시키고 인간관계를 왜곡시킨다. 기대의 본질은 사랑에 가깝지만, 때로는 그 사랑이 통제로 변하고 부담으로 작용하며 무의식적인 지배로 나타나기도 한다. 그래서 우리는 항상 스스로에게 물어야 한다. 지금 이 마음은 '사랑'인가, 아니면 '기대'라는 또 다른 가면인가? 내 기대는 타인을 위한 것인가, 아니면 내 마음의 결핍을 채우기 위한 수단인가?

언제나 그 양날의 칼날을 인식하며 조율해 나간다면, 관계는 더욱 자유로워지고 내면의 평안도 끊이지 않을 것이다.

기대체를 건강하게 조율하는 길

첫 번째, 기대 대신 '이해'를 훈련하라.
기대는 통제이고, 이해는 수용이다. 누군가를 기대하기보다는 이해하는 마음으로 바라보는 것이 관계를 훨씬 부드럽고 건강하게 만든다. 특히 가까운 사이일수록 기대보다 이해를 먼저 품는 연습이 필요하다.

두 번째, 비교의 잣대를 내려놓고 상대방의 존재와 고유성을 존중하자. 비교는 동일한 삶의 척도에서만 가능하다. 나와 타인은 전혀 다른 인생을 살고 있다는 사실을 항상 기억해야 한다. 이러한 마음가짐이 생길 때 기대는 줄어들고 평온이 자라난다.

세 번째, 기대가 아닌 나눔과 감사로 관계를 다져라.
기대는 받기 위한 마음이고, 나눔은 주기 위한 마음이다. 기대가 관계를 무겁게 만든다면, 감사는 관계를 부드럽고 풍요롭게 한다. '받고 싶은 것'보다 '건네줄 수 있는 것'에 더 집중해 보자.

네 번째, 기대하기 전에 '수용'을 배워야 한다.
기대는 항상 상대와 현실 위에 서 있다. 그 기대가 무너질 때 자아가 흔들리지 않으려면, 먼저 수용의 뿌리를 내리는 것이 우선이다. 수용은 포기가 아니라 현실에 대한 사랑이다.

다섯 번째, '원함'과 '의존'을 구분하라.

기대는 삶을 앞으로 나아가게 하는 에너지이지만, 그 에너지가 자아의 중심을 흔들기 시작하면 어느 순간 깊은 피로와 고립에 갇히게 된다. 기대가 조율되지 않으면 상처가 되지만, 잘 조율되면 사랑의 방식이 된다. 기대하는 것은 나쁜 것이 아니다. 다만 그것이 자아의 중심을 벗어날 때에는 관계를 해치고 삶을 지치게 만든다.

가면체 (Persona Level)

'페르소나(Persona)'는 본래 고대 그리스에서 연극 배우들이 쓰던 가면을 의미한다. 심리학자 칼 구스타프 융(C. G. Jung)은 이 용어를 빌려, 사회 속에서 우리가 쓰고 살아가는 '사회적 자아'를 가리키며 '가면체'라 정의했다. 쉽게 말해, 내가 나에게 보여주는 내가 아니라 타인이 나를 어떻게 바라보는가에 따라 형성된 자아다. 우리는 누구나 세상이라는 무대 위에 선 배우처럼 가면을 쓴다. 가면체는 태어날 때부터 주어진 것이 아니라 가정, 학교, 사회 안에서 "그렇게 살아야 한다"는 규범과 기대 아래 조금씩 길들여지고 훈련되며 만들어져 왔다. 처음에는 생존과 적응을 위한 보호막이었을 것이다. 그러나 이 보호막이 점점 단단해지면서 가면은 얼굴이 되고, 역할은 존재가 되어 버렸다.

우리는 자연스럽게 가면을 쓰고 살아왔다. '자기 자신'이 아닌 '타인이 기대하는 모습'으로 사회에 적응하고 역할을 수행하며 관계를 원활히 유지하는 과정에서, 가면은 나를 대신해 살아가는 필수적인 존재가 되었다. 그러나 사람들은 그 기대에 부응하지 못할 때 정서적 불안과 자기혐오, 그리고 공허감을 느낀다. 가면을 쓰고 있는 동안에는 박수를 받지만, 가면을 벗는 순간 불안이 몰려오고, 어느 순간 나는 '나'가 누구인지조차 알 수 없게 된다.

인간이 이러한 문제를 인식하기 시작한 것은 가면이 너무 단단해져 자아가 숨 쉴 공간조차 잃게 될 때, 즉 가면이 단순한 역할을 넘어 존재 자체가 되어버린 사실을 깨달은 이후부터이다. 가면에 점점 의지할수록 내면의 진실은 점점 멀어지고, 자아는 점차 자신을 잃어간다는 사실을 인지하게 된 것이다. 가면 체계가 과도하게 활성화되었을 때 다음과 같은 심리적 현상이 나타난다.

첫 번째, 진정한 감정을 표현하기가 어려워진다.
"이런 말을 하면 이상하게 보일까?" "지금은 밝은 얼굴을 해야 해."
이러한 자기검열이 일상이 되어버린다. 감정은 자연스럽게 흘러야 하지만, 가면은 그 흐름을 막는다. 누르고 감추고 외면하다 보면, 말하지 못한 감정들이 내면 깊은 곳에 쌓여 정서적 불안으로 변질된다. 어느 날 문득 자신도 알 수 없는 분노나 눈물이 솟구치는 것은 이러한 억눌린 감정의 결과라고 봐야 한다.

두 번째, 인간관계가 깊어지지 않는다.
가면을 쓴 내가 가면을 쓴 너를 만나면, 관계는 깊어질 수 없다. 그 관계는 정서가 아닌 역할에 기반해 이어지며, 피상적이고 조건적인 연결에 머문다. 진심이 담기지 않은 관계는 쉽게 무너진다. 작은 말 한마디에도 상처받고, 진정성 없는 관계는 오래가지 못한다. '있는 그대로의 나'를 드러내지 못하니, '있는 그대로의 너' 또한 받아들이기 어렵다.

세 번째, 자아 정체성에 혼란이 생길 수 있다.
"나는 누구인가?" "내가 진짜 좋아하는 게 뭔지 모르겠어." 가면은 자아를 보호하지만, 동시에 참된 자아의 목소리까지 가려 버린다. 가면에 익숙해질수록 '사회가 바라는 나'는 점점 뚜렷해지지만, '내가 바라는 나'는 점점 흐려진다. 그러다 어느 날 자아는 방향을 잃고 허공을 헤매게 된다.

네 번째, 사회적으로는 성공했지만 내면은 공허하다.
겉으로는 화려해 보일 수 있다. 성과도 있고 인정도 받는다. 그러나 내면은 알 수 없는 허전함과 고독에 시달리는 이유는 '외적 성공'과 '내면의 충만함' 사이에 괴리가 있기 때문이다. 가면이 커질수록 참된 자아와의 거리는 멀어지고, 그 거리만큼 내면은 점점 공허해진다.

    우리는 누구나 가면을 쓴다. 그것은 결코 부끄러운 일도 아니고 잘못된 것도 아니다. 그러나 중요한 것은 가면이 '나를 대신해 살아가게' 방치되는 것이다. 가면은 사회 속에서 기능하는 '역할'일 뿐이다. 그 역할을 수행하되, 그 안에 나의 진심과 존재를 잃지 않아야 한다. 적응하되 자아의 중심은 놓치지 않아야 한다는 뜻이다. 가장 빛나는 순간은 가면을 잠시 내려놓고도 나로 설 수 있을 때 비로소 찾아온다는 것을 잊지 말아야 할 것이다.

가면체의 건강한 조율을 위한 회복적 접근 방향

    가면은 제거의 대상이 아니다. 오히려 조율의 대상이다. 우리는 누구나 사회 속에서 살아가기 위해 '페르소나'를 만들어낸다. 그것 자체가 잘못된 것은 아니라고 앞서 말했다. 문제는 그 가면을 '나'라고 믿는 데 있다.

첫 번째, 가면은 제거의 대상이 아니라 조율의 대상이다.
가면은 사회 속에서 특정 역할을 수행하는 데 필요한 기능이다. 중요한 것은 가면과 참자아를 구별할 수 있는 내적 분별력이다. "이것은 내가 연기하는 역할이구나."라고 인식하는 것만으로도 우리는 가면에 휘둘리지 않고 그것을 건강하게 사용할 수 있다. 가면을 쓰되, 가면 속에 숨지 않는 것. 바로 이것이 중요하다.

두 번째, 참자아와 참자아의 만남을 자주 늘려라.
가장 진실한 관계는 가면과 가면이 만나는 것이 아니라, 참 자아와 참 자아가 만날 때 비로소 가능해진다. 가면을 살짝 내려놓고 내 마음의 진심을 담담히 나누는 그 한 걸음이 깊은 정서적 유대를 형성하며, 가장 인간다운 관계를 꽃피운다.

세 번째, 혼자 있을 때의 나를 자주 만나보라.
고요한 시간 속에서, 타인의 시선 없이 나의 감정과 호흡하는 연습이 필요하다. 그때 비로소 참된 자아가 속삭인다. "여기 있어. 나는 여전히 너 안에 있어." 바쁜 일상에 가려진 자아의 목소리를 듣기 위해 우리는 때때로 침묵과 고요 속으로 걸어가야 한다.

네 번째, 실패와 수치심을 진정한 자아의 일부로 받아들여라.

가면은 완벽을 추구하며 실수를 두려워하지만, 참된 자아는 상처와 부족함을 품고 있는 존재다. 진정한 나로 살아가기 위해서는 불완전한 나를 받아들이는 용기가 필요하다. 실패와 실수, 수치심과 후회마저도 모두 나의 일부임을 인정할 때 비로소 자아는 강인하고 단단해진다. 우리는 사회 속에서 살아가기 위해 가면을 쓴다. 하지만 가면에 잠식되면 진짜 삶은 점점 멀어지고 내면은 서서히 공허해진다.

잊지 말자. 가면은 '존재'가 아니라 '역할'에 불과하다는 사실을. 진정으로 가장 빛나는 순간은 가면을 내려놓고도 나 자신으로 설 수 있을 때 비로소 찾아온다는 점을 기억했으면 한다.

왜곡체 (Shadow Level)

'왜곡체'는 심리학자 칼 구스타프 융(C. G. Jung)이 말한 '그림자(Shadow)'의 개념과 깊이 닮아 있다. 그림자는 자아가 외면하거나 인정하지 않으려는 나의 어두운 면, 다시 말해 미성숙하고 감춰진 자아의 또 다른 얼굴이다. 우리는 살아가면서 종종 의식하지 못한 채 자신의 일부 감정이나 욕망을 부정하거나 억누르는 습관을 갖는다. "나는 그런 감정을 느끼지 않아." "저런 모습은 나답지 않아." "그건 나와 무관한 일이야." 그러나 감정을 억눌렀다고 해서 그것이 사라지는 것은 아니다. 그 감정들은 내면 어딘가에 숨은 채, 언젠가 다른 형체로 모습을 바꾸어 다시 나를 흔들고 지배하려 한다. 그것이 바로 '왜곡체'의 활동이다. 겉으로는 의연한 듯 보이지만, 속으로는 분노와 질투, 열등감에 시달리며, 겉으로는 이해하는 척하지만 내면 깊은 곳에서는 증오와 수치심이 소용돌이친다.

왜곡체란 자아의 그림자와 마주하기를 회피한 결과 만들어진, 내면의 '뒤틀린 거울'과 같은 존재이다. 타인을 비난하면서 사실은 자신을 비난하고 있는 경우가 많으며, 타인의 어떤 모습을 혐오하는 것은 실은 내 안의 그림자를 마주하지 않기 위해 고개를 돌리는 심리적 형태이다. 진정한 성숙은 이 왜곡된 거울을 정면으로 바라보는 용기에서 시작된다. 그림자와 화해할 때, 우리는 비로소 자아의 전모를 온전히 이해하게 된다. 자아가 성숙해진다는 것은 강해지는 것이 아니라, 스스로의 어두움까지도 부드럽게 껴안을 수 있는 깊이를 갖는 일이다.

왜곡체의 심리적 특성

왜곡체는 우리의 의식 바로 뒤편에서 매우 조용하지만 강력하게 작용한다. 그 실체는 마치 안개와 같아 손에 잡히지 않지만, 자아의 색을 바꾸고 방향을 흐리게 만든다. 그 심리적 특성은 다음 네 가지로 나타난다.

첫 번째, 의식의 이면에서 조용히 작동한다.
왜곡체는 결코 자아 앞에 정면으로 나타나지 않는다. 겉으로는 멀쩡하고 평온해 보여도, 내면에서는 조용히 왜곡된 사고와 감정이 자아를 서서히 물들인다. "괜찮은 줄 알았는데, 왜 이렇게 불편하지?", "분명 기뻐야 하는데, 왜 허무하지?" 이러한 감정의 미세한 균열은 왜곡체가 움직이고 있다는 신호다.

두 번째, 자아 인식을 부정한다.
왜곡된 사고는 자아가 자신을 긍정하지 못하게 만든다. "나는 늘 실패할 거야.", "결국 사람은 다 떠나.", "나는 사랑받을 자격이 없어." 이러한 부정적인 자기 대화 뒤에는 대개 인식되지 않은 그림자가 숨어 있음을 인지해야 한다. 왜곡된 사고는 자아에게 끊임없이 결핍과 결함을 속삭인다. 그로 인해 우리는 자신이 누구인지 잊어버리고, 있는 그대로의 '나'를 받아들이지 못하게 된다.

세 번째, 자기 방어가 파괴적인 방식으로 나타난다.

왜곡된 사고방식은 자아를 보호하려는 의도에도 불구하고 오히려 자아에 더 큰 상처를 입힌다. 과도한 회피, 격렬한 분노, 냉소, 자책 등은 내면의 고통과 감정을 '표현'하는 대신 '억압'하거나 '왜곡'하여 스스로를 공격함으로써 상처를 더욱 깊게 만들고, 결국 내면을 전쟁터로 변모시킨다.

네 번째, 무의식적인 자기 파괴로 이어질 수 있다.
외부 상황보다 내면의 왜곡된 신념이 더 큰 고통을 초래한다. "나는 뭘 해도 안 될 거야.", "이렇게 사느니 차라리 다 끝내고 싶다"는 생각이 문득 떠오른다면, 그 안에 왜곡된 사고가 자리 잡고 있음을 알아야 한다.

이 인격체가 강해질수록 삶을 피하고 싶고, 사람을 밀어내고 싶으며, 세상으로부터 숨어버리고 싶은 충동이 커진다. 그러나 반드시 알아야 한다. 이 모든 감정은 '나를 진짜로 이해해 달라'는 내면의 깊은 신호이며, 나를 공격하려는 적이 아니라 이해받고자 몸부림치는 자아의 현상이라는 사실을. 이 사실을 스스로 알아차리고 직면하여 조용히 바라보는 순간, 그림자는 빛으로 변한다는 것을 반드시 기억해야 한다.

왜곡체가 강해질 때 나타나는 내면 현상

왜곡된 인식은 단번에 자아를 무너뜨리지 않는다. 조용히, 서서히, 그리고 깊숙이 스며든다. 어느 순간 자신의 감정조차 분간할 수 없게 되고, 현실을 왜곡된 거울로 바라보게 된다. 이로 인해 나타나는 내면의 현상은 다음과 같다.

첫 번째, 정서의 왜곡
사소한 상황에도 감정이 폭발한다. 지나가는 말 한마디에 마음이 요동치고, 어느새 감정은 현실보다 앞서 반응한다. "왜 저렇게 말했을까?", "나를 싫어하는 걸까?" 감정은 이유를 따지기 전에 먼저 움직이며, 그 움직임은 자아를 불안과 혼란 속으로 이끈다.

두 번째, 인식의 왜곡
일상적인 거절이나 충고도 '나를 무시하는구나'라고 해석된다. 왜곡된 사고를 가진 사람은 늘 거절당한 아이처럼 느낀다. 세상을 경계하며 방어 태세를 갖춘다. 그래서 관계 속에서 현실을 있는 그대로 받아들이지 못한다. 사소한 말 한마디에도 깊은 상처를 안고 살아간다.

세 번째, 관계의 왜곡

상대의 의도는 왜곡되어 해석되고, 그 왜곡은 상처로 남는다. "저 사람은 나를 함부로 대했어.", "저 말은 나를 무시한 거야." 자아는 상대의 마음을 추측하고 해석하며 단정 짓고, 스스로 고립되어 간다. 관계는 점점 위태로워지고 진실은 멀어진다.

네 번째, 자기 정체성의 왜곡

"나는 원래부터 결함이 있는 존재야."라는 믿음이 자리 잡으면, 자아는 자신의 가치를 외부가 아닌 내면의 왜곡된 목소리에 의존하기 시작한다. 그리고 그 목소리는 언제나 이렇게 말한다. "너는 부족해.", "너는 틀렸어.", "넌 사랑받을 자격이 없어."

이 모든 현상은 외부 환경이 만들어낸 것이 아니다. 이는 내 안의 왜곡된 자아를 방치하며 살아온 결과이다. 그러므로 먼저 해야 할 일은 내 안의 왜곡된 자아를 인식하고 정면으로 마주하는 것이다. 왜곡된 자아는 나의 결함이 아니라, 내가 이해받지 못했던 인격임을 기억하라.

왜곡을 치유하는 방향

왜곡체는 우리 안의 어둠이다. 하지만 그 어둠은 부끄러운 것이 아니다. 그것은 의식이 아직 닿지 않은 채 방치된 감정의 자리이다. 그곳에 빛을 비춰야 한다. 자, 이제 그 빛을 어떻게 비출 것인지 알아보자.

첫 번째, 부정적인 마음을 인정하는 것에서 시작하라.
왜곡된 생각은 억누를수록 더욱 강해진다. "나는 이런 생각을 하면 안 돼.", "왜 또 이런 마음이 드는 걸까?"와 같은 거절은 왜곡된 생각에 오히려 힘을 실어준다. 대신 이렇게 말해보자. "나는 지금 이런 마음을 느끼고 있어.", "내 안에 이런 감정이 있다는 것을 알았어." 이렇게 인식하는 것이 바로 조율의 시작이다.

두 번째, 감정과 사고를 분리하여 바라보라.
느낌이 곧 사실은 아니다. '슬프다'는 감정은 진짜지만, '그래서 나는 버림받은 거야'라는 해석은 아닐 수 있다. 감정을 느끼되, 사고에는 질문을 던지자. "정말 그런가?" "혹시 이것이 내 오랜 해석 습관은 아닐까?" 질문은 왜곡된 사고의 논리를 무너뜨리는 가장 강력한 도구임을 잊지 말자.

세 번째, 자기 연민을 배워라.

왜곡체가 강할수록 우리는 자신에게 더 가혹해진다. "왜 또 이러지?", "도대체 왜 고치지 못하는 거야?" 같은 내면의 목소리를 "그럴 수 있어.", "지금 많이 힘들었구나."라고 바꾸어 보자. 내 안의 미숙한 자아를 포용하고 인정하는 것, 그것이 바로 자아 치유의 방법이다.

네 번째, 참자아와 연결하라.

왜곡체는 고립된 상태에서 힘을 얻지만, 내안의 참자아와 연결되면 왜곡된 힘은 점차 약해진다. 글쓰기, 명상, 자아성찰과 같이 자신의 내면을 들여다보는 시간을 가져보자. 그 시간은 내 안에 빛을 들이는 시간이자 참자아를 만나는 시간이다. 참자아와 만나 "괜찮아, 너는 지금도 잘하고 있어."라고 말하며, 언제나 멈추어 참자아에 귀 기울이는 습관을 길러 보자. 우리는 모두 그림자를 지니고 살아간다. 그림자는 어둠 그 자체가 아니다. 그것은 단지 아직 빛이 닿지 않은 내면의 풍경일 뿐이다. 그래서 그림자는 소멸의 대상이 아니라, 빛을 비추어야 할 내면의 미완성이다.

욕구체 (Desire Level)

　욕구체는 자아 안에 머무는 가장 원초적인 에너지다. 심리학자 프로이트는 이를 '이드(id)'라 불렀다. 우리가 세상에 태어날 때부터 지니고 있는 본능으로, 즉각적인 쾌락을 원하고 순간의 만족을 좇는 충동의 인격체다. 먹고 싶고, 자고 싶고, 누리고 싶고, 표현하고 싶은 이 모든 강렬한 욕망의 바탕에는 욕구체가 자리하고 있다. 그러나 욕구는 결코 부정적인 감정이 아니다. 오히려 삶을 움직이게 하는 근원적인 동력이자, 자아가 생기를 잃지 않도록 돕는 내면의 본능이다. 사랑하고 싶은 마음, 인정받고 싶은 마음, 나를 표현하고 싶은 욕망은 모두 자아를 살아 있게 만드는 중요한 에너지다. 문제는 이 욕구가 자아의 성숙 속도를 고려하지 않고 무분별하게 확장될 때 발생한다는 점이다. 조절되지 않은 욕구는 자아의 경계를 넘어서고, 그로 인해 자기중심성, 충동성, 집착, 무기력과 같은 그림자가 생겨난다. 자아는 점점 중심을 잃고, 욕구의 파도에 휩쓸려 삶의 리듬과 균형을 잃게 된다. 욕구체는 언제나 속삭인다. "지금 당장 하고 싶어.", "더 누려야 해.", "왜 나만 안 되는 거지?" 이 속삭임에 휘둘리기 시작하면, 자아는 욕구에 길들여지고 결국 욕구에 끌려 다니는 삶을 살게 된다.

어쩌면 우리는 욕구를 억누르거나, 반대로 무방비로 방치하는 두 극단 사이에서만 다뤄왔는지도 모른다. 그러나 욕구는 억압의 대상도, 방임의 대상도 아니다. 욕구는 섬세하게 조율되어야 할 내면의 에너지이며, 방향만 잘 잡아준다면 자아를 더 깊이 성장시키는 소중한 자원이 된다. 욕구는 생존을 위한 불빛이기도 하지만, 성숙을 방해할 수 있는 불씨가 되기도 한다. 이 불빛이 자아를 따뜻하게 비추고 삶을 더 풍요롭게 채우기 위해서는 욕구체와의 건강한 관계 맺음이 반드시 필요하다.

욕구체는 자아 내면에서 가장 본능적인 충동으로 존재한다. 이 인격체는 자아의 중재나 사고의 여과 없이 느낀 것을 즉시 행동으로 옮기려는 성향이 강하다. '지금 당장 해야 한다'는 강박적인 에너지로 작용하며, 자칫하면 자기 통제를 잃고 감정이나 상황에 휘둘리게 만든다. 이처럼 욕구체는 생존 본능의 얼굴을 하고 있지만, 성찰과 중재 없는 욕망은 자아를 흔들고 때로는 고통으로 이끈다. 따라서 자아는 이 충동적인 에너지를 억압하는 것이 아니라, 경청하고 조율해야 한다. 그때 비로소 욕구는 자아의 적이 아니라 동반자가 될 수 있다.

또한, 욕구체는 본질적으로 비도덕적이다. 여기서 말하는 비도덕성이란 단순히 선악의 구분을 무시한다는 의미가 아니라, 도덕이나 사회적 규범보다 쾌락과 만족을 우선시하는 본능적 작동 방식을 뜻한다. 욕구체는 '해야 할 일'보다 '하고 싶은 일'에 귀를 기울이며, 규범보다는 충동에 반응한다. 그러므로 자아가 이를 섬세하게 조율하지 못할 경우, 욕구는 도덕의 경계를 손쉽게 넘어서게 된다. 욕구가 좌절될 때, 우리의 내면에는 흔히 두 가지 감정이 함께 일어난다. 하나는 공격성이고, 다른 하나는 불안이다. 원하는 것이 충족되지 않을 때 우리는 스스로도 모르게 분노하며 긴장하고, 깊은 불안에 휩싸이게 된다. 채워지지 못한 욕구는 내면에 파동을 일으키고, 그 파동은 자아를 몰아세우며 관계와 현실에 왜곡된 방식으로 반응하게 만든다. 겉으로는 사소한 짜증이나 무기력처럼 보이지만, 그 이면에는 충족되지 못한 강렬한 욕망이 눌려 있다.

특히 욕구체는 성적 에너지와 생존 본능의 근원이기도 하다. 배고픔, 수면, 성욕, 지배욕, 인정받고자 하는 욕망. 이 모든 본능적 감각은 욕구체가 관장하는 영역이다. 이러한 욕구들은 인간이 살아가는 동력이자, 동시에 무의식의 틈을 타 자아를 장악하려는 힘으로 작용한다. 욕구가 무의식을 통해 자아를 압도할 때, 우리는 이성적 판단이나 도덕적 기준이 무너지기 쉬운 상태에 놓이게 된다. 그러므로 이러한 욕구를 자각하고 적절히 다스리는 기술은 자아 성장의 핵심이라 할 수 있다. 억누르지 않으면서도 휘둘리시 않는 것, 부정하지 않으면서도 정직하게 조율하는 것. 그것이 바로 자아가 욕구와 건강하게 공존하는 방식이며, 인간으로서의 성숙이 시작되는 자리다. 다음은 욕구체가 높아졌을 때 나타나는 심리 현상이다.

첫 번째, 양심체 기능의 약화
욕구체의 상승은 곧 양심체의 저하를 의미한다. 내면의 도덕적 자율성이나 죄책감이 약해지면서 '하고 싶은 대로 한다'는 무책임한 정서가 자아를 지배하게 된다.

두 번째, 자아 통제력의 붕괴
감정 조절이 어렵고 순간의 쾌락을 위해 장기적인 목표를 쉽게 포기한다. "그땐 참을 수가 없었어"라는 말이 자주 등장한다.

세 번째, 관계의 왜곡
타인을 욕구 충족의 수단으로 삼기 시작하면 상대를 온전히 바라보는 힘이 약해진다. 사랑이라는 의미는 때로 집착이나 소유욕으로 변하기도 한다.

네 번째, 중독성 행동의 유혹

식욕, 물질 소비, 성적 자극, SNS 중독, 일 중독 등 반복적인 행동을 통해 쾌락을 추구하지만, 내면의 공허감은 오히려 더욱 커져만 간다.

욕구체를 조율하는 방법

첫 번째, 충동을 인지하는 훈련을 하라.

욕구체는 본능적으로 즉각적인 반응을 원한다. 기다리지 못하고 참지 못하며, 지금 당장 충족되기를 바란다. 따라서 자아는 그 충동의 파동을 감지하는 훈련을 먼저 해야 한다. 바로 알아차림의 힘을 기르는 것이다. "지금 이 욕구는 어디에서 온 것일까?"

"나는 이 감정을 통해 무엇을 얻고 싶어 하지?"

"지금 반응하지 않아도 괜찮을까?"

이러한 질문들은 욕구를 억누르는 것이 아니라, 오히려 그것을 성찰의 대상으로 삼게 한다. 충동과 욕망은 조절의 대상이 아니라 통찰의 대상이다. 잠시 멈추어 바라보고 이해하는 그 짧은 순간들이 쌓일 때, 자아는 욕구의 도구가 아니라 욕구의 주인이 되어간다. 훈련되지 않은 감정은 쉽게 폭주하지만, 감지되고 의식된 충동은 자아의 중심 안에서 점차 다듬어지고 조율된다.

두 번째, 욕망에 '의미'를 부여하라.

욕구는 억누를 대상이 아니라, 방향을 제시해 주어야 할 에너지다. 단순한 충동에 휘둘리지 말고, 내 삶의 목적과 연결된 욕망으로 승화시켜야 한다. 예컨대, '인정받고 싶다'는 욕구를 단순히 타인의 시선을 끌기 위한 충동으로 소비할 수도 있지만, 이를 '나의 진정성을 더 넓은 세상에 기여하겠다'는 의미로 확장할 수 있다면, 그 욕구체는 더 이상 자아를 흔드는 그림자가 아니라 성숙을 이끄는 원동력이 될 수 있다. 의미를 부여받은 욕망은 더 이상 자아의 균형을 해치지 않는다. 그것은 방향성을 가진 에너지로서 자아 안에서 조화롭게 흐르며, 삶의 깊이를 더하는 추진력이 된다. 욕구는 언제나 내 안에 존재한다. 중요한 것은 그것을 어떻게 바라보고 어디로 이끌어갈 것인가이다. 그 욕망에 '이유'를 부여하고 '가치'를 더하는 순간, 욕구는 자아를 갉아먹는 본능이 아니라 자아를 성장시키는 빛이 된다.

세 번째, 자아와 양심의 대화를 회복하라.

욕구체가 강해질수록 양심체는 점점 침묵하게 된다. 자아가 충동의 흐름에 휩쓸릴 때 내면의 목소리는 점점 약해지고, 욕구의 속삭임만이 점점 더 크게 울려 퍼진다. 그러나 자아는 욕구체와 양심체, 이 두 인격체 사이에서 끊임없이 균형을 조율해야 하는 중심적인 자리다. 욕구체가 말한다. "지금 당장 하고 싶어." 그때 양심체가 조용히 응답한다. "그것이 진정 너를 위한 길일까?" 자아는 이 둘 사이에서 선택하고, 때로는 둘을 연결하며 성숙한 판단을 내려야 한다. "나는 이걸 원하지만 지금은 기다릴 수 있어." "이것이 나를 위한 진정한 만족일까, 아니면 순간의 도피일까?" 이러한 내면의 대화는 자아를 통합된 상태로 이끈다. 자아가 욕구의 충동과 양심의 기준 사이에서 균형을 유지할 때, 우리는 욕구를 억압하지 않으면서도 가치 있는 방향으로 이끌 수 있는 내적 힘을 갖게 된다. 결국 성숙이란 욕망을 억누르는 것이 아니라, 그것을 이해하고 양심과 대화하며 스스로에게 더 나은 선택을 허락할 수 있는 능력이다.

네 번째, 정서적 배고픔을 해소해야 한다.
욕구체가 과도하게 발현되는 이유 중 하나는 우리가 내면의 정서적 허기를 무시한 채 살아가기 때문이다. 외로움, 불안, 인정받고 싶은 갈망은 결코 사소한 감정이 아니다. 그것은 단순히 충동을 유발하는 본능이 아니라 돌봄을 필요로 하는 깊은 내면의 신호다. 사랑받고 싶고, 안심하고 싶으며, 괜찮다고 말해주는 존재를 갈망하는 마음. 이 감정들이 돌봄을 받지 못하고 방치될 때 욕구체는 점점 더 거세진다. 자아는 그런 감정의 파고를 감당하기 어려워져 즉각적인 자극과 쾌락으로 그 공허함을 메우려 한다. 그러나 그 허기는 결코 소비나 자극으로 채워지지 않는다. 정서적 배고픔은 오직 진정한 '돌봄'으로만 채워질 수 있다. 나 스스로에게 다정한 말을 건네고, 내 감정을 인정하며, 내 마음의 안부를 묻는 일상적인 태도들. 이것이 자아가 욕구체를 다루는 가장 따뜻한 방식이다. 욕구를 억누르기 전에 먼저 스스로에게 물어야 한다.

"나는 지금 어떤 마음이 허기진 걸까?"라는 질문을 던지는 순간, 욕구는 통제의 대상이 아니라 이해받아야 할 내면의 언어로 바뀐다. 욕구는 부정해야 할 대상이 아니다. 욕구체 또한 우리 자아의 일부이며, 생존과 창조성을 가능하게 하는 근원적인 에너지이기 때문이다. 다만 주의할 점은 그 욕구가 자아 전체를 지배해서는 안 된다는 것이다. 욕구는 잘 다스려질 때 비로소 인생을 이끄는 '불꽃'이 되며, 건강하게 조율될 때 비로소 우리는 진정한 성숙으로 나아갈 수 있다.

불안체 (Anxiety Level)

불안은 생존을 위한 감각이다. 위험을 예감하고 대비하게 만드는 본능적인 경보 시스템이다. 그러나 이 감각이 자아 전체를 감싸 안기 시작하면 더 이상 기능이 아니라 고통이 된다. 마음속 어딘가에 불안이 자리를 잡아 매일을 긴장과 예민함 속에서 살게 만든다. 아직 오지도 않은 미래에 끊임없이 사로잡히게 하고, 지나간 과거의 실수를 반복하게 하며, 눈앞의 일상을 위협처럼 느끼게 만든다. 불안체는 자아의 중심을 흔드는 가장 교묘한 인격체다. 다른 인격들이 감정이나 욕구의 형태로 드러난다면, 불안체는 보이지 않는 경고 신호로 시작하여 자아를 물들인다. 겉으로는 아무 일 없는 일상처럼 보여도, 내면에서는 끊임없이 "위험해", "조심해야 해", "지금은 안 돼"라는 목소리를 반복하며 스스로를 마비시킨다.

이 인격체가 강해지면 전반적인 삶에서 과잉 반응이 나타난다. 주변의 아주 미세한 변화조차 위협으로 해석하며, 뇌와 신경계는 쉬지 않고 경계 태세를 유지한다. 이러한 상태가 지속되면 몸은 만성적인 긴장 상태에 빠지고, 수면의 질은 급격히 떨어지며 쉽게 피로를 느끼게 된다. 점차 집중력은 저하되고, 어떤 일에도 온전히 몰입하기 어려운 상태에 이르러 결국 만성 피로와 번아웃에 시달리게 된다. 하루 종일 긴장하고 방어하며 대비하느라 마음은 지치고 몸은 축 처지게 된다. 또한 상황에 대한 해석도 달라진다. 현실의 각 상황을 과도하게 해석하여 "혹시 잘못되면 어쩌지?", "저 말속에 나를 싫어하는 뜻이 있는 건 아닐까?"와 같은 상상을 증폭시키며 결국 자아를 이리저리 끌고 다닌다. 아직 오지 않은 최악의 상황을 머릿속에 그려놓고 그에 맞서 싸우느라 점점 힘을 잃게 된다.

　타인과의 관계에서도 이러한 현상이 나타난다. 사소한 말 한마디에도 거절당한 듯 상처받고, 누군가의 표정 하나에도 의미를 부여하며 끊임없이 오해하고 분석하여 정서적 거리감을 만들어 낸다. 진심을 주고받아야 할 관계 안에서도 의심과 경계가 먼저 반응하다 보니, 결국 타인을 믿는 일조차 점점 어려워지기 시작한다. 무엇보다 안타까운 점은 새로운 것을 시도하려는 마음 자체가 사라진다는 것이다. "실패하면 어떡할래?", "남들이 뭐라고 생각하겠어?" 같은 말들이 내면에서 올라오면서 자아는 움츠러들고, 꿈은 점점 흐려지며 창의성은 마르기 시작한다. 결국 도전하려는 열정마저도 사라지고 만다. 애초에 자아를 지키기 위해 나타난 불안. 하지만 그 돌봄이 지나치면 자아를 갉아먹는 존재가 되어버린 불안. 스스로를 보호하려다 보면 때로는 예상치 못한 어려움에 부딪히기도 한다. 오히려 자아를 잠식하는 역설적인 내면의 그림자. 그것이 바로 불안한 얼굴이다.

　　　　　　　억누르거나 외면하지 말고

　불안은 사라져야 할 감정이 아니라 조율되어야 할 감정이다. 불안은 단지 나를 지키고자 하는 마음이 과도하게 앞서고 있을 뿐이라는 사실을 잊지 말아야 한다. 결코 나를 망치려는 존재가 아니라, 오히려 나를 보호하고 조심시키려는 마음이 지나치게 앞서면서 자리 잡게 된 감정이라는 점이다. 마치 심장이 두근거리는 이유를 이해해야 하듯, 불안도 다정하게 들여다봐야 한다. 그렇게 불안을 품을 수 있을 때 비로소 자아는 중심을 되찾고, 도전적이며 멈추지 않는 성장의 여정을 시작하게 된다. 불안체를 건강하게 조절하고 수용하기 위해 다음과 같은 훈련을 제안하고자 한다.

첫 번째, 기록하고 생각하는 습관을 길러야 한다.
불안은 대개 과장된 상상에서 비롯된다. 따라서 지금 내가 우려하는 상황이 실제로 발생할 가능성이 얼마나 되는지 적어보고, 그 근거를 하나하나 되짚어보는 훈련이 필요하다. 이렇게 구체적으로 기록하는 것은 과도하게 사고화된 불안을 조절하는 데 큰 도움이 된다. 막연한 불안은 언제나 현실보다 과장되기 때문이다.

두 번째, 불안을 의도적으로 경험하는 연습이 필요하다.
작은 불안 자극부터 의도적으로 마주하고, 그 상황을 회피하지 않고 견뎌내는 경험을 쌓을수록 뇌는 "나는 이걸 감당할 수 있다"는 새로운 신경학적 기억을 형성한다. 이를 심리학에서는 '노출 및 수용 훈련'이라 부른다. 불안을 피하지 않고 오히려 받아들일 때 우리는 더 단단해진다.

세 번째, 신체 감각을 조절하는 기술을 익혀야 한다.
불안은 대부분 신체의 신호로 먼저 나타난다. 복식 호흡과 점진적 근육 이완 기법은 교감 신경계의 과도한 활성화를 조절하여 뇌에 '지금은 안전하다'는 신호를 보낸다. 이처럼 몸이 편안해질수록 마음도 서서히 안정된다. 신체를 이완시키는 것은 마음을 안심시키는 가장 빠른 방법이다.

네 번째, 불안에 대한 인식을 재해석하는 작업이 중요하다.
불안은 위험의 전조이자 성장의 출발점이기도 하다. '이것은 내가 나아가야 할 방향을 알려주는 내면의 알람'이라고 해석하면, 불안은 더 이상 공포가 아니라 가능성으로 바뀐다. 그렇게 우리는 불안을 행동의 에너지로 전환할 수 있다.

이처럼 불안은 무조건 억누르기만 할 대상이 아니라, 오히려 직면하여 감각으로 인식하고 그 의미를 새롭게 재해석할 때 내면에서 '과잉 사이렌'이 아닌 '정확한 방향 표시등'으로 변모한다. 그 방향등은 결국 자아의 성숙한 항로를 밝혀주는 가장 정직한 등대가 될 것이다.

자아, 최종 믹싱의 무대에 서다

　우리 마음속에는 수많은 인격들이 머물고 있다. 양심체, 기대체, 가면체, 왜곡체, 욕구체, 불안체… 이들은 마치 오케스트라의 각 악기처럼, 저마다 고유한 파장과 감정의 주파수를 지닌 채 의식의 중심을 향해 하나둘 모여든다. 이 인격들은 때로 서로 충돌하고, 때로는 어느 하나가 지나치게 커져 전체의 균형을 무너뜨리기도 한다. 그러나 치유와 성찰의 과정을 통해 이들을 하나씩 조율하면, 자아는 마침내 이 모든 소리를 종합해 '나'라는 하나의 목소리로 세상에 내보낼 준비를 마치게 된다.　과정은 고성능 음향 장비 중 하나인 이퀄라이저(Equalizer)의 작동 방식과 유사하다.

　'EQ'라고 불리는 이 장치는 다양한 소리의 요소들을 세밀하게 조절하여 가장 조화롭고 듣기 좋은 음색으로 만들어주는 도구다. 마음의 조율 또한 이와 같다. 내면에 존재하는 다양한 인격들의 울림을 섬세하게 조정하고, 감정의 파형을 고르게 맞추어야만 왜곡되지 않은 진짜 '자기 목소리'를 세상에 들려줄 수 있다. 그리고 나서야 비로소 그 목소리는 앰프를 통과해 스피커, 즉 행동과 말, 감정의 표현이라는 현실 세계로 맑고 단단하게 흘러나온다. 내면이 조율된 사람만이 외부와의 관계에서도 온전한 소리로, 진실된 진동으로 존재할 수 있다.

이 최종 앰프의 관문은 앞서 언급한 공개층(Open Level)과 은폐층(Hidden Level)이다. 공개층은 자신의 감정과 진실을 적절히 드러내는 방식을 의미한다. 여기에는 진솔함, 용기, 개방성이 포함된다. 자아가 스스로 내면을 조율한 후 그 울림을 왜곡 없이 세상에 전달하려 할 때, 공개층은 하나의 통로가 되어준다. 내면의 진동이 맑은 음색으로 세상과 이어지는 순간이다. 반면, 은폐층은 감정을 감추고 자신의 진심을 가려두는 방식을 뜻한다. 때로는 자기 보호를 위한 방어기제이며, 세상으로부터 자신을 지키는 안전한 벽이 되어주기도 한다. 그러나 이 층위가 지나치게 두꺼워지면 자아는 점차 타인과의 연결을 상실하고 깊은 고립감 속으로 빠져들게 된다. 공개층은 표현의 용기이며, 은폐층은 상처를 방어하는 역할이다. 자아는 이 두 층위 사이를 조율하며 자신의 내면을 세상과 어떻게 연결할지 선택하게 된다. 진정한 자아 표현은 공개와 은폐의 균형 위에서 가능해진다.

나는 그동안 마음이 아픈 이들을 오랫동안 지켜봐 왔다. 그들은 대개 삶의 어느 지점까지는 참으로 잘 살아온 사람들이었다. 절제하며 균형을 지키고 내면의 목소리를 잃지 않으려 애쓰며 조용히 묵묵히 자신을 다듬어 온 이들이었다. 그런데도 마지막, 바로 이 '공개'와 '은폐'의 문 앞에서 속절없이 무너지는 장면을 나는 수없이 보아왔다. 내면의 인격들이 아무리 정교하게 조율되고 자아가 훌륭한 균형을 이뤘다 하더라도, 그 마무리 작업에서 판도가 갈렸기 때문이다. 아무리 좋은 제품이라도 마지막 포장에서 실패한다면 그 가치는 빛을 잃을 것이다. 마음 조율 역시 마찬가지다. 아무리 좋은 인격을 지닌 사람이라도 마지막 단계에서 균형을 잃어버린다면, 그 사람은 타인에게 공감을 얻지 못한다. 문제는 "과연 얼마나 열 것인가?"라는 질문에 우리는 늘 머뭇거리며 살아야 한다.

공개층 (Open Level)

공개층의 레벨이 높은 사람은 누군가를 만나기만 하면 자신의 속마음을 '모두' 꺼내놓아야 직성이 풀린다. 무언가를 숨기기보다는 솔직하게 털어놓는 것이 관계의 진정성을 높인다고 믿기 때문이다. 그러나 모든 진실이 곧 지혜로운 표현이 되는 것은 아니다. 만약 공개층의 레벨을 100으로 설정한다면, 이상적인 지점은 약 60 정도다. 열 가지 중 여섯 가지는 드러내되, 나머지 네 가지는 마음 깊은 곳에 담아두고 성찰의 시간을 가져야 한다. 때를 기다리는 것이 필요하다는 뜻이다.

공개층이 과도하게 확장된 사람은 자신의 말과 행동으로 인해 자주 후회한다. "조심해야지"라고 다짐하면서도 비슷한 상황을 반복하곤 한다. 타인에게 굳이 공개하지 않아도 될 이야기를 성급하게 꺼내놓고 나서야 뒤늦게 무거운 마음을 안게 되는 것이다. 이것은 진심의 과잉이 초래하는 피로다. 열 가지 중 네 가지는 자신의 내면 숙성고에 조용히 보관할 필요가 있다. 맛있는 김치는 바로 꺼내는 것이 아니라 시간과 온도를 들여 익혀야 제맛을 내듯, 마음도 성찰의 시간을 거쳐야 깊이를 갖게 된다.

"이 감정을 지금 공개할 필요가 있는가?", "좀 더 지켜보고 정리한 후 꺼내는 게 좋을까?", "내가 지금 흘려보내도 괜찮은 감정인가?"와 같은 질문을 스스로에게 던져보는 훈련이 필요하다. 이렇게 감정을 가만히 들여다보며 적절한 때를 고르는 사람의 말은 생기를 띠고, 그의 언어는 관계 안에서 신뢰로 자란다. 잘 숙성된 김치 하나가 식탁을 풍성하게 만들듯, 성찰을 거친 말 한마디는 자신과 타인에게 의미 있는 온기를 선물한다. 때로는 영혼을 살리는 치유의 메시지가 되기도 한다.

반면, 미성숙한 사람은 타인에게 상처를 입힌다. 급히 꺼내진 진실은 언제나 날카롭고, 미숙한 형태로 관계를 찌르는 잔인한 솔직함으로 변해버린다. 공개층의 덫은 바로 여기에 있다. 자신의 이야기를 꺼내지 않으면 견디기 어려운 사람들, 열 가지 사실에 스무 가지 해석을 덧붙이고 서른 가지 감정을 섞어 전달하는 사람들, 검증되지 않은 자신의 인식을 객관적인 사실인 양 풀어놓으며 상대의 환심을 사려는 태도. 진정한 공개란 진실을 드러내는 것이 아니라, 때를 기다릴 줄 아는 것이다. 무엇을 말할 것인가보다 언제 말할 것인가를 아는 사람만이 공개를 통해 상처가 아닌 신뢰를 쌓을 수 있다.

그렇다면 공개층이 확장되는 이유는 무엇일까? 가장 근본적인 이유는 '존재 의식'의 문제다. 보다 구체적으로 말하자면, 흔들리는 자아상, 즉 '내가 존재한다'는 사실을 끊임없이 확인받고 싶어 하는 마음에서 비롯된다. 인간은 본능적으로 '존재의 증명'을 갈망한다. 누군가 나를 바라봐 주고, 내 이야기를 들어주며, 나를 아껴주고 사랑해 줄 때 비로소 나는 이 세상에 살아 있음을 느낀다. 그래서 인간은 끊임없이 자신을 드러내려 한다. 보여주고, 말하고, 해명하는 모든 공개 행위는 결국 존재를 인정받고자 하는 노력이다.

이것은 단순히 공개층의 문제를 넘어서, 존재 의식 그 자체의 흔들림으로 이해해야 한다. 자신의 존재에 대한 인식 없이 무작정 감정을 드러내고 자신을 개방한다면, 공개의 범위는 더욱 확장되고 자기 조율은 점점 어려워진다. 통제되지 않은 공개는 결국 자기 변명이나 인정 강박으로 변질되며, 타인의 경계까지 침범하는 잔인한 솔직성으로 흐르게 된다.

기억하자. 내면의 허기가 깊을수록 공개층은 더욱 높아진다는 사실을. 이는 곧, 진정한 '공개'란 나의 허기를 타인에게 쏟아붓는 것이 아니라, 내 안의 빈자리를 먼저 채운 후에야 비로소 가능한 행위임을 의미한다.

은폐층 (Hidden Level)

은폐층은 말 그대로 '숨겨진 층'을 의미한다. 이 은폐층의 레벨이 높다는 것은 그 사람 안에 감추어진 이야기, 즉 비밀이 많다는 것으로 해석할 수 있다. 우리는 살아가면서 누군가와 마음속 이야기를 나누고 서로를 격려하며 지지하는 관계를 맺는다. 하지만 누군가를 1년, 2년 이상 알고 지냈음에도 그 사람의 삶을 좀처럼 알 수 없고, 그의 가정생활이나 살아온 배경조차 전혀 파악되지 않는다면, 우리는 그 사람의 은폐층 레벨을 의심해 볼 필요가 있다.

같은 공간에서 오래 머문다고 해서 관계가 깊어지지는 않는다. 함께 식사를 나누고 대화를 하며, 때로는 한 이불을 덮고 살아가는 부부 사이에서도 은폐층이 강하게 작용한다면, 그 사람의 진짜 모습은 끝내 드러나지 않는다. 표면적인 사실 몇 가지를 제외하고는 서로를 여전히 잘 알지 못한 채 살아가게 된다. 그렇게 친밀감은 점점 사그라들고, 관계는 껍질만 남은 채 건조해진다. 은폐층이 많다는 것은 곧 비밀이 많다는 뜻이며, 그 비밀의 가장 밑바닥에는 단순한 기억의 은폐가 아니라 감정의 은닉, 특히 수치심이라는 깊은 정서가 흐르고 있다.

수치심은 단순히 '부끄러움'만을 의미하지 않는다. 보다 근본적으로는 "나는 어떤 사람인가?"라는 존재 의식의 뿌리에서 비롯된 감정이다. 죄책감이 '내가 한 일'에 대한 부정적인 감정이라면, 수치심은 '내가 누구인가'에 대한 부정적인 인식이다. 존재 자체에 대한 왜곡된 시선, 그것이 바로 수치심이다. 은폐층은 이러한 수치심을 감추려는 데서 비롯된다. 드러낼 수 없기에 더욱 단단히 잠가두고 그 안에 자신을 가둔다. 이 수치심은 특히 역기능 가족에서 강하게 형성되며, 세대를 넘어 반복되기도 한다. 단지 한 사람의 성격 문제가 아니라, 오랜 시간 쌓여온 정서적 유전이기도 한 것이다. 그래서 은폐층은 단순한 침묵이 아니다. 그 안에는 내가 드러나면 사랑받지 못할 것이라는 믿음, 보여지면 거설낭할 섯이라는 두려움, 들킬까 봐 움츠러든 채 살아가는 자아가 숨어 있다.

대개 인간의 핵심 감정은 네 가지로 나뉜다. 분노, 슬픔, 두려움, 그리고 수치심. 이 네 가지 감정은 우리가 살아가며 경험하는 정서의 중심축이자 자아 인식에 깊은 영향을 미치는 감정들이다. 그중에서도 가장 은밀하고 고약하게 작용하는 감정이 있다면, 단연 수치심이다. 수치심은 자아와 마주할 때마다 우리를 가장 보기 싫어하는 '자기 자신'의 모습으로 몰아넣는다.

"나는 부족하다."
"나는 결함이 있다."
"나는 사랑받을 자격이 없어."

이러한 내면의 독백은 결국 자기 존재 자체를 부정하게 만든다. 수치심은 그렇게 조용히 자아를 잠식해 간다. 특히 수치심이 많은 자아일수록 대개 가족 내에 비밀이 많다. 그리고 그 비밀은 단순한 과거의 사건이 아니라, 감정의 핵심이 수치심으로 귀결되는 구조 속에 뿌리내리고 있다. 심리학에서는 이를 '수치심 기반 가족(Shame-based Family)'이라 부른다. 수치심을 중심 정서로 삼는 가정에서는 가족 구성원 모두가 '드러남'을 두려워한다. 감정은 억제되고 진심은 숨겨지며, 관계는 겉돌기 마련이다. 시간이 흘러도 부부 간에는 진정한 친밀감이 형성되지 않고, 부모와 자식 간에도 마음의 교류가 일어나지 않는다. 이러한 가정에서 자란 아이들은 감정을 표현하는 법을 배우지 못한다. 갈등을 건강하게 해결하거나 감정을 조율하는 능력도 뒤처지기 쉽다. 이처럼 수치심은 한 세대에 머무르지 않고 다음 세대로 대물림된다.

 이처럼 수치심은 개인의 정서 문제에만 머물지 않는다. 한 개인의 삶의 방식이 되고, 관계의 언어가 되며, 세대를 관통하는 감정의 유산이 된다. 그러므로 우리는 언제나 스스로에게 물어야 한다. 나는 지금 내 감정을 어떻게 다루고 있는가? 나의 가족 안에 말하지 못한 수치심이 숨어 있지는 않은가? 그리고 그 감정이 오늘의 나를 어떻게 규정하고 있는가?

은폐층은 왜 만들어질까?

 은폐층의 형성은 단순히 개인의 성향이나 기질만으로 설명할 수 없다. 그 뿌리는 언제나 '가정'에 있다. 유년기를 지나는 아이는 하고 싶은 말이 참 많았을 것이다. 자신이 느낀 것을 표현하고 싶었으며, 그 감정을 누군가 알아주기를 간절히 바랐을 것이다. 하지만 부모가 늘 바쁘고 정서적인 교감이나 진심 어린 대화가 사라진 가정 속에서 아이는 점점 말을 줄이게 된다. 감정의 통로가 막힌 그 마음은 결국 어디론가 자기 이야기를 들어줄 가슴을 찾아 나서게 된다. 이것이 바로 '가출'이다. 그러나 가출은 단지 물리적 공간에서의 탈출이 아니다. 그것은 정서적으로 연결되지 못한 마음이 벌이는 깊은 외로움의 몸부림이다. 그리고 이 정서적 가출은 청소년만의 전유물이 아니다. 나이와 상관없이 누구나 '정서적 가출자'가 늘어나고 있다. 자기 마음을 받아줄 누군가를 찾지 못해 지금도 방황하는 현대인이 점점 많아지고 있는 현실이다.

정서적 방황의 배경에는 바로 은폐층의 확장이 있다. 삶이 힘겨운 시기일수록 우리는 더욱 내면의 이야기를 나눌 상대를 필요로 한다. 그러나 누군가 내 이야기를 진심으로 들어주고 아픔을 함께 느껴줄 사람이 전혀 없다는 현실은 현재의 삶을 점점 더 척박하게 만든다. 이러한 척박한 현실 속에서 자연스럽게 자라난 것이 바로 '위로 산업'이다. 겉으로는 잘 살아가는 듯 보이지만, 어쩌면 지독한 외로움에 시달리고 있는 사람이 바로 내 가족, 내 친구, 내 이웃일지도 모른다. 오늘날 우리는 AI 로봇, 반려동물, 감성형 앱, 혼술과 혼밥 문화 속에서 '사람이 아니라서 더 위로가 되는 존재들'에게 마음을 의지하고 있다. 호프집이나 와인바, 커피숍, 음식점에서도 누군가와 마주 앉아 라포를 형성하고 대화를 나누는 서비스가 상품이 되어가는 시대다. 익명성과 감정 비개입의 편안함 속에서 사람들은 일면식도 없는 타인에게 자신의 가장 내밀한 이야기를 터놓고 살아간다. 한 지붕 아래서 수십 년을 함께 살아온 가족에게도 하지 못한 이야기를 처음 보는 사람에게 쏟아내며 살아가는 이 현실. 이것이 바로 은폐층의 확장이 만들어낸 '공허감'의 실체다.

  물론, 위로 산업은 이 시대의 아픔에 대응하는 하나의 새로운 문화 코드일 수 있다. 어려운 시절, 사람이 사람을 위로하는 따뜻한 공간이 되기를 바라는 마음에서 출발한 측면도 분명 존재한다. 삶이 버거운 이들에게 작은 위안이 되어주고, 혼자라는 감각 속에서 누군가와 연결되기를 바라는 간절한 소망이 그 시작에 담겨 있었을 것이다. 그러나 그 이면에는 또 다른 그림자가 도사리고 있다. 사람들의 시린 가슴을 겨냥한 진정성 없는 공허함의 그림자, 돈만 지불하면 내면의 허기를 채울 수 있다는 착각, 스스로 마주하기 어려운 감정을 누군가의 말 한마디로 간단히 해결할 수 있으리라는 기대가 그것이다. 그 속에는 온갖 유혹과 음모가 뒤섞여 있음에도, 겉모습의 달콤한 위로에 속고 마는 시대가 되어버렸다. 형식적인 공감, 모양만 따뜻한 언어, 진심 없는 말들이 '위로'라는 이름으로 소비되고 있다.

무엇보다 슬픈 것은 상대의 마음을 배려하거나 조심할 필요 없이 자신의 감정을 아무렇지 않게 쏟아내고 돌아서면 된다고 믿는 것이다. 내면의 분노와 외로움, 억울함과 상처를 무책임하게 쏟아낸 뒤 '털어냈다'고 착각하는 태도는 더 이상 치유가 아니다. 오히려 또 다른 고립을 만들어낸다. 진정한 만남은 사라지고, 감정은 상품처럼 유통되며, 위로는 즉시 해결되어야 하는 무언가가 되어버린다.

위로는 상품이 아니다. 그것은 교환되거나 거래될 수 있는 감정이 아니다. 위로란 진심과 조심, 기다림과 배려가 함께 머무는 마음의 자세다. 조용히 옆에 있어 주고, 말보다 침묵으로 함께하며, 판단보다 이해로 감싸 주는 태도. 그것이 진짜 위로다. 우리가 지금 마주하고 있는 이 위로 산업의 풍경은 마음의 허기와 외로움이 만들어낸 구조적 슬픔일지도 모른다. 아파서 꺼낸 말이 오히려 더 아프게 돌아오는 이 슬픈 순환을 멈추기 위해, 우리는 다시 '진정성'이라는 단어 앞에 머물러야 한다.

이제는 꺼진 불만 다시 보는 것이 아니라, 곁에 있는 가족과 이웃, 친구들을 유심히 들여다볼 때이다. 늘 곁에 있어 익숙하다는 이유로 더는 말하지 않아도 괜찮을 거라고 착각하며 지나쳐왔던 얼굴들. 사소한 눈빛, 무심한 대답, 잠깐의 침묵 너머에 말하지 못한 감정이 켜켜이 쌓여 있을지도 모른다.

은폐층 안에서 숨을 죽이고, 질식할 듯한 침묵의 방 안에서 어제도, 오늘도 허덕이고 있는 이는 어쩌면 지금 가장 가까운 그 사람일지도 모른다. 늘 밝게 웃지만 속으로는 자신을 감춘 채 혼자 울고 있을지도 모른다. 늘 괜찮다고 말하지만, 그 말 속에는 "사실은 힘들다"는 외침이 숨어 있을지도 모른다. 우리는 너무도 많은 '모르지 않는가'를 외면하며 살아간다. 그 사람의 마음속 은폐층이 얼마나 무거운지, 그 침묵이 얼마나 간절한 신호였는지를. 그러므로 지금 이 순간, 가장 필요한 일은 말하지 않는 사람의 마음에 조용히, 그러나 진심으로 다가가는 것이다.

은폐체, 어떻게 줄여 나갈 수 있을까?

그렇다면 우리는 어떻게 이 '은폐체'의 영역을 줄여 나갈 수 있을까? 해답은 명확하다. 오픈해야 한다. 내면 깊숙이 감춰둔, 때로는 수치로 여겨졌던 상처의 사연들을 건강하게 드러내야 한다. 그러나 이것은 단순히 아무에게나 내 마음을 털어놓는 것을 의미하지 않는다. 오픈에는 조건이 필요하다. 나를 안전하게 지지해 줄 수 있는 대상, 무조건적인 수용과 경청이 가능한 공간, 비판 없이 마음을 들이줄 수 있는 환경이 반드시 전제되어야 한다.

이러한 조건을 중족할 수 있는 공간이 가정이라면 더할 나위 없이 좋겠지만, 현실은 녹록지 않다. 많은 이들이 가족에게조차 진심을 말하지 못한 채 마음의 문을 닫고 살아간다. 그래서 우리는 스스로를 보호하면서도 마음을 열 수 있는, 보다 안전한 울타리를 스스로 찾아 나서야 한다. 상담도 좋고, 마음 훈련도 좋다. 이러한 그룹은 전 세계 심리 단체나 상담 기관, 혹은 영성을 기반으로 한 종교 공동체에서도 활발히 운영되고 있으며, 회복적 울타리의 역할을 하고 있다. 중요한 것은 나에게 맞는 기관과 공동체를 신중하게 선택하는 일이다. 이름만 심리 단체인 곳도 많고, 오히려 마음을 더 다치게 만드는 경우도 적지 않다. 그러므로 우리는 충분한 검색과 사전 상담, 그리고 작은 신호를 놓치지 않는 내면의 감각을 바탕으로 자신에게 진정으로 맞는 '열림의 장소'를 찾아야 한다.

그곳에서 우리는 서서히 은폐된 자아의 그림자를 줄이고, 말하지 못했던 마음을 조금씩 꺼내어 빛의 언어로 바꾸어 나갈 수 있을 것이다. 그것은 단순히 감정을 표현하는 일이 아니라, 숨겨진 자아를 회복하고 삶의 본질과 다시 연결되는 깊은 작업이다. 개방은 타인을 향한 신호이기도 하지만, 그보다 먼저 자신을 향한 용기의 몸짓이다. 내가 나를 정직하게 드러내는 순간, 자아는 진정한 나로서 존재하기 시작한다. 감정은 고립의 벽을 넘어, 마음은 더 이상 숨어 있지 않아도 되는 자유를 누리게 된다.

마음 치유 사이클

　아름다운 항구 도시이자 '물의 도시'인 베네치아(Venezia)에서 작곡의 대가가 태어났다. 바로 안토니오 비발디(Antonio Vivaldi)이다. 그가 작곡한 바이올린 협주곡들을 듣고 있으면, 마치 몸의 감각 하나하나가 깨어나는 듯한 전율이 느껴진다. 『사계』 중 '겨울' 1악장은 차가운 바람이 내 몸의 솜털 하나하나부터 숨어 있는 맥박까지 섬세하게 훑고 지나가는 듯한 감각을 자아낸다. 자연을 담아 악상으로 표현한 비발디의 음악적 직관도 놀랍지만, 그보다 더 경이로운 것은 수많은 인간의 심연을 웅장한 기세로 숨죽이게 만드는 대자연의 힘이다. 도저히 인간의 얄팍한 관념으로는 가늠할 수 없도록 설계된 이 섭리는 바로 우리의 숨을 멎게 만드는 신비의 영역이다. 자연을 보면 생명이 흐르는 수로가 보이고, 그 수로를 따라가다 보면 생존 게임의 장관이 펼쳐진다.

　인간의 마음도 어쩌면 태고부터 자연을 닮았으리라. 정해진 운명의 타임 테이블을 중심으로 숨숙이며 아파하고 시들어가다가 다시 소생하는 사이클 말이다. 이 마음의 사이클을 자세히 들여다보면 하나의 특이점이 발견된다. 그것이 바로 회복의 메커니즘이다. 향기를 진동시키는 꽃들부터 초록을 단념한 산의 나무들에 이르기까지, 살아있는 모든 생명체는 반드시 회복의 순환 사이클을 지니고 있다. 시들고 말라가고 떨어지다가 다시 새롭게 태어나는 자연의 법칙이다. 우리 몸의 회복 시스템 역시 생각해보면 놀랍고 경이롭다. 태어날 때부터 지닌 선천적 면역과 자라면서 획득한 후천적 면역이 연합하여 외부에서 침입하는 바이러스와 항원에 맞서 싸운다. 그리고 빠르게 건강한 상태로 복구해 내는 참으로 신기한 일이 아닐 수 없다.

1955년 미국의 심리학자 에미 워너(Emmy Werner)는 회복탄력지수(Resilience Quotient)를 발표했다. 이 연구는 각 개인의 감정, 충동, 소통, 공감 등 자기조절 능력에 따라 회복력, 즉 복원력이 다르게 나타난다는 흥미로운 결과를 보여주었다. 물체마다 고유한 탄성이 다르듯이 인간의 마음도 회복하는 데 있어 각기 다른 탄력성을 지니고 있다는 것이다. 이러한 사실만 보아도 자연이든 육체든 마음이든 크고 작음의 차이를 막론하고 복원하려는 힘이 강렬하게 작용하고 있다는 점은 부인할 수 없다.

자아 회복 사이클

우리 마음의 회복 사이클은 정해진 경로를 따라 운행하는 기차와 같다. 우리의 마음이 안정과 평안을 유지할 수 있는 배경에는 이 기차가 언제나 우리 내면을 순환하고 있기 때문이다. 회복(回復)의 기차 → 흔들림의 역 → 아픔의 역 → 비워짐의 종착역. 이 기차는 쉼 없이 흔들리고, 끊임없이 아파하며, 기꺼이 비워짐에 도착한다. 우리의 마음이 매일 조금씩 회복되고 성장하는 것은 바로 이처럼 쉼 없이 흔들리고, 끊임없이 아파하며, 기꺼이 비워짐을 반복하는 회복의 기차 덕분이다.

이렇듯 흔들리고 아파하며 비워지는 과정을 우리는 '회복 사이클'이라 부른다. 그런데 이 사이클이 제대로 작동하려면 반드시 자아가 의식의 중심에서 확고히 자리 잡고 있어야 한다. 자아가 본래 자리를 벗어나 다른 곳에 머물거나, 에너지가 소진되어 자아가 힘을 잃는다면 이 사이클은 제대로 돌아가지 않는다. 그렇게 되면 마음은 금세 탁해지고 시들어 버리고 만다. 따라서 이 회복 사이클은 반드시 자아가 감당해야 할 몫이다. 하루하루 복잡하고 알기 어려운 삶의 현상들 속에서 아픈 사연들을 마주하면서도 내적 균형을 맞춰 나가는 일이 바로 자아의 소임인 것이다. 그러나 자아가 이 소임을 저버리고 외부로 방황하게 되면 마음은 회복과 성상을 경험하지 못하고 외부의 다른 것들로 채워지게 된다. 그것은 결국 자아의 부재가 만들어낸 비극이다. 반드시 자아는 자신의 본래 자리를 지키고 그 자리에서 치유의 소임을 다할 때에만 현실의 문제, 미래의 불안, 과거에서 밀려오는 아픈 사연 하나까지도 회복의 기차에 태워 흘려보낼 수 있다. 그리하여 마침내 마음은 마음다워지고 더욱 청순해지며 긍정적이고 생동하는 힘이 살아나, 무엇이든 잘할 수 있다는 자기 효능감이 샘물처럼 솟구치게 되는 것이다.

매일 외부와 내부에서 일어나는 수많은 사건과 사고는 우리의 마음을 한시도 가만두지 않는다. 그래서 우리는 매일 흔들리고, 매일 아파하며, 매일 주저앉아 포기하고 싶을 만큼 지친 하루를 살아가고 있다. 그렇다. 모두가 힘겨운 시기를 보내고 있는 것 같다.

핵심은 내가 힘차게 서 있어야 한다는 것이다. 누구도 나의 어려움을 대신해 줄 수 없는 순간이 반드시 올 것이다. 건강한 삶은 의존이 아니라 독립이며, 자율과 성취로 이루어진다. 자아의 메커니즘을 조금만 이해해 보자. 당신 자신도 몰랐던 자아의 기능을 사용하지 않은 채 살아오지 않았는가? 스스로를 믿어라. 나 자신을 믿고 존중하며, 지금부터라도 돌봄을 통해 성장해 나가자. 그리고 자아 본연이 가진 우월한 기능을 멋지게 활용하여 자아 통합의 미래를 활짝 열어 가자. 예전보다 훨씬 놀라운 내면의 힘을 가진 존재로 반드시 살아가야 한다.

이제부터 자아의 기능에 대해 알아보자. 먼저 알아야 할 것은 우리의 내면에는 어떠한 어려움도 회복할 수 있는 회복 시스템이 내장되어 있다는 점이다. 이 사실만 알고 있어도 삶은 쉽게 무너지지 않는다.

"이제 너는 다 끝났어."
"네 인생은 돌이킬 수 없어."
"너 참 한심하구나."
"너, 인생이 왜 이래?"

이와 같은 고통스럽고 절망적인 순간에도 정신을 차리고 내면에서 나를 살리는 회복의 순환 사이클이 돌아가고 있음을 인지하며, 그 순환의 흐름에 맞춰 한 걸음 한 걸음 몸을 맡기다 보면 어느새 흔들림을 지나 아픔을 견디고 반드시 비워짐과 채워짐을 경험하게 될 것이다. 어느 순간 모든 시련의 벽은 무너지고, 내 안에는 놀라운 극복 경험의 백신이 만들어지며, 절망으로 여겼던 모든 일들이 희망으로 전환되는 놀라운 경험을 하게 될 것이다. 잊지 마라! 절망적인 순간이 온다면 멈추고 자신을 돌아보라. 그리고 깊이 생각하라!

"나는 지금 흔들림과 아픔이라는 역을 지나고 있어."
잠깐 덜컹거릴 수는 있지만,
결코 넘어지거나 이탈하지는 않아.
왜냐하면 이 역들을 지나면 반드시 종착역인
'비워짐' 역에 도착하게 될테니까!

이처럼 자아가 감각을 통해 내면의 흐름을 이해하기 시작하면, 아무리 강한 외풍에도 무너지지 않고 다시 일어설 힘을 갖게 된다. 이 믿음은 단순한 암시가 아니라 실제 자아 회복의 경로를 따르는 인식의 확장이며, 자신을 존엄하게 대하는 진정한 자기 존중이다. 자, 그럼 지금부터 회복의 여정 속으로 들어가 보자.

회복(回復)의 기차
흔들림의 역 ⋯▶ 아픔의 역 ⋯▶ 비워짐의 종착역

흔들려야 마음이다

　누구도 자연 앞에서 무턱대고 버티려 해서는 안 된다. 삶은 고요함보다 흔들림을 통해 더 깊은 깨달음에 이르는 법이기 때문이다. 바람 앞에서 당당해지려 하기보다, 그저 바람에 스며드는 것이 순리다. 불어오는 작은 바람에도 감각을 곤두세워 보라. 위기와 불안, 두려움과 아픔, 눈물과 고통까지도. 그 바람에 맞서 버티는 것이 아니라, 그 바람을 타고 유연하게 흐르는 것이 진정한 지혜다.

내가 나로 산다는 것은
흔들림 속에서도 자신의 중심을 잃지 않는 것이다.
흔들리는 자신조차 온전히 수용하는 일이다.

　일본에서 심리학을 연구하는 한 선생님과 문자를 주고받고 있었다. 갑작스레 대화가 끊기더니, 한참이 지난 후에야 문자가 도착했다. 지진이 있었다는 것이다. 놀라서 물었더니, 그는 아무렇지 않다는 듯 담담하게 답장을 보냈다. 일본에서는 지진이 워낙 자주 발생하다 보니 이미 일상이 되어버린 듯했다. 일본은 지진 교육이 세계에서 가장 철저한 나라다. 잦은 지진 속에서 건물은 내진 설계로 단단히 지어지고, 국민들은 체득한 교육을 바탕으로 흔들림에 휘청이기보다는 지진 재난에 익숙하게 대처한다. 이제 진도 5.0 정도의 지진은 그들에게 놀람이 아닌 일상이 되었다.

그렇다면 우리의 내면은 어떠할까? 우리는 삶 속에서 수많은 지진을 겪는다. 생존을 향한 불안의 바람, 인간관계라는 낯선 진동, 때로는 존재 전체를 뒤흔드는 외부 환경과 자아를 덮치는 파도 같은 사건들까지. 지면이 흔들리듯 우리 마음도 흔들리고, 때로는 금이 가고 균열이 생긴다. 외부의 사건도 문제지만, 내면의 취약함 때문에 쉽게 방황하고 흔들리며 무너지기도 한다.

그러나 우리의 내면에는 눈에 보이는 건물의 내진 설계보다 훨씬 더 강력한 시스템이 작동하고 있다. 그것이 바로 앞서 언급한 회복 사이클이다. 중요한 것은 이 사이클을 운행해야 할 '자아'가 제 기능을 상실한 채 흔들림의 역이나 아픔의 역에서 멈춰버린다는 사실이다. 흔들림의 역을 지나야 아픔의 역으로 갈 수 있고, 아픔의 역을 지나야 비워짐의 역으로 갈 수 있다. 이것이 곧 순환의 질서이며 회복의 구조이다. 그러나 많은 이들은 이 여정을 두려워하거나 중도에 포기한 채 제자리에서 맴돌기만 한다.

자아의 본분

마음을 정의하자면, 그것은 무의식의 사연들과 자아를 연결해 주는 통로라 할 수 있다. 이 통로 안에는 수많은 기억과 상념, 감정과 이미지가 끊임없이 떠다닌다. 그중에서도 유독 해결받기를 갈망하는 아픈 사연들은 강한 힘으로 매일 자아를 흔든다. 그동안 자아론, 상처론, 관계론에서 거듭 강조했던 내용이지만, 잠시 더 정리해 보자면 자아는 이 사연들을 두 팔 벌려 안아주고 품어주며 어루만져야 한다고 했다. 그것이 자아의 본분이자 역할이다. 그러나 만약 자아가 제 기능을 잃고 흔들리거나 표류하게 된다면, 그 사연들은 그대로 마음을 탁하게 만들고, 슬픔과 분노, 수치와 두려움 같은 상한 감정으로 굳어져 마침내 스스로를 공격하고 정체성마저 뒤흔드는 상황으로 만들어 버린다. 그래서 결국 아픈 사연은 분리되지 않으면 어느 순간부터는 분간조차 어려워지고, 도대체 사연이 난지, 내가 사연인지, 눈물이 난지, 내가 눈물인지 모른 채 그렇게 제 길을 잃고 만다.

반드시 만나야 한다.

 만나면 달라진다. 우리는 대부분 만나기도 전에 두려워하고 판단하며 포기해 버린다. 그래서 늘 같은 자리에서 흔들리고, 결국 지쳐 쓰러지고 만다. 그러나 잊지 말자. 우리의 자아는 바닥까지 내려앉은 상황에서도 다시 힘을 끌어올릴 수 있는 놀라운 존재라는 사실을.

 관건은 내가 아픈 사연과 마주하는 그 순간, 멈추지 않고 물음을 던질 수 있느냐에 있다. 스스로에게 용기를 주고, 그 아픔 속에서 새로운 의미를 만들어 내는 것이 관건이다. 우리 인생을 흔드는 바람은 언제나 불어왔다. 그리고 앞으로도 계속 불어올 것이다. 그것은 내가 약해서도, 부족해서도 아니다. 그저 살아 있다는 것, 누구에게나 찾아오는 당연하고도 자연스러운 현상일 뿐이다.

그 사실을 알고 있는가?

 우리가 매일 지나치는 고층 아파트와 빌딩, 심지어 다리조차도 바람에 따라 미세하게 흔들리고 있다는 사실을 알고 있는가? 바람과 지진에 대응할 수 있도록 일정한 탄성을 부여하는 '스프링 설계'

라는 내진 설계가 적용되어, 겉으로는 불안해 보일지라도 어떤 바람이나 지진에도 결코 쉽게 무너지지 않는다는 사실이다.

　우리의 마음도 마찬가지다. 우리 안에는 내진 설계된 자아 순환 시스템과 정서적 유연성이 존재한다. 이는 분명 나를 지탱하고 존재하게 돕는 스프링 설계이다. 잊지 말자. 앞으로 우리 앞에는 수천 번, 아니 수만 번의 흔들림이 또다시 찾아올 것이다. 하지만 그 속에서도 꺾이지 않고 멋지게 바람을 탈 수 있는 비결은 자신 안에 작동하는 스프링 설계를 믿는 일이다. 무엇보다 최우선으로 믿고, 그 시스템을 의식적으로 반복 실행하는 것이다.

삶이 흔들릴 때마다 중심을 잡고 다시 일어서라
흔들리고 아픔 속에서 비워져 가는
이 경이로운 순간들을 마음껏 만끽해 보라

흔들리지 않고 피는 꽃은 없다
상처 없이 열매를 맺는 나무는 없다
흔들림 속에서 더욱 빛나는
가장 아름다운 것은 인생의 본질이다

나를 흔드는 마음의 소리

우리는 흔히 마음이 아프고 혼란스러울 때 그 감정을 애써 외면하거나 덮어두려 한다. 그러나 진정한 회복은 고통을 회피하는 데서 오지 않는다. 오히려 내면에 귀를 기울여 끈질기게 울려오는 소리를 있는 그대로 듣는 순간부터 시작된다. 그 소리는 나를 흔들고 때로는 쓰러뜨릴 만큼 강하지만, 동시에 나를 일으켜 세우는 힘이기도 하다. 그것을 외면하지 않고 마주하는 일이야말로 상처를 치유하고 나를 성장시키는 첫걸음이다. 마음의 소리는 인정하지 않으려 해도, 밀어내려 해도 조용히 끈질기게 우리의 자아를 흔들어댄다.

"답답해... 채워줘... 힘들어... 숨이 막혀..."
"무서워... 화나... 죽을 것 같아... 싫어..."
"넌 이제 틀렸어. 더 이상 희망이 없어…"
"불안해... 외로워... 두려워..."

마음의 추락은 하루아침에 찾아오지 않는다. 그것은 오랜 세월 동안 마음의 작은 소리 하나하나를 듣지 못한 채 서서히 쌓여온 참상이다. 자동차를 관리할 때 기본은 엔진의 울림, 브레이크의 마찰음, 바퀴에서 전해지는 미세한 진동을 감지하는 일이다. 그 작은 이상 신호 하나를 무시하면 결국 사고로 이어지는 경우가 있다. 마음도 다르지 않다. 내면에서 들려오는 미세한 속삭임, 아픔의 신호, 작은 불안에 귀를 기울여야 한다. 그 소리를 외면하지 않고 감각을 세우는 것, 그것이야말로 마음을 지키는 첫걸음이다.

그렇다면 이처럼 아픈 마음의 소리는 과연 어디에서 비롯되는 것일까? 인간의 내면을 뒤흔들고 고통스럽게 만드는 수많은 사연의 정체는 과연 어디에 존재하는가? 그 근원지는 바로 우리 안에 존재하는 또 다른 자아에 있다. 그 자아의 울부짖음은 상처 입은 마음의 숨겨진 기록을 모두 드러낸다.

지금까지 수많은 심리학자들은 인간 내면 자아의 구조와 성격을 각자의 이론으로 세분화하여 설명해왔다. 예를 들어, 대상관계 이론의 창시자 W. 로널드 페어베어(W. Ronald D. Fairbairn)는 인간 내면에 만족을 추구하는 자아, 좌절된 자아, 그리고 흥분을 유발하는 자아라는 내적 심리 구조(endopsychic structure)가 존재한다고 보았다. 또한, 교류분석(Transactional Analysis) 이론의 창시자인 에릭 번(Eric Berne)도 인간의 심리를 어린 자아(Child Ego), 성인 자아(Adult Ego), 부모 자아(Parent Ego)라는 세 가지 틀로 구분하여 설명하였다. 이러한 관점들은 공통적으로 우리의 내면이 결코 하나의 단일한 '나'로만 구성되어 있지 않음을 시사한다. 오히려 서로 다른 시기와 경험, 그리고 다양한 정서적 기억을 품은 다층적인 자아들이 성장이 멈춘 채 내면 어딘가에서 공존하며 상호작용하고 있는 것이다. 프로이트 또한 정신분석 연구를 통해 이를 밝혀냈다. 어릴 적 부모와의 갈등이 제대로 해결되지 않으면, 그 갈등은 성인이 되어서도 반복되며 결국 인격 장애로 발전할 수 있다고 말이다.

우리도 어린 시절 각 시기마다 지극히 당연한 욕구들을 품고 있었다. 그러나 보살핌, 인정, 사랑, 안정된 울타리와 같은 욕구들이 제때 충족되지 못하고 외면당한 채 억압되어 왔기 때문에, 자라지 못한 아픈 자아는 그 시절에 머무르는 경우가 많다.

아픈 사연을 간직한 내면아이

아픈 사연의 뿌리를 더듬다 보면 반드시 한 존재와 마주하게 된다. 그 존재는 바로 내 안에 여전히 살아 있는 어린 시절의 나이다. 과거에 충분히 돌보지 못한 상처와 감정의 파편들, 인정받지 못한 감정들, 그리고 말하지 못했던 속마음을 꼭 쥔 채, 여전히 자라지 못한 모습으로 상처받은 그 자리에서 울고 있다. 우리는 너무 자주 그 아이를 모른 척하며 지나쳐왔다. 마치 아무 일도 없었던 것처럼 멀쩡한 모습으로 아픔을 말하지 않는 법을 배운 채 어른이 되어버렸다. 무릎이 깨져 피가 나면 곧장 약을 바르고 붕대를 감지만, 마음의 상처에는 살아오면서 이상하리만큼 무관심했다. 마치 괜찮은 척하며 감정의 신호를 외면하고 눌러 두는 데 익숙하게 살아왔다. 그 아이는 오랫동안 외면당했고, 무시당했으며, 아무도 돌봐주지 못한 채 마음 한구석에 웅크린 채 살아왔다. 간절히 누군가 자신을 찾아와 줄 날을 기다리면서 말이다. 수치심에 짓눌려 드러낼 수도, 드러내고 싶지도 않은 채 수시로 의식의 문을 두드려 왔다. "춥다고, 배고프다고, 안아 달라고, 답답하다고, 외롭다고…" 틈만 나면 마음의 평온을 흔들었다.

  우리의 인생은 어쩌면 이 상처를 품은 아이를 조금만 더 일찍 만났더라면, 그 아이에게 단 한마디 "괜찮아"라고 말해주었더라면 수많은 심리적 방황이 줄어들었을지도 모른다. 시간은 흘러 몸은 어른이 되었지만, 그 마음속에는 여전히 유아기와 유년기에 잘못 형성된 애착과 감정들이 남아 있다. 아무리 세월이 흘러도 여전히 '돌봄'과 '독립'의 과정을 기다리는 어린아이. 이를 심리학에서는 '내면아이(Inner Child)'라고 부른다. 아픈 사연을 품은 채 몸만 어른이 된 그 존재, 사랑을 받지 못해 아팠던 아이, 존중받지 못해 주눅들었던 아이, 버림받을까 두려워 조심조심 눈치 보던 아이.

내면아이는 유아기와 아동기의 결핍, 거절, 상처, 공포, 외로움, 불안을 고스란히 간직한 감정의 원형이다. 이 아이가 내면에 존재하는 한, 누구도 진정한 자아의 성숙과 마음의 자유를 경험할 수 없다. 심리학자 존 브래드쇼(John Bradshaw)는 내면아이를 "버려진 감정의 자아"라고 불렀다. 그는 그 아이가 더 이상 무시할 수 없는 목소리로 성인기의 삶 곳곳에서 신호를 보낸다고 말했다. 내면아이는 분노를 일으키기도 하고, 설명할 수 없는 공허함으로 다가오기도 하며, 때로는 타인에게 집착하거나 자책의 패턴으로 번져 나가기도 한다고 덧붙였다.

프로이트(G. Freud)는 무의식을 이해하기 위해 성적 억압으로 지친 내면의 아이에 집중해야 한다고 주장했다. 이 부분은 결코 가볍게 여겨서는 안 되는 중요한 대목이다. 좀 더 자세히 설명하자면, 프로이트가 말한 '성적 억압'이라는 표현은 단순히 '성(性)'

에 관한 이야기만을 의미하지 않는다. 그는 성적 에너지를 '리비도(libido)'라고 불렀는데, 이는 단순한 성욕이 아니라 삶을 살아가게 하는 근본적인 에너지를 뜻한다.

　이 에너지는 본능적으로 사랑받고 표현하며 탐색하고 관계를 맺고자 하는 욕구이다. 그러나 어린 시절 이 욕구가 죄책감과 수치심에 가려 제대로 표출되지 못하면서 내면에 깊은 균열이 생기게 된다. 애정을 갈망하면서도 표현하지 못하고, 다가가고 싶으면서도 거절당할까 두려워 멈춰 서게 된다. 그리고 그 멈춤이 반복될수록 아이는 점점 고개를 숙이고 마음 한구석에 웅크린 채 살아가게 된다. 이러한 억압된 에너지는 사라지지 않고 성인이 된 후에도 여전히 갈망하며, 다른 모습으로 형태를 바꾸어 집착, 순응, 불안, 회피 등 채워지지 못한 내면 아이의 울음이 되어 그림자로 존재하게 된다. 그래서 프로이트 정신분석 치유란 이 억눌린 아이를 찾아가 만나주고, 그 아이의 욕구를 인정하며 표현하게 하여 안전하게 관계를 맺을 수 있도록 돌봐주는 것이 회복의 시작이라고 말했던 것이다. 우리 내면에도 억눌린 아이가 있다. 한때 사랑을 원했으나 외면당했고, 웃고 싶었으나 억압당했으며, 세상과 자유롭게 연결되고 싶었으나, 단절된 채 살아온 그 아이.

우리는 그 아이를 만나러 가야 한다. 그 걸음을 내딛는 순간, 치유가 시작된다. 기억하자. 상처는 지워야 할 흉터가 아니라 돌봐야 할 기억이라는 사실을. 마치 긴 겨울을 견딘 씨앗이 봄빛 속에서 싹을 틔우듯, 억압 속에서 지친 내면의 아이는 반드시 사랑과 수용을 만나야 다시 자랄 수 있다는 사실을 잊지 말아야겠다.

기꺼이 만나 주자!

우리 내면에 내재된 사연들은 결국 명쾌한 자기 정리, 즉 뚜렷한 자아의식으로 정리되어야 자연스럽게 독립되고 분리된다. 이를 이해하려면 억압된 사연, 즉 심리적 증상을 다루는 감각이 반드시 필요하다. 증상이란 승인받지 못한 여러 원망을 품고 있는 내면 아이들의 결정체로, 상당 부분 그들과 만나 소통하고 개선하며 통합시켜야 무의식에 얽혀 있는 억압의 뿌리를 잘라낼 수 있다.

그렇다. 결국 아픈 사연은 만나야 해결된다. 우리의 인생도 만남의 연속이 아니던가! 만나고 이별하며, 또 새로운 만남을 반복한다. 그래서 만남은 모든 것의 시작이라 할 수 있지만, 동시에 끝의 새로운 시작이기도 하다. 이 모든 만남이 곧 삶의 현상이며, 만남을 통해 우리는 날마다 새로운 에너지, 지각, 상징, 환상, 표상을 만들어가는 것이다.

기꺼이 만나 주자!

/새빛

더욱 용기를 내어 내 안에 있는

아픈 사연을 향해 손을 내밀자

보이지 않는 곳에 숨어 있는

그들과 하나하나 만나서 달래 주자

더 이상 죽음의 잠에 빠지지 않도록

조심스럽게 꺼내어 달래 주면서

단잠이라도 재워 주고

누렇게 곪아 있는 아픈 사연들의 고름을

'호호' 불며 아프지 않게 짜주자

가슴을 찌르는 피해의식이라는

작은 가시들도 분리하여 잘 빼 주고

밤낮을 가리지 않고 찾아와 말을 걸어오는

가슴 저민 아이들도 만나 함께 울어 주자

이러한 과정이 회복이며 성장이다. 인간은 본래 자신의 존재를 드러내는 것(Open)과 상처를 돌보는 것(Care)에 늘 목말라 있다. 이는 나의 존재를 사실로 인정해 주는 사람이 나타나기 전까지는 내가 살아가는 의미를 알지 못한다는 뜻이며, 내 말을 이해해 주는 사람이 나타나기 전까지는 이리저리 방황하며 살아야 한다는 의미이다. 또한, 누군가가 나를 진심으로 사랑해 주는 사람이 나타나기 전까지는 나는 이 세상에 온전히 존재하는 것이 아니라는 뜻이다.

이러한 인간의 허기적 배경에는 다양한 원인이 있겠지만, 유아기에 부모님과 그 주변 인물에 대해 형성된 유대적 감정, 즉 존 볼비(John Bowlby)가 강조한 '애착'이 상당 부분을 차지한다. 과거 그 인물들에게 품었던 감정들을 되살리면서 반드시 그때 형성된 이율배반적인 심리 기제(부모로부터 학습된 자아 고유의 내적 작동 모델)를 조심스럽게 드러내어 다룰 필요가 있다. 이 부분은 프로이트(S. Freud)도 '전이 치료'로 시행했으며, 필자 또한 '자기 돌봄'과 '자기 성장' 훈련을 통해 적용하고 있다.

내면 아이와의 만남

마음이 치유되고 성장하기 위해서는 반드시 내면의 아이와 만나는 시간이 필요하다. 그 만남을 회피하거나 미뤄서는 안 된다. 자연스럽게 시간을 내어 마주하는 노력이 필요하다. 마음 치유란 바로 이 내면의 아이를 만나러 가는 여정이다. 잊혀지고 눌려 있던 아픔의 조각들을 하나하나 살펴보고, 그 아이의 작고 떨리는 손을 꼭 잡아 주는 일이다. "이제 괜찮아. 넌 혼자가 아니야." 그렇게 우리는 상처로 얽힌 오래된 사연들과 이별하고, 나 아닌 것들과 건강하게 분리하며 자아를 성숙하게 분화시켜 나간다. 그때 비로소 우리는 깨닫게 된다. 더 이상 누군가에게 끊임없이 기대지 않아도, 마음의 허기를 구걸하지 않아도 된다는 사실을.

그래서 상처는 시간이 지나면 저절로 치유되는 것이 아니라, 반드시 아픈 내면아이와의 만남을 통해 치유되고 독립된다. 치유의 시작은 온 마음과 온 힘을 다해 아픈 내면아이의 옷을 입고 숨어 있는 그 아이에게 다가가는 일이다. 그리고 진심을 다해 안아 주며, 그 말 못할 고통을 함께 느끼고 함께 울어 주어야 한다. "사랑해. 미안해. 너무 늦게 와서 정말 미안해. 이제는 언제든지 너와 함께할게. 이제는 내가 너의 새로운 부모가 되어 줄게." 이 짧은 고백만으로도 내 자아와 내면아이 사이에 굳게 봉인되어 있던 억압의 문이 열리고, 조금씩 회복과 성장의 길로 한 걸음씩 나아가게 된다. 이 아이와의 만남을 계속 회피한다면, 내면아이는 본 자아를 향해 끊임없이 소리치고 떼쓰며 몸부림칠 것이다. 가끔은 분노를 일으키기도 하고, 어떤 날은 설명할 수 없는 불안과 두려움으로 하루를 무너뜨리기도 하면서 말이다.

 기억하자. 상처는 '지워져야 할 것'이 아니라, 돌봄 받아야 할 기억이라는 사실을. 그러므로 두려움보다는 사랑으로, 회피보다는 직면으로 치유의 여정을 걸어야 한다. 그 길의 끝에서 아픈 사연은 더 이상 나를 괴롭히는 고름이 아니라 존재의 뿌리였음을 깨닫게 된다. 정말 놀랍지 않은가? 내 안에 있는 아이를 만나는 일 말이다. 이 아이가 조금씩 깨어나기 시작하면서 우리의 삶은 점점 나의 중심으로 서게 되는 경험을 하게 된다. 그리고 당당하게 말할 수 있게 된다. "이제는 너라서 괜찮고, 너와 함께라서 너무 감사하며, 네가 나라서 너무 좋아! 넌 이미 자라났고 얼마든지 자유로워질 준비가 되어 있어."라고 말이다.

 이제 용기를 내어 그 사연을 만나러 가자. 처음에는 아프고 두려울 수 있다. 무의식 깊은 곳에서 올라오는 감정은 혼란스럽고 낯설게 느껴질 것이다. 하지만 그 감정들이야말로 오랫동안 인정받지 못한 내 안의 어린아이가 보내는 신호임을 기억하며, 그때 그 자리에서 자라지 못하고 울고 있는 아이를 다시 만나러 가자.

이제 마음의 소리에 귀 기울여 보자.

어떤 소리들이 들려오는가? 배고픔 속에서 태어나 먹을 것에 대한 사연을 품고 더 이상 자라지 못한 아이가 있다면, 이제 당신은 그 아이를 위해 만찬을 준비해야 한다. 세상의 누구를 위한 음식이 아니라, 울고 있는 당신 내면의 아이를 위한 따뜻한 밥상이 필요하다. 정성스럽게 시장에 나가 장을 보고, 세상에서 가장 맛깔스러운 밥으로 그 아이를 대접하자. 아이가 가장 좋아했던 색이나 그림으로 장식된 식기를 준비하고, 숟가락과 젓가락도 정갈하게 놓아두자. 그리고 조용히 자신에게 말하자. "나를 위해 밥을 짓는다." 다소 어색하게 느껴질 수 있지만, 이 훈련은 필자가 실제로 아픈 이들을 치유하며 실행했던 방법 중 하나다.

예순을 살짝 넘긴 여성이 있었다. 경찰 공무원이었던 남편을 내조하며 자녀 셋을 키우고, 아흔이 넘은 시어머니까지 모시며 살던 이 여성이 필자가 이끄는 마음 세미나에 참석했다. 내면아이 돌보기 훈련 도중 각자 실습 과제를 수행하고 자아 고백 시간을 진행하면서 그녀의 따뜻한 고백을 듣게 되었다. 그녀는 내면에 있는 아이를 위해 밥상을 차리기 위해 서울에서 출발해 제천의 시골 농장까지 내려갔다고 했다. 그곳에서 어렸을 때 자주 먹었던 나물과 싱싱한 재료들을 이것저것 구입하고 곧장 터미널로 왔는데, 구입할 때까지만 해도 괜찮았던 마음이 점점 아리게 올라옴을 느꼈다고 했다. 서울로 가는 버스 시간이 다 되어 가는데 터미널 벤치에서 그냥 눈물이 터져 버린 것이다. 주체할 수 없이, 그것도 계속 말이다.

나는 그녀를 처음 만났을 때의 느낌을 생생히 기억한다. 살아오면서 겪은 고난 때문이었을까? 평소에는 감정을 심하게 억누르고 소극적인 성격이었던 그녀가 처음으로 터미널처럼 사람들이 많은 곳에서 소리 내어 울었다.

그녀는 울면서 이렇게 고백했다.

"벤치에 앉아 짐을 정리하는데, 나물을 꽁꽁 싸 놓은 검은 비닐봉지가 보이는 게 아니겠어요? 그것을 만지는데 가슴에서 억누를 수 없는 감정이 치밀어 올랐어요. 태어나서 그렇게 울어 본 적이 없거든요. 정말 그런 눈물은 처음이었던 것 같아요."

"네, 맞습니다. 그 눈물은 분명히 달랐습니다. 선생님께서 그때 흘리신 눈물은 현재의 자아가 흘린 눈물이 아니라, 선생님 안에 품고 있던 사연을 간직한 내면의 아이가 흘린 눈물이었습니다. 이제는 더 이상 고아처럼 버려져 살지 않겠다는 다짐과 '나도 이제 나를 돌봐 줄 부모를 만났구나' 하는 고백을 담은 기쁨의 눈물이었던 것입니다."

우리가 내면아이의 존재를 믿고 그 아이를 돌봐야겠다고 마음먹어 그 아이의 소리에 귀 기울일 때, 놀라운 감동과 변화가 일어난다. 한평생 가족을 위해 밥상을 차리고, 늘 식사 시간이 되면 식구들을 위해 반찬을 준비했던 그녀가 검은 비닐봉지에 담긴 나물을 보며 "이것이 나를 위한 반찬이라니"라고 생각했을 때, 아마도 믿기지 않았을 것이다. 안타까운 점은 내면의 아이가 이렇게 매일 소리치고 울며 끊임없이 메시지를 보내는데도 전혀 알아듣지 못하는 경우가 많다는 것이다. 갈증은 점점 커지는데 그 원인을 알지 못하고, 무엇을 채워도 채워지지 않는 상태로 스스로를 학대하며 '조금만 더, 조금만 더'라는 욕심에 이끌려 이곳저곳을 방황하며 내 갈증을 해소하려 한다. 그러다 급기야는 함께 사는 가족까지도 흔들며 병리적인 방식으로 채워 달라고 요구하는 현실이 너무나 가슴 아프다. 대부분의 부적응적인 관계와 가정 내 역기능 사이클을 형성하는 주범이 바로 이러한 아픈 내면아이 돌봄의 부재에서 비롯된다는 사실을 꼭 알아주었으면 한다.

명심하라.

앞으로 우리는 내 마음속에서 올라오는 소리에 귀 기울이기만 해도, 내 안에 아픈 사연을 품고 울고 있는 아이가 있다는 사실을 알기만 해도 심리적 방황을 줄일 수 있다. 그 아이의 아픔으로 얼룩진 누더기를 벗겨 주고, 따뜻한 물로 목욕을 시켜 주며, 세상에서 가장 향기로운 로션을 발라 주고, 실컷 안아 주고, 먹을 것과 입을 것을 챙겨 주고, 때로는 갖지 못한 인형까지 선물하며, 심지어 놀이공원이나 동물원까지 데리고 간다면 그 아이는 얼마나 행복해할까! 가끔 나는 혼자 여행을 간다. 자연과 하나 되어 사진도 찍고, 흐뭇한 미소도 지어 본다. 때로는 홀로 운전할 때나 길을 걸을 때, 고요히 흐르는 눈물이 느껴질 때가 있다. 처음에는 당황했지만, 지금은 왜 우는지 묻지 않고 그저 흐르게 내버려 둔다. 그리고 시간이 흐르면, 이 아이는 분명히 울었던 이유를 나에게 가르쳐 준다.

치유의 문은 오로지 거짓 없는 사랑과 수용만이 열 수 있는 가장 순도 높은 결정체이다. 그것은 머리로 이해되는 것이 아니라 진심 어린 마음으로 여는 것이다. 치유에는 체계화된 왕도가 없다. 복잡하거나 어렵지도 않다. 학제화된 논리와 철학적 분석이 내적 강화의 큰 동기가 될 수는 있어도, 실제적인 회복에는 거의 미치지 못한다. 그래서 이론과 실제는 정말 전혀 다른 영역이다. 잘못 접근하는 순간 치유는 정지되고, 내면의 아이는 꽁꽁 숨어 버리고 만다.

쉽게 말해, 이것은 부모가 자식을 만나는 일이다. 투박하고 서툴러도 괜찮다. 그저 진심을 담아 "사랑한다"라고 말해주는 것, 눈물 섞인 그 한마디면 충분하다. 그 한마디가 있다면 아무리 오래된 상처라도 자식의 굳어버린 가슴은 서서히 녹아내릴 수밖에 없다. 진심은 말보다 먼저 마음을 적신다. 생각해 보자. 누가 어미의 젖가슴을 분석해낼 수 있을까? 그 안에 흐르는 온기와 생명의 섭리는 그 어떤 이론이나 공식으로도 담아낼 수 없을 것이다. 어미의 품은 무엇으로도 설명되지 않지만 확실히 느껴지고, 계산되지 않지만 분명히 무언가 생명과 위로가 흐르고 있지 않은가!

이것이 바로 '내면 아이'를 통한 치유와 성장이다
어떠한 논리나 분석으로도 해석되지 않는
말 그대로 '존재의 코드'이다
상처의 언어가 아닌 존재의 언어로서
그 아이의 손을 잡고 품에 안아 주는 일이다

지금부터라도 당신 마음속 내면 아이의 소리에 귀 기울여 보자.

어린 시절 채워지지 못했던 양육과 사랑, 지지와 관심, 그 결핍의 무게를 이제 성인이 된 당신이 스스로에게 선물하자. 순간순간 들려오는 그 아이의 목소리를 외면하지 말고, 충분히 슬퍼하며 깊이 공감해 주자. 애도란 가슴 깊은 곳에서 터져 나오는 울음이다. 억눌린 감정들이 눈물로 녹아내릴 때, 얼음처럼 굳어 있던 마음은 서서히 물처럼 흘러 생명을 품는 강이 된다. 그러니 용기를 내자. 그 울음을 끝까지 들어주고, 지금 이 자리에서 그 아이를 꼭 안아 주자. 어느 누구도 만들어 주지 못했던 울타리가 되어 주고, 따뜻한 부모가 되어 주자. 그렇게 양육받은 내면 아이는 이제 당신의 삶을 이렇게 변화시킬 것이다.

- 더 이상 자신의 자아를 흔들며 타인에게 기대지 않을 것이다.
- 어떤 대상을 통해 욕망을 채우려 하지 않을 것이다.
- 원인 모를 불안은 아침 안개처럼 서서히 사라질 것이다.
- 통제되지 않던 눈물도 점차 잦아들 것이다.
- 타오르던 분노도 점차 힘을 잃어갈 것이다.
- 지독한 외로움의 방에서 벗어날 것이다.
- 밥맛이 다시 돌아올 것이다.
- 바람 한 줄기에도 감사의 눈물을 흘릴 수 있을 것이다.
- 창조적이고 혁신적인 긍정과 감사로 가득할 것이다.

그렇다. 더 이상 내면의 아픈 아이는 울지 않을 것이다. 그 아이는 이제 당신과 함께 상상을 넘어 변화를 일으킬 것이다. 성장하여 평생 당신을 지켜주는 든든한 동반자가 되어 줄 것이다. 변함없는 지지자가 되어 줄 것이며, 한시도 당신을 외롭게 하지 않는 진정한 친구가 되어 줄 것이다.

이제는 알겠는가? 나를 이토록 흔들어대는 그 소리의 정체를. 무언가에 쫓기듯 허겁지겁 내 몸을 어디론가 끌고 다니며 숨이 가쁘고, 마음이 무너지고, 감정이 요동치는 그 이유를 말이다. 한순간에도 수십 번씩 요동치는 이 흔들림과 아픔, 그리고 설명할 수 없이 몸부림치는 삶의 불안정한 굴곡들. 그 모든 뿌리는 결국 다름 아닌, 치유되지 못한 내 안의 사연들이었던 것이다.

내면 아이 진단과 치유

이 세상에 태어나 제대로 된 부모를 만나 안정된 어린 시절을 보내는 것은 참으로 큰 축복일 것이다. 그러나 이 땅의 모든 아이들이 그러한 부모 아래에서 양육받는 것은 아니다. 슬프게도 너무 많은 아이들이 보살핌의 손길을 받지 못한 채 마음 한켠에 아픔을 품고 자라난다. 여전히 그들의 마음속에는 울고 있는 아이가 남아 있다. 성인이 되어 자기도 모르게 수많은 심리적 전술과 방어기제를 만들고, 상처받지 않기 위해 때로는 타인을 공격하거나 집착하거나 자신을 스스로 파괴하는 형태로 살아가는 이 현실이 참으로 안타깝지 않을 수 없다.

지금 아래에 제시하는 내면아이 돌봄 방법은 한 개인이 성장과 회복으로 나아가는 데 필수적인 요소가 될 것이다. 다시 말해, 대부분 마음이 힘들어 그 원인을 찾지 못하고 헤매는 경우는 모두 내면아이 치유가 이루어지지 않았기 때문이다. 그 아픈 사연들의 대부분은 어린 시절 반드시 돌보고 독립시켜야 할 이야기들이다. 그 시기마다 겪어야 했던 온갖 상처들, 말로 다 설명할 수 없는 학대의 기억, 부모와 가족, 주변 사람들로부터 거절당한 경험들, 출생 자체가 환영받지 못했다는 절망감, 그리고 애착 대상을 잃어버린 깊은 상실감. 이 모든 사건들이 내면아이와 결합되어 어제도 지금도 돌봄을 기다리고 있었던 것이다.

그래서 이제부터라도 이 아이에게 귀를 기울이고 살아가는 습관을 게을리하지 않는다면, 당신의 삶에는 더 이상 수수께끼 같은 문제들이 생기지 않을 것이다. 사람들이 왜 그렇게 슬퍼하는지, 불안은 도대체 어디에서 비롯되는지, 왜 아픔이 자꾸만 되풀이되는지,

인간관계는 왜 그토록 자주 실패하는지, 왜 밤이면 잠이 오지 않는지, 눈물은 왜 그렇게 자주 솟구치는지, 왜 누군가에게 집착하게 되는지, 왜 화려함과 성공에 목을 매는지, 자녀가 반드시 성공해야 한다고 느끼는 이유는 무엇인지, 왜 아직도 멋진 왕자님 혹은 공주님을 기다리고 있는지, 그 해답을 찾아갈 수 있을 것이다.

[내면아이 자가 진단 체크리스트]

다음 항목 중 자신에게 해당되는 것을 표시해 보세요.

☐ 1. 무엇이 정상적인 행동인지 혼란스러워한다.

☐ 2. 계획한 일을 끝까지 실행하기 어렵다.

☐ 3. 진실을 말할 수 있을 때조차 거짓말을 한다.

☐ 4. 자신을 무자비하게 비판한다.

☐ 5. 혼자 즐겁게 시간을 보내기 어렵다.

☐ 6. 자신을 지나치게 심각하게 받아들인다.

☐ 7. 친밀한 관계를 맺는 것이 두렵다.

☐ 8. 변화에 과도하게 민감하게 반응한다.

☐ 9. 끊임없이 칭찬과 인정을 갈망한다.

☐ 10. 늘 자신이 남들과 다르다고 느낀다.

☐ 11. 지나치게 책임을 지거나, 반대로 지나치게 무책임하다.

☐ 12. 충성을 받을 자격이 없는 사람에게도 과도하게 충성한다.

☐ 13. 많은 상황에서 충동적으로 행동한다.

[결과 해석]

☐ 0~3개 해당

→ 자기 성찰과 감정 일기를 통해 스스로 조율 가능

☐ 4~6개 해당

→ 내면아이의 상처가 일상적 삶과 관계에 영향을 주고 있을 가능성이 있다. 자기 돌봄, 명상, 성장 프로그램 참여가 도움이 된다.

☐ 7개 이상 해당

→ 내면아이의 깊은 상처가 삶 전반에 뿌리내려 있을 수 있다. 전문 상담 (심리치료, 내면아이 워크숍 등)을 권장한다.

참고 : John Bradshaw가 《The Homecoming》

내면 아이와의 만남 과정

내면아이와의 만남(치유)은 다음과 같은 과정으로 진행된다. 이 과정을 통해 당신의 내면아이를 돌보고 성장시켜 나가자. 만남의 시작은 이 아이를 억지로 변화시키거나 설득하는 것이 아니라, 그저 아이가 있는 자리까지 다가가 손을 잡아주는 것이다.

첫 번째, 발견하기 ― "내 안에 아이가 있음을 인정하는 순간"
내면 아이 치유의 첫걸음은 자신의 존재를 인정하는 것이다. 불현듯 솟아나는 두려움, 이유 모를 분노, 쉽게 사라지지 않는 외로움… 이 모든 감정 뒤에는 어린 내가 숨겨져 있음을 인지하고 천천히 발견해 나가자. 그 감정을 억누르지 말고 "아, 이것은 내 안의 아이가 보내는 신호구나" 하고 알아차리는 순간이 올 때까지 기다리자.

두 번째, 경청하기 ― "그 아이가 하고 싶은 말을 들을 때"
그 아이는 오랫동안 말을 하지 못했다. "외로워… 무서워… 사랑받고 싶어…" 이 속삭임은 비난이 아니라 존재를 확인받고자 하는 절규다. 그 말을 있는 그대로 받아들이고 판단하지 않으며 귀 기울이는 것이 필요하다. 이때 중요한 것은 해답을 제시하는 것이 아니라 그저 함께 있어 주는 것이다. 잊지 말라. 더 이상 외롭지 않도록 보호자이자 부모로서 함께하겠다는 다짐을.

　세 번째, 위로하기 — "그때 하지 못했던 말을 전할 때"
과거의 상처를 치유하는 방법은 그 시절에 필요한 말을 지금 전하는 것이다.
"너는 잘못이 없어."
"나는 네 곁에 있어."
"넌 사랑받아 마땅한 아이야."
이 짧은 문장들은 과거에 멈춰 있던 시간에 따뜻한 숨결을 불어넣어 생기를 불어넣을 것이다. 믿어라! 글로만 읽고 끝내지 말고 반드시 실천해 보라.

　네 번째, 함께하기 — "다시 시간을 흐르게 하는 일"
내면의 아이를 위로한 후에는 반드시 믿음을 심어주어야 한다. 그 믿음은 아이와 함께 동행하며 대화하고, 함께 느끼며 모든 풍경을 마주하면서 감탄과 감사의 탄성이 자연스럽게 나올 때 형성된다. 그 순간부터 아이는 아픈 사연에 얽매여 울고 있는 현실을 벗어나 당당히 나아가, 온전히 현재의 자유를 누리며 살아갈 수 있게 된다.

　내면아이 치유는 결국 아픈 사연 속에서 잃어버린 '나'를 되찾아가는 여정이다. 당신이 그 아이를 발견하여 손을 잡고 함께 걸어줄 때, 그 아이는 반드시 당신을 바라보며 미소 지을 것이다. 끝까지 포기하지 않고 함께하겠다는 마음으로 꾸준히 실천해 나가길 바란다.

마음을 비운다는 것은

 마음을 비운다는 것은 단순히 아무 생각 없이 멍하니 있는 상태가 아니다. 앞서 언급했듯이, 그것은 내 마음 깊숙이 차곡차곡 쌓여 있던 아픈 사연 하나하나와 진심으로 이별하는 과정이다. 그렇게 해서 마침내 내면의 아이를 떠나보내는 것이다. 비움은 결코 강제로 이루어지지 않는다. 억지로 참는 것도, 도망치는 것도 아니다. 그저 조용히 들여다보고, 인정하며, 슬퍼하면서 내 안에서 제자리를 찾은 아픔과 평화롭게 작별하는 일이다. 그렇게 비워진 마음속에서야 비로소 느긋함이 피어나고, 간소함이 자리 잡으며, 고요함과 따뜻함이 스며들어 청순한 울림이 울려 퍼진다.

> 비워져야 울림이 있다
> 그 울림은 나를 살리고
> 또 누군가의 마음까지도 살려낸다

진실하라

기다려라

그리고 용기를 가져라

언젠가 당신도

반드시 비워짐을 경험하게 될 것이다

예측컨대, 앞으로 우리가 살아갈 시대는 지금보다 훨씬 더 내면의 힘 없이는 버티기 어려운 시대가 될 것이다. 자아의 힘이 약해진 이들이 점점 늘어날 것이며, 그로 인해 삶의 동력마저 소멸된 채 하루하루를 견디는 사람들도 많아질 것이다. 어느 여론조사에 따르면, 40세 이하 청년층 중 50만 명이 훌쩍 넘는 이들이 은둔형 생활을 선택하여 살아가고 있다고 한다. 안타까운 점은 이들 모두가 내면의 평온과 행복을 갈망하고 있지만, 실제로는 마음만 먹을 뿐 그 소망을 제대로 누리지 못한 채 살아가고 있다는 것이다.

나는 그 생각을 할 때마다 가슴이 아프다. 누구에게도 속마음을 들키지 않으려 심리적 갑옷 속에 갇혀 차가운 고립을 선택하는 이들이 앞으로 더욱 늘어날 것이라는 사실 때문이다. 나는 오랫동안 심리 현장에서 마음의 고통에 허덕이던 이들이 스스로 자아를 다시 찾고 회복해 가는 과정을 지켜봐 왔다. 그리고 그들의 눈빛과 표정,

말투가 점차 생기를 되찾고, 마침내 자신의 내면을 돌볼 수 있는 힘을 회복해 가는 장면들을 수없이 목격했다. 그 모습을 통해 확신하게 되었다. 건강은 건강할 때 지켜야 한다는 것을. 마음 또한 지금 돌보고 보살피지 않으면, 결국 잃고 나서야 되돌릴 수 없는 상실만 남는다는 사실을. 그래서 이 치유와 성장을 위한 내적 훈련이 이들에게 얼마나 절실하고 중요한 길인지 알게 되었다.

지금 우리가 살고있는 지구는 인간이 버린 쓰레기로 몸살을 앓고 있다. 우리의 내면도 오래전 상처 입은 사연들, 즉 유해한 생각의 찌꺼기로 가득 차 있다. 그런 마음 상태로는 결코 진정한 회복의 참맛을 느낄 수 없다. 오히려 절망과 상실을 되풀이하며 날마다 상실만을 생산하는 삶을 살게 될 것이 뻔하다. 결국 눈앞의 통증에 떠밀려 이리저리 흔들리며, 그저 편리함과 안전함만을 좇아 살아가게 될 것이다. 지독한 외로움과 싸우면서도 아무렇지 않은 척, 하면서 말이다.

비워짐의 역

회복으로 향하는 마지막 단계는 바로 '비워짐'의 단계이다. 앞장에서 언급한 내용을 다시 정리하자면, 우리가 지나온 삶의 궤적에는 수많은 사연들이 무의식의 깊은 바다 속에 감정이라는 보자기에 싸여 차곡차곡 가라앉아 있다. 이 사연들은 어느 날 마음이라는 통로를 타고 의식 세계로 떠오른다. 그리고 마침내 자아와 마주한다. 무의식 속 사연들은 각각 분류되고 저장되는 내면의 창고가 다르다. 하지만 우리를 가장 아프게 흔드는 사연일수록 엉켜서 방치되기 쉽고, 심지어 흔적도 없이 파묻혀 '억압(Repression)'이라는 두꺼운 보자기에 싸여 마음의 바닥 어딘가에 눌려 있다고 했다. 그러다 기회가 되면 그 사연들은 다시 마음의 통로를 타고 올라와 자아를 붙잡고 흔들며 "제발 나 좀 봐 달라, 해결해 달라"고 외친다고 말이다.

이러한 아픈 사연들을 하나하나 살펴보면, 대부분 상처의 기억이 고스란히 담겨 있다. 그 기억들은 잠시만 방심해도 걷잡을 수 없는 충동으로 변해 세상 밖으로 쏟아져 나오려 준비한다. 누구도 통제할 수 없을 만큼 강력한 상태로 말이다. 우리가 일상에서 마주치는 부적응적인 인격들, 외로움과 슬픔에 짓눌린 사람들의 그림자들은 모두 상실된 사연과 돌봄의 부재에서 비롯된 현상이다.

필자가 이끄는 성장 훈련 캠프에서는 정말 다양한 환경 속에서 각자의 사연을 품고 살아온 사람들을 매번 만난다. 그들이 처음 입을 열기까지 걸리는 시간은 모두 다르지만, 결국 내면 깊은 곳에는 누구도 손대지 못한 사연 하나가 숨어 있다는 점은 같다. 마음 치유를 한 문장으로 요약하자면, 아픈 사연들을 돌보고 내면 아이를 독립시키며 그 꼬리표를 하나씩 떼어내는 일이다. 그렇다. 이 아픈 사연들에는 하나같이 꼬리표가 달려 있다.

꼬리표가 떨어지는 순간, 마음은 자연스레 비워진다. 우리는 이 과정을 '사연 분리' 또는 '사연 독립'이라 부른다. 결국 마음이 비워진다는 것은 아픈 사연들이 자아의 품 안에서 충분히 돌봄과 양육을 받은 후 조용히 분리되어 나가는 과정을 의미한다. 이는 결코 저절로 이루어지지 않는다. 자아와 아픈 사연이 만나 진정한 애도의 과정을 거쳐야만 가능하다.

명심하자. 흔들림이 크고 아픔이 끝나지 않을 것처럼 느껴지는 이유는 아직 비움의 단계에 이르지 못했기 때문이다. 평생 고통 속에서 힘겹게 살아온 이들을 나는 종종 마주한다. "왜 저는 하는 일마다 잘 안 되고, 지금의 삶이 이토록 힘든 걸까요?" 정말 많은 책을 읽고 강의도 들었는데, 왜 변화가 없는 걸까요?

그들의 질문은 매우 절실하고 간절했다. 그러나 세미나가 끝날

무렵이 되면, 그들은 하나같이 똑같은 고백을 한다. "제가 제대로 된 성찰과 회복의 사이클을 돌리지 못한 채 살아왔네요. 왜 내가 힘들었는지, 이 아픔이 도대체 어디서부터 시작된 것인지 이제는 알 것 같아요."

비움은 자아가 내면의 힘을 바탕으로 일구어 내는 최상의 작업이다. 그러나 그 비움이 오랫동안 유지되려면 단순한 감정의 해방을 넘어서 꾸준한 성장 훈련이 동반되어야 한다. 특히 이 비움이 깊은 울림으로 남기 위해서는 늘 자아에게 용기와 긍정의 메시지를 전하는 고백 훈련(Self-Affirmation)을 해야 한다. 반드시 성찰의 과정을 거쳐야 효과적인 이 훈련은 자기 성장을 위해 나아가는 이들에게 하루의 기름칠과도 같다. 내 안에 쌓인 상처와 사연들의 찌꺼기를 녹이는 세정 작업이자, 내적 온기를 불어넣는 정신적 무장이다. 무엇보다도 자아에게 힘을 불어넣는 고백을 매일 습관처럼 함으로써 비움은 유지되고, 울림은 더욱 깊어진다.

한번 생각해 보자. 순간을 온전히 누린다는 것은 인간이 누릴 수 있는 가장 고귀한 축복이 아닐까. 여행을 하면서 아무리 아름다운 풍경을 보더라도, 그것을 받아들이고 담아낼 내적 공간이 없다면 아무것도 느끼지 못한 채 그저 스쳐 지나가는 장면에 불과할 것이다. 흔들리고 아파하며 비워지는 과정을 거쳐 더 이상 아픈 사연이 마음에 남아 있지 않고, 맑고 청순하며 정화된 마음으로 하루하루 살아가길 간절히 바란다. 이 고백의 언어가 반복되어 삶의 습관이 된다면, 자아는 항상 단단하게 유지될 것이다. 다시 흔들리더라도 중심은 무너지지 않을 것이다.

나를 성장시키는 자아 고백

마음의 성장은 늘 아주 작은 고백에서부터 시작된다. 그 고백은 외부를 향하지 않는다. 오직 내 안의 자아에게, 누구보다 가까운 내면의 나에게 작고 따뜻하게 말을 건넨다. 자아를 믿는다는 것은 내 삶의 방향을 정하고, 쓰러질 때마다 나를 다시 일으켜 세우는 보이지 않는 사랑의 손길이다. 매일 아침 이 말을 소리 내어 고백하자. 내면 깊은 곳에서 상상하지 못했던 거대한 내적 힘이 솟구치기 시작할 것이다.

- 나는 언제나 나 자신을 믿으며 성장할 것이다.
- 나는 언제나 나의 몸과 마음을 소중히 여기고 사랑할 것이다.
- 나는 언제나 내면의 평화를 누릴 것이나.
- 나는 언제나 아픈 사연으로부터 벗어나 자유로울 것이다.

- 나는 언제나 불안과 두려움을 강물처럼 흘려보낼 것이다.
- 나는 언제나 내 몸과 마음에 귀 기울일 것이다.
- 나는 언제나 흔들리고 아파하더라도 결국에는 비워질 것이다.
- 나는 언제나 나 자신의 가치를 위해 도전할 것이다.
- 나는 언제나 바꿀 수 있는 것은 바꾸고, 바꿀 수 없는 것은 받아들일 것이다.
- 나는 언제나 감사하는 마음으로 자연을 사랑하며 실천할 것이다.

자아 고백 실천법

자아를 향한 고백은 단순한 암송이나 반복이 아니다. 그것은 내면과의 약속이며, 삶의 방향을 재정비하는 깊은 의식의 훈련이다. 매일의 고백이 삶을 변화시킨다. 그러므로 이 고백은 '형식'이 아니라 '의식'으로 수행되어야 한다.

첫 번째, 시간 의식을 확립하라.
하루 중 가장 깨어 있는 시간을 정하자. 아침 햇살이 들기 전의 정적 속에서든, 하루를 마무리하는 밤의 침묵 속에서든, 자아 고백은 자기와 마주하는 시간에서 힘을 얻는다. 시간을 정하고 매일 그 시간에 실천하라. 고백은 약속이고, 약속은 신뢰를 만든다. 내 자아를 향한 신뢰는 그렇게 쌓여 간다.

   두 번째, 말하되, 느끼면서 말하라.
입술로만 읊지 말고 가슴으로 느껴야 한다. 고백은 소리로 외치되, 감정으로 가슴이 젖어야 한다. "나는 언제나 나 자신을 믿는다." 이 한 문장이 뼛속 깊이 스며드는 날, 그 고백은 단순한 문장이 아니라 당신의 정체성을 바꾸는 선언이 될 것이다. 믿어라.

   세 번째, 거울을 보며 고백하라.
눈을 피하지 말고 거울 속의 나를 똑바로 바라보자. 고백할 때 눈빛이 흔들리거나 회피한다면, 그것은 당신의 자아가 아직 준비되지 않았다는 뜻이다. 처음에는 낯설고 어색하더라도 매일 거울을 보며 스스로에게 말을 걸어보자. '내가 나를 믿는' 순간이 바로 그 거울 속 눈빛에서 피어난다.

   네 번째, 고백 후에는 침묵을 허락하라.
고백을 마친 후에는 잠시 침묵하라. 그 말들이 당신의 내면에 스며들도록. 소리는 말로 표현되지만, 자아는 침묵 속에서 자란다. 고백은 외침이 아니라 내면과의 속삭임임을 기억하라.

다섯 번째, 삶 속에서 고백을 확인하라.

고백은 훈련이다. 그러나 실천 없는 훈련은 공허하다. 고백한 내용이 하루 동안 내면에 스며들었는지 매일 저녁 고요한 마음으로 살펴보자. 오늘 나는 나를 진정으로 믿었는가? 오늘 나는 불안을 제대로 흘려보냈는가? 그 하나하나의 확인이 자아 고백의 실천을 완성한다.

여섯 번째, 고백을 기록하라.

고백의 날들을 적어보자. 오늘의 고백에서 어떤 감정이 올라왔는지, 어떤 저항이 있었는지, 어떤 위로가 되었는지를 짧게라도 적어보자. 그 기록은 당신의 자아가 성장해가는 하루하루의 나이테가 될 것이다.

일곱 번째. 흔들릴 때는 반드시 다시 고백하라.

삶은 흔들린다. 그리고 고백은 그 흔들림을 다시 세우는 자아의 닻(anchor)이 된다. "나는 언제나 나 자신의 가치를 위해 도전할 것이다." 이 한 문장이 꺾인 자존감을 세우고 혼란 속에서 중심을 되찾게 해줄 것이다.

자아 고백은 '지금 여기'의 나를 회복하게 해주는 내면의 의식이자 일상의 의례이다. 고백할 수 있다는 것은 여전히 내 안에 살아 숨 쉬는 자아가 존재한다는 증거이다. 이 고백을 통해 비움을 실현하고 성장으로 나아가는 당신의 삶이 되기를 간절히 바란다.

자기 수용

우리는 지금까지 치유론을 통해 자아를 깊이 이해해왔다. 또한 내 자아를 하나하나 길들이고 조율하는 기술도 배웠다. 때로는 내면에서 올라오는 소리에 귀 기울여 듣고, 그 소리들조차 어떻게 품고 다독이는지 방법도 익혔다. 이렇게 내 마음속 다양한 인격들을 조화롭게 감싸며 조금씩 균형을 찾아가는 여정이 충분했으리라 생각한다.

지금부터는 치유 여정의 마지막 단계로 들어가자. 바로 '수용', '자비', 그리고 '용서'이다. 이 단계는 늘 외면하기 쉬운 작은 상처와 쉽게 화해하지 못한 나의 일부를 있는 그대로 받아들일 수 있도록 돕는 과정이다. 수용은 나의 불완전함을 인정하는 데서 비롯된다. 과거의 실수와 아픈 기억조차 "그럴 수도 있어"라고 속삭이며 포근하게 끌어안는 일이며, 스스로에게 너그러워지고 모난 부분까지도 다정하게 품는 시간이다.

그리고 용서는 타인을 향한 것이기도 하지만, 무엇보다 내 자신을 용서하는 것이 중요하다. 실수하고 비틀거렸던 나, 때로는 상처를 주고받았던 내 마음에 "괜찮아, 이제는 네 편이 되어줄게"라고 말할 수 있을 때, 치유와 성장의 새로운 시작이 열린다. 한때는 버겁게 느껴졌던 감정의 파도와 상처들도 용서를 통해 조금씩 잠잠해지고 평온해질 것이다.

그때 비로소 알게 되리라. 내 마음속 모든 아픈 사연의 조각들이 결국 서로를 끌어안아 하나의 온전한 내가 된다는 사실을. 비로소 나 자신에게도, 타인에게도, 그리고 세상에게도 환한 미소로 응답할 수 있는 진정한 평안과 안정감이 내 안에 깃들 것이다.

자기 수용

자기수용은 자신을 있는 그대로 받아들이는 태도이다. 장점뿐만 아니라 단점, 실수, 부끄러운 경험, 불완전한 나의 모습까지 모두 포함한다. '나는 왜 이럴까' 하며 자신을 미워하기보다는 '이런 나도 내 삶의 일부'라고 인정하는 것이다. 사실 우리는 사회, 가정, 학교 등 다양한 관계와 환경에서 '이래야 한다', '저래야 사랑받는다'는 수많은 기준과 기대를 경험하며 살아왔다. 종종 타인과 나를 비교하며 스스로를 깎아내리고, 남에게는 관대하면서도 유독 나 자신에게는 매정하게 대하는 오랜 습관이 단단히 자리 잡아, 언제나 나 자신에게 관대하지 못했던 것이다.

자기 수용이 주는 선물

자기 수용을 실천하면 마음에 평안이 찾아오고 잔잔해진다. '나도 괜찮은 사람이구나, 이 모습도 나였구나' 하며 무거웠던 마음이 풀리고, 내 안의 다양한 감정과 생각을 새롭게 바라볼 수 있게 된다. 자기수용은 자존감의 기초가 된다. 중요한 것은 내가 나를 따뜻하게 안아줄 수 있을 때, 타인의 평가에도 쉽게 흔들리지 않는다는 점이다. 실수와 단점에 집착하지 않고 '괜찮아, 잘하고 있어'라고 언제나 나를 격려할 수 있게 된다. 이것이 자존감을 형성하는 첫걸음이며, 자연스럽게 자기자비와 자기이해로 이어진다. 또한, 조건 없는 자기수용은 타인과의 관계에도 변화를 가져온다. 자신을 존중하고 덜 비난할수록 타인을 향한 시선도 훨씬 더 너그러워진다.

실천으로서의 자기 수용

자기수용은 단순한 고백만으로 쉽게 이루어지지 않는다. 또한 하루아침에 바뀌는 변화도 아니다. 자기수용은 내 마음을 있는 그대로 인식하는 훈련이다. '나는 지금 어떤 감정을 느끼고 있을까?', '내 마음이 왜 이렇게 힘들었을까?'라고 스스로에게 묻는 것이다. 더 이상의 비교나 비난 대신, 친절한 자기 대화로 나를 수용하는 연습을 해야 한다. 실수했을 때에는 '괜찮아, 누구나 그런 실수를 하지'라고 말해주고, 작은 성취에도 언제나 잊지 말고 스스로에게 칭찬과 감사의 말을 전하며, 감사의 시선을 자신에게도 돌려야 한다.

잊지 마라
순간순간의 감정과 생각을
있는 그대로 바라보는 태도는
자기 수용을 더욱 깊게 만든다는 사실을

 이 과정에서 때로는 고통을 마주하게 될 것이다. 부족하고 미운 나의 자아상이 떠오를 때도 있을 것이다. 그럴 때마다 지금까지 함께해온 이 책의 자아론, 상처론, 관계론, 치유론을 떠올리며, 자기수용이 내면의 시선으로 자리 잡을 때까지 꾸준히 훈련해 나가자.

치유는 그렇게 시작된다.

내가 나를 온전히 받아들이는 순간, 내 안의 생명력과 따뜻함이 소리 없이 샘솟는다. 부족한 나도 좋고, 실수해도 괜찮으며, 아픈 나도 나다. 자기 수용은 '완벽함'이라는 허상에서 벗어나 자기 삶의 주인으로 서는 일이다. 존재론적 상징이다. 잊지 마라. 끝까지 나를 잃지 않는 유일한 길이 자기 수용임을.

너를 잃지 말기를

/ 새빛

울어도 된다

하지만

그 눈물에 길들여지지 말고

약해져도 된다

하지만

그 약함을 변명으로 삼지 말며

멈춰 서도 된다

하지만

그 자리에 뿌리내리지 말고

길을 잃어도 된다

하지만

그 길 위에서 너를 잃어서는 안된다

마음이 흔들리고 스스로를 원망할 때, 자기수용의 씨앗 한 알을 꺼내 심어라. 매일 아침 성장과 수용의 메시지를 심어라. 이 씨앗은 언젠가 네 마음속에서 큰 나무로 자라 바람이 불어도 꺾이지 않는 힘이 되어줄 것이다. 서툰 나와 함께, 조금 더 유연해진 마음으로 내가 나를 끝까지 안아주는 그 순간이 올 때까지 자기수용을 게을리하지 마라.

감정 돌봄

나는 언제 가장 두렵고 불안했는가?
무엇이 나를 반복해서 슬프게 만드는가?
나는 언제 사랑받고 있다고 느꼈으며, 그 사랑은 어떤 방식으로 표현되었는가? 무엇이 나를 화나게 하고, 무엇이 나를 지나치게 흔드는가?

이 질문은 단순한 기억 되짚기가 아니다. 그 기억 속에 숨겨진 감정의 '맥'을 짚는 것이다. 그리고 그 감정을 있는 그대로 수용하며 말해주는 것이다. "그때 너무 힘들었지. 나는 너를 외면했지만, 이제는 함께할게." 여기서 알아야 할 점은 내면아이를 치유하는 과정이 철저히 '애착'의 복원이라는 것이다. 애착 이론의 창시자인 존 볼비(John Bowlby)는 안정된 애착이 인간의 정서적 회복력을 좌우한다고 보았다. 그러므로 내면아이를 양육한다는 것은 바로 그 안정된 애착을 내 안에 다시 제공해주는 것이다.

이때 중요한 요소는 다음 세 가지이다.

첫 번째, 수용(acceptance): 내 안의 감정과 반응을 판단하지 않고 있는 그대로 받아들이기.

두 번째, 공감(empathy): 내 안에서 느꼈던 감정을 다시 떠올리며 진심으로 그 아픔에 함께하는 것.

세 번째, 보살핌(care): 매일 잠시라도 따뜻한 말을 건네어 내면의 아이 존재를 확인해주기.
(예: "오늘도 잘했어. 나는 너를 정말 사랑해.")

이 과정을 시각화, 편지 쓰기, 거울 앞 자기 대화 등 구체적인 실천을 통해 꾸준히 반복하면, 내면의 아이는 점차 자신의 존재를 인정받고 상처 입은 감정은 새로운 안정의 언어로 통합되기 시작한다. 감정은 그 자체로 옳고 그르지 않다. 그러나 억눌린 감정, 무시된 감정, 지나치게 방치된 감정은 내면에서 언젠가 폭발하여 관계를 무너뜨리고 자아를 위축시킨다. 상처의 회복은 결국 감정의 통합이다. 이를 위해 필요한 치유 기술은 단순한 감정 조절이 아니라, 감정의 존재를 인식하고 표현하며 의미화하는 과정이다.

첫 번째, 감정 인식 - '지금 나는 무엇을 느끼고 있는가?'
감정은 항상 신체 반응을 동반한다. 답답한 가슴, 떨리는 손, 무거운 어깨는 말 없는 감정의 신호다. 이러한 신호를 놓치지 않도록 주의하는 연습이 필요하다. 특히 어린 시절 감정 표현을 억제당한 사람들은 '나는 지금 괜찮아'라고 말하면서도 몸은 '나는 아파요'라고 신호를 보내는 경우가 많다.

두 번째, 감정 표현 - '말해 보고, 써 보고, 나눠 보라'
감정은 밖으로 흘러나올 때 비로소 정리되기 시작한다. 글로 쓰고, 그림으로 그리며, 믿을 수 있는 사람에게 말로 풀어내야 한다. 마음속 감정은 말해질 때마다 그 감정이 머무는 공간이 넓어진다는 것을 알아야 한다. 그 공간이 바로 자아가 숨 쉴 틈이다.

세 번째, 감정 의미화 - '그 감정이 전하는 메시지는 무엇인가?'
감정은 단순한 반응이 아니라 하나의 메시지다. 분노는 경계 설정의 필요성을 알리고, 슬픔은 연결에 대한 갈망을 나타내며, 두려움은 보호받고자 하는 내면의 외침이다. 감정을 읽는다는 것은 삶의 내적 언어를 해독하는 일이다. 그 언어를 이해하게 되면, 감정은 나를 시배하는 괴물이 아니라 나를 이해하게 만드는 안내자가 된다.

[감정 일기 작성 예시]

1. 오늘의 기분 (5점 척도)

(1 = 전혀 없다, 2 = 가끔 있다, 3 = 보통 있다, 4 = 자주 있다, 5 = 매우 자주 있다)

· 불안함 : (   ) 점
―――――――――――――――――――――――――――――
· 외로움 : (   ) 점
―――――――――――――――――――――――――――――
· 두려움 : (   ) 점
―――――――――――――――――――――――――――――
· 분   노 : (   ) 점
―――――――――――――――――――――――――――――
· 슬   픔 : (   ) 점
―――――――――――――――――――――――――――――
· 감   사 : (   ) 점
―――――――――――――――――――――――――――――
· 벅   참 : (   ) 점
―――――――――――――――――――――――――――――

2. 감정을 느낀 상황

친구와의 약속이 취소되었다.

3. 그때의 내 마음

괜히 나만 소외된 기분이 들어 상처받았다.

4. 신체 반응
가슴이 답답하고 어깨가 무겁게 느껴졌다.

5. 내가 한 행동
음악을 들으며 산책하기.

6. 나에게 하고 싶은 말
"혼자 있는 시간도 소중해. 오늘은 힘들었지만, 내일은 좀 더 나아질 거야."

7. 오늘의 교훈
실망했을 때는 나 자신에게도 위로의 말을 건넬 수 있다.

8. 앞으로의 다짐
감정이 올라올 때 억누르지 말고 솔직하게 표현해 보기.

메시지 치유

마음의 뼈대는 주로 말에 의해 형성된다. 우리는 태어나 성인이 되기까지 평균 14만 번 이상, 긍정적이든 부정적이든 다양한 메시지를 흡수하며 살아간다. 하루 중 수없이 오가는 언어들은 우리의 인지 체계를 자극하고 뇌와 감정의 회로에 스며든다. 짧은 한마디가 가슴을 꿰뚫는 창이 되기도 하고, 똑같은 한마디가 쓰러진 이를 일으키는 지팡이가 되기도 한다. 인간은 본능적으로 언어의 세계에서 자란다. 부모의 말 한마디, 스승의 조언, 친구의 무심한 농담까지도 내면에 새겨져 삶의 지도를 바꾼다.

그렇기에 우리는 늘 스스로에게 물어야 한다. 내 안에 지금 어떤 메시지가 살아 있는지. 그렇게 반복된 말은 어느덧 믿음이 되고, 그 믿음은 삶을 이끄는 방향이 된다. 그 말이 진실인지 아닌지 따지기도 전에, 마음은 그것을 '현실'이라 부르며 받아들인다.

이것이 바로 메시지의 힘이다.

문제는 마음속에 오래도록 굳어버린 거짓 메시지이다. 때로는 사랑하는 사람의 말이었고, 때로는 권위자의 실언이었으며, 또 때로는 무심코 내 자신이 던진 말이기도 했다. 그러한 말들은 뿌리 깊이 박혀 우리가 누구인지조차 혼란스럽게 만들고, 결국 우리의 삶을 작고 좁으며 약하게 만든다.

실제로 미국 멘사 회장을 지낸 빅터 세르브리아코프는 아이큐 175의 천재였지만, 선생님의 단순한 기록 실수로 인해 17년간 자신을 '바보'라고 믿으며 살아야 했다. "너는 아이큐 75야."라는 한 줄의 메시지가 그의 삶을 옭아맨 것이다. 결국 누군가의 말은 이처럼 누군가의 인생을 결정짓는 강력한 심리적 암호가 된다.

메시지의 힘 ─ 상처와 치유의 두 얼굴

심리학자들은 '내면화된 메시지(internalized message)'가 인간의 정체성과 감정 반응을 규정한다고 말한다. 예를 들어, "넌 왜 그것밖에 못 하니?"라는 말은 열등감과 죄책감으로 내면을 가두기도 한다. 반면에 "넌 충분히 할 수 있어."라는 말은 무언가를 시도할 용기를 불러일으킨다. 상처받은 메시지는 내면 깊은 곳에서 스스로를 끊임없이 공격하는 목소리가 된다. "나는 사랑받을 자격이 없어.", "나는 실패할 수밖에 없어."와 같은 문장은 반복될수록 자기 충족적 예언이 되어 실제 삶을 왜곡시킨다.

치유의 메시지는 억눌린 자아를 회복시키는 힘이 있다. "괜찮아, 다시 시작할 수 있어."라는 문장은 심장의 박동을 바꾸고 새로운 행동을 가능하게 한다. 메시지는 단순한 말이 아니다. 그것은 뇌에 각인되어 신경망을 따라 흐르며 감정과 행동을 지배하는 에너지다. 상처의 메시지가 우리를 묶을 수 있다면, 치유의 메시지는 우리를 다시 일으킨다.

메시지 치유 — 새로운 언어로 다시 서기

치유란 단순히 상처를 잊는 것이 아니라, 상처 위에 새로운 의미를 새기는 작업이다. "나는 실패자야."라는 메시지를 "나는 아직 배우는 중이야."로 바꿀 때, 과거의 고통은 여전히 기억되지만 더 이상 나를 규정하지 않는다. 이것이 메시지 치유의 핵심이다. 내 안에 오래도록 자리 잡아온 파괴적인 메시지를 찾아내어 새롭게 정의하는 순간, 우리는 다시 자유로워진다. 치유된 메시지는 두 가지 특징을 지닌다. 사실에 기반하면서도 희망을 담고, 현실을 부정하지 않으면서도 새로운 가능성을 열어둔다. '너'가 아닌 '나'의 언어다. 타인의 명령이 아니라 내가 선택한 자기 언어일 때 비로소 그 메시지는 내 삶의 기준으로 자리 잡는다.

메시지 찾기 훈련법

메시지 치유는 단순한 인식이 아니라 훈련이다. 다음은 일상 속에서 실천할 수 있는 메시지 찾기 연습법이다.

첫 번째, 질문 던지기
- 지금 내 마음을 무겁게 하는 말은 무엇인가?
- 그 말은 누구의 목소리였는가?
　(부모, 교사, 나 자신 중 누구인가?)
- 그 메시지가 내 삶을 어떻게 제한해왔는가?

두 번째, 기록하기
- 떠오른 문장을 종이에 그대로 적는다.
- 그 문장 옆에 현재 느끼는 감정을 함께 적는다.
　(분노, 슬픔, 두려움 등)

세 번째, 변형하기
- 기존 메시지를 긍정적이고 건강한 언어로 바꾼다.
- 예) "나는 늘 실패해" → "실패는 배움의 과정이며, 나는 성장하고 있다."

네 번째, 되뇌기
- 새로 만든 문장을 매일 큰 소리로 읽는다.
- 뇌는 반복되는 언어를 현실처럼 받아들이기 때문에 시간이 지남에 따라 신경망 자체가 변화한다.

다섯 번째, 공유하기
- 믿을 만한 사람과 내 메시지를 나누고, 서로의 치유된 언어를 확인한다.
- 관계 속에서 확인된 메시지는 더 강력한 힘을 가진다.

메시지는 인생을 이끄는 보이지 않는 설계도이다.

상처의 언어가 나를 묶을 수 있지만, 치유의 언어는 그 사슬을 끊는다. 이제 당신을 붙잡아온 오래된 말들을 다시 살펴보고, 그것을 새롭게 써보라. 그 순간, 말은 더 이상 상처가 아니라 치유가 된다.

용서에 대하여

　우리는 살아가면서 종종 상처를 주고 또 상처를 받는다. 말 한마디, 무심한 눈길, 또는 깊은 배신감에 이르기까지 사람과 사람 사이에서 생겨나는 아픔은 생각보다 훨씬 오래 마음속에 머문다. 그리고 언젠가 그 아픔을 마주할 때, 우리는 스스로에게 묻는다. '나는 이 사람을 정말로 용서한 걸까?' 많은 이들이 용서를 '잊는 것'이라 말한다. 잊어버렸다는 것은 이미 마음에서 지웠다는 뜻이고, 그것이 곧 용서라고 생각하기 쉽다. 하지만 정말 그럴까? 우리가 받은 상처는 마치 깊은 바늘자국처럼 마음 어딘가에 남아 문득문득 아려온다. 아무리 시간이 지나도 어떤 기억은 흔적조차 지워지지 않는다. 그래서 어쩌면 우리는 평생 제대로 용서하지 못한 채 살아갈지도 모른다. 진정한 용서는 그 기억을 억누르거나 회피하는 것이 아니다. 고통을 기억하되, 그 기억이 더 이상 나를 지배하지 않도록 허락하는 일이다. 다시 말해, 마음속의 상처를 의식 한가운데서 완전히 몰아내는 것이 아니라, 그 기억을 '내 안에서 분리'해내는 과정이다.

그렇다. 용서는 분리이다
과거를 잊는 것이 아니라
그 사건과 나 사이의 감정적 '묶임'을 푸는 일
그것이 분리이다

"그 일이 더 이상 나를 지배하지 않는다"고 선언하는 것이며, 내 삶의 통제권을 다시 내 손으로 회복하는 과정이다. 용서는 고통이 즉각 사라지는 마법이 아니다. 특히 원가족 관계 속에서 받은 상처는 깊고 오래 지속된다. 그래서 우리는 그 상처 앞에서 더 이상 외면하지 않고, 솔직해질 용기가 필요하다. 그래서 그 아픔을 건강하게 드러내고 말하며 애도하고 흘려보내는 것이 진정한 용서의 과정이다.

매듭

용서는 나에게 상처를 준 사람을 미화하거나 정당화하는 것이 아니라, 내 마음속의 증오라는 매듭을 푸는 일이다. 천천히, 분명하게 그 매듭을 풀어내야 한다. 매듭이 풀려야 내 안의 차가운 기운이 온기로 덮인다. 나는 이제 더 이상 그 고통에 붙잡혀 살지 않겠다고, 그 차가운 어둠을 내 마음에 더 이상 남겨두지 않겠다고 결단하고 선포하는 것이다. 그것이 진정한 용서이다.

  우리가 반드시 용서해야 하는 이유는 용서가 단순히 타인을 위한 것이 아니라 철저히 나 자신을 지키기 위한 선택이기 때문이다. 용서하지 않으면 상처의 차가운 기운이 언젠가 내 마음과 육체를 병들게 하여 점점 단절된 삶, 고립된 내면의 섬에 갇혀 미움에 사로잡힌 채 살아가야 한다. 세상과 사람에 대한 신뢰가 하나둘씩 무너져 내린 채로 말이다. 그러나 내 마음이 용서를 실천하는 순간, 단단히 잠겨 있던 나의 자아의 문이 열리고 내면 깊은 곳에서부터 형언할 수 없는 평안이 솟구치기 시작한다.

진정한 용서의 시간

  그래서 용서는 끝이 아니라 시작이며, 과거에 얽매여 있던 자아를 생명력 넘치는 현재로 이끄는 회복의 통로입니다. 먼저 아래의 용서 고백문을 소리 내어 읽은 후, 순서에 따라 진행하기를 바란다.

[용서 선언문]

/ 새빛

나는 이제 나 자신을 위해 평화를 선택한다.

나는 더 이상 과거의 상처에 나 자신을 얽매지 않을 것이다.
그 일이 있었던 것은 사실이지만, 그 일이 나를 전적으로
정의하지는 않는다.

나는 나에게 고통을 준 이들을 내 삶의 중심에서 내려놓을 것이다.
그들의 말과 행동이 남긴 상처를 더 이상 내 존재의 기준으로
삼지 않을 것이다.

나는 나를 괴롭혀온 기억을 억지로 지우려 하지 않을 것이다.

나는 그 기억을 인정한다. 그러나 그 기억과 나를
분리하기로 결심했다.

나는 아팠고 상처받았으며, 때로는 버림받았다고 느꼈다.
그러나 이제는 그 상처에서 벗어나고 있다.
나는 반드시 자유로워질 것이다.
나는 용서를 선택한다. 그 누구를 위한 것이 아니라,

바로 지금 이 순간의
나 자신을 위한 선택이다. 용서는 내가 약해서 하는 것이 아니라,
더 이상 고통 속에 머물고 싶지 않기 때문에 하는 것이다.

나는 이제 매듭을 하나씩 풀어낼 것이다. 내 안에 얽힌
분노와 슬픔을
천천히 풀어내며, 다정하게 놓아줄 것이다.

나는 나 자신을 용서한다. 그때는 그렇게밖에 살 수 없었던 나,
그리고 그때 울지 못했던 나. 그때 침묵했던 나, 그때 도망쳤던 나.
그 모든 나를 있는 그대로 안아주고 놓아줄 것이다.

나는 지금 이 순간, 다시 나와 함께 살아가기로 결심한다.
다시 사랑하고, 다시 믿기로. 결심했다.

용서의 시간 - 아픈 마음을 놓아주는 연습

용서는 쉽지 않지만 반드시 용기를 내어 해결해야 할 과제이다. 마음속에 얽히고설킨 오래된 감정을 하나하나 풀어내는 섬세한 작업이므로, 아래 순서에 따라 차근차근 진행해 나가길 바란다.

첫 번째, 용서를 위한 공간을 정하라.
조용하고 안전하다고 느껴지는 장소를 선택해야 한다. 사찰, 성당, 교회, 숲, 바닷가, 또는 단지 나만의 방일 수도 있다. 그 장소는 외부 환경보다 오히려 내면에 집중할 수 있도록 도와주는 '마음의 안식처'여야 한다.

두 번째, 미움을 품고 있는 사람을 한 명씩 떠올려 보자.
아픔을 준 사람들, 아직 마음에 묶여 있는 이들의 얼굴이 떠오를 수도 있다. 상처가 너무 깊어 아직 용서할 준비가 되지 않았다면 억지로 떠올리지 않아도 괜찮다. 먼저 용서하기 쉬운 대상부터 정해서 시작하자.

세 번째, 그 사람 앞에서 당신의 진심을 말해 보아라.
눈을 감고 마음속으로 그 사람을 떠올리며, 그 사람에게 말을 건네

보자. 예를 들면, "당신이 나에게 했던 말과 행동은 분명 나에게 아픔을 주었습니다. 나는 그 고통 속에 오래 머물렀고 많이 상처받았습니다. 그러나 이제 나는 나 자신을 위해 당신을 놓아주려 합니다. 나의 자존감을 위해, 내 마음의 평화를 위해 당신을 용서하겠습니다." 숨을 고르며 천천히, 진심을 담아 말해 보아라. 울음이 쏟아져도, 침묵이 이어져도 괜찮다. 이렇게 시작하는 것이다.

네 번째, 자신도 반드시 용서해야 한다.
우리는 종종 상처를 받으면 그 사건 이면에서 자신을 자책하게 된다. 스스로를 가장 깊이 미워하기도 한다.
"그때 왜 그렇게 밖에 할 수 없었을까?"
"왜 아무 말도 하지 못했을까?"
이런 자책이 밀려올 때면 스스로에게 이렇게 말해 주길 바란다.
"너는 이미 충분히 잘 견뎌냈고, 정말 애썼어."
"나도 이제 너를 용서할게.
얼마나 그 힘든 일을 견디느라 고생했니?"
"넌 아무 잘못이 없어. 최선을 다해 살아왔고,
지금까지 견뎌줘서 정말 고마워."
이렇게 스스로를 꼭 안아 주며 말해 주길 바란다. 깊은 슬픔이 밀려올 때는 충분히 울어도 된다. 이 깊은 애도는 반드시 겪어야 할 과정이기 때문이다. 그리고 조용히 나에게 말해 보자.

"괜찮아. 이제 그만 놓아도 돼!, 아! 이제 나는 나를 용서했어."
"그래서 이제 나는 자유다."
"이제 나는 자유로워."
"이제 나는 자유다."

이 과정을 반드시 실행해 나가길 바란다. 시간과 때를 잘 맞추어 한 사람씩, 혹은 한 번에 한 감정씩 풀어내는 것이 중요하다. 다 풀리지 않아도 괜찮다. 중요한 것은 '시작'이며, 반복하는 것이다. 충분한 시간을 갖고 차근차근 진행해 나가길 바란다. 용서는 한 번의 결심이 아니라 매일 다듬어가는 실천이다. 잊지 말자. 용서는 상대를 위한 것이 아니라 나를 위한 것이며, 내 마음을 통제와 분노의 감옥에서 해방시키는 진정한 자유의 실천임을 꼭 기억해야 할 것이다.

상처를 녹이는 말

우리 마음에도 상처로 얼룩진 흔적들을 부드럽게 씻어내는 세제가 있다. 그것은 다름 아닌 "고마워"라는 말이다. 너무 흔해서 그 가치를 잊기 쉽지만, 이 한마디는 사실 마음의 독을 중화시키고 관계의 얼룩을 지워내는 놀라운 언어이다. 미국 조지아 대학교 심리연구소의 연구에 따르면, 서로에게 자주 "고마워"라고 말하는 부부는 그렇지 않은 부부보다 이혼율이 현저히 낮았고, 그 표현이 다툼을 줄이며 헌신을 깊게 하는 데 결정적인 역할을 했다. 그런데 이 말의 기적은 단지 타인을 향한 것에만 그치지 않는다. 자신의 몸을 향해 "고마워"라고 말하는 순간 면역력은 강화되고 마음은 안정된다. 스스로에게 전하는 고마움은 자존감을 회복시키고, 내면의 아픈 아이가 짊어지고 있던 슬픔의 짐을 천천히 내려놓게 만든다. 그러니 이 말은 단순한 예의가 아니라 치유의 언어이며, 자아를 새롭게 일으키는 연고이다. 상처로 남은 얼룩을 지우고 싶다면 오늘 이 순간부터 스스로에게 말해보자.

몸에게 건네는 치유의 말

(하루 한 번, 나를 안아 주는 감사의 습관)

· 눈에게
"내 눈아, 고마워. 너 덕분에 세상의 아름다움을 볼 수 있구나."
햇살도, 나무도, 사랑하는 사람의 표정도…
네가 있어서 정말 고마워.

· 손에게
"내 손아, 고마워. 너 덕분에 사물의 결을 느끼고 사랑하는 사람의
손길과 체온도 전해 받는다. 정말 고마워, 나의 손."

· 귀에게
"내 귀야, 고마워. 너 덕분에 음악이 흐르고, 누군가의 따뜻한
목소리도 들을 수 있어. 네 존재가 얼마나 고마운지 몰라."

· 입과 소화 기관
"입아, 위장이야, 장이야, 고마워. 맛있게 먹게 해줘서, 잘 소화해
줘서 정말 고마워. 소화하느라 힘들지? 나도 먹는 것을 조심할게."

· 다리, 발, 관절

"다리야, 무릎아, 발목아, 발바닥아. 고생 많았지?
오늘도 잘 걸어줘서 고마워. 앞으로도 잘 부탁해."

· 코

"코야, 고마워. 네 덕분에 음식 냄새도 맡을 수 있고,
꽃 내음과 풀 냄새도 느낄 수 있어."

· 생식 기관

"성기야, 항문아, 정말 고마워. 변함 없이 언제나 존재해줘서
너무너무 고마워 진심으로 감사해."

· 마음과 눈물샘

"내 마음아, 고마워. 참아온 감정을 흘려보내줘서,
이렇게 슬플 때마다 기적 같은 눈물을 흘려줘서 고마워. 눈물샘아,
네 덕분에 내 마음이 한결 가벼워졌어."

· 어깨

"어깨야, 얼마나 힘들었니? 내 모든 스트레스를 다 짊어지고도
한 번도 소리 내지 않아서 미안하고 고마워. 정말 수고했어,

오늘 하루도."

· 전신
"샤워할 때 내 몸아, 정말 고마워. 아무 말 없이 나와 함께 지금까지 걸어와 줘서. 앞으로는 내가 더 잘 돌볼게. 우리 오래도록 함께하자."

그리고 마지막으로, 나를 안아주며 이렇게 속삭여 보자.
"사랑해."

생각해보면, 우리는 남은 세월을 감사함으로 살아야 할 일들이 참 많다. 태어나 지금까지 단 한 번의 불평도 없이 하루에 10만 번씩 나를 위해 뛰어주는 심장. 만약에…"오늘까지만 뛸게. 내일 새벽 4시에 멈출 거야!" 이렇게 말하면 어떨까? 묵묵히, 한 번도 성내지 않고 단 하루도 빠짐없이 나를 살게 해준 심장.

그리고 나도 모르는 사이 끊임없이 나를 지켜주는 자율신경계와 수많은 장기, 혈관, 혈액, 세포들은 얼마나 눈물 나도록 고마운 존재들인가.

잊지 마라.

"고마워", "고맙습니다"라는 말을 입에 달고 사는 삶은 단순한 언어 습관이 아니라, 치유와 성장을 기반으로 살아가는 삶의 분명한 증거다. 그 말을 자주 하게 되는 순간부터 당신의 마음은 매 순간 긍정의 힘을 내뿜기 시작할 것이다. 그리고 당신의 몸속 장기들은 감동과 감격의 호르몬을 분비하며 언제나 당신에게 말을 걸 것이다.

"그래, 나도 너를 지키고 싶었어."
"우리 오래도록 함께 살아가자."

그렇다. 고마움과 감사는 이처럼 상처를 치유하는 것을 넘어 우리의 삶 전체에 생기를 불어넣을 것이다. 마음을 살리고 몸을 건강하게 하는 근원적인 힘이 되어 줄 것이다.

에필로그

지금까지 자아와 상처, 그리고 관계와 치유에 이르는 긴 여정을 함께해 주어 진심으로 감사드린다. 잊고 싶었지만 여전히 아프게 남아 있는 기억들, 외면했으나 그림자처럼 따라다니던 가족의 흔적들을 고스란히 느꼈으리라 생각한다.

치유와 성장은 결코 단숨에 완성되지 않는다. 하루에 한 걸음씩, 다시 일어나 걷는 마음으로 매일의 삶을 쌓아 올려야 한다. 그 과정만이 우리의 존재를 단단하게 만들고, 성장의 기쁨을 누리게 할 것이다.

앞으로 이 책을 계기로 성장과 자아 통합의 삶을 이루어 황혼기까지 나아가길 바란다. 필자가 거듭 강조했듯, 매일의 삶이 성찰 →

조율 → 훈련의 흐름 속에서 내적 평안과 자유를 누리기를 진심으로 소망한다. 이제는 내 안에 어떤 사연이 살아 있는지, 지금 내 마음을 흔드는 메시지가 무엇인지, 그리고 그것이 누구의 목소리에서 비롯된 것인지 차분히 살펴야 한다. 성찰은 때로 고통스럽지만, 자각의 범위 안에서 동시에 해방의 문을 열어줄 것이다. 또한 조율은 흔들리는 감정을 다독이며 나와 타인의 관계 속에서 균형을 찾아주리라.

잊지 말아라. 조율은 억지로 맞추는 것이 아니다. 삶의 리듬을 내 안의 고유한 박자에 되돌려 놓는 일이다. 그 과정에서 많은 갈등과 눈물이 있겠지만, 결국 그것이 내가 나답게 살아가기 위해 반드시 거쳐야 하는 여정임을 잊지 않기를 바란다.

그리고 성장 훈련은 멈추지 않고 매일 이어가야 한다. 성장은 아픔을 영원히 없애는 것이 아니다. 오히려 고통을 품으며 깊어지는 것이고, 상처와 그림자가 사라지는 성숙이 아니라 그것들을 껴안고도 살아갈 힘을 얻는 것이다. 반드시 멈추지 말라. 이 책을 덮는 순간부터 진짜 성장의 여정이 시작된다. 당신이 스스로에게 던졌던 질문들을 항상 기록하고, 흔들리는 감정 앞에서 도망치지 말고 정면으로 마주하라. 그리고 매일 아주 작은 행동이라도 실행하라. 삶은 당신이 품은 메시지의 결을 따라 반드시 변할 것이다.

성찰을 게을리하지 말고
조율을 멈추지 말며, 성장을 외면하지 마라
읽고, 쓰고, 말하라!

반드시
성장하리라.

이 책을 읽어주신 소중한 독자 여러분께

끝까지 읽어 주셔서 감사합니다.
제가 걸어온 길과 당신이 걸어온 길이 서로 닮아 있었기에,
우리는 같은 언어와 같은 온도로
서로의 마음을 나눌 수 있었습니다.

참으로 행복했습니다.

당신이 앞으로 살아가실 때,
이 책의 마음 글자들이 당신의 앞날에
작은 불빛이 되어준다면
전 그것으로 충분할 것 같습니다.

부디 이 책을 덮는 순간부터,
당신만의 고귀한 삶의 여정이 진심으로 시작되기를 바랍니다.
아무리 흔들려도, 아픈 사연이 다시 찾아와 문을 두드려도,
이제는 담대하게 답하시길 바랍니다.
"나는 나로 살아가겠다."
라고 말입니다.

마음 작가 새빛

아픈 사연이 네게 묻거든

초판 1쇄 발행 2025년 10월 31일

지은이	새빛
펴낸이	심우혁
책임편집	심유진
그 림	김하연
디자인	서승연

펴낸곳	씨뿌리는사람들㈜
출판등록	제2025-000011호
주 소	서울특별시 금천구 디지털로9길 65 백상스타타워1차 409호
대표전화	02.6111.3937
팩 스	0504.253.9301
홈페이지	www.stayinsight.co.kr
이메일	sisun@stayinsight.co.kr

ISBN 979-11-995136-1-7

이 책의 저작권은 씨뿌리는사람들㈜에 있습니다.
저작권법에 의해 한국내에서 보호를 받는 저작물이므로 무단전재와 복제를 금합니다.